라이팅 유니버스

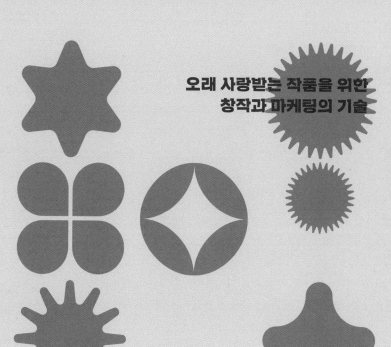

오래 사랑받는 작품을 위한
창작과 마케팅의 기술

라이언 홀리데이 지음
유정식 옮김

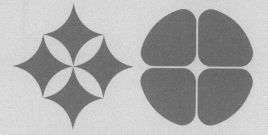

라이팅 유니버스

흐름출판

이 책은 라이언 홀리데이가 쓴 최고의 책이며, 영원불멸의 작품이 될 것이다. 이 책에 담긴 모든 내용은 진실이고, 현실세계에서 어떻게 창작해야 하는지에 관한 최고의 가이드이다.

— 제임스 알투처, 베스트셀러 《과감한 선택》 저자

나의 첫 책이 베스트셀러가 되는 데 5년의 시간이 걸렸다. 그 책은 10년 전보다 지금 더 많이 팔리고 있다. 당신은 오래 지속될 무엇인가를 창조하는 데 이 책보다 더 좋은 가이드를 발견하지 못할 것이다. 라이언 홀리데이는 우리 시대의 뛰어난 마케팅 사상가 중 한 사람이다.

— 존 고든, 베스트셀러 《에너지 버스》 저자

세상에 내놓았을 때 작품 스스로의 생명을 연장시킬 가능성을 높이려면 우리는 어떻게 작품을 만들고 출시해야 할까? 라이언 홀리데이는 이 책으로 아이디어를 훔치고 싶은 작가임을 다시 한 번 증명한다.

— 오스틴 클레온, 〈뉴욕타임스〉 베스트셀러 《훔쳐라, 아티스트처럼》 저자

음악만큼 단명하는 게 또 있을까? 그렇기 때문에 시간이 흘러도 굳건한 작품을 만드는 것만큼 중요한 일은 없다. 이 책은 요즘 시대에 필요하고도 완벽한 핸드북으로, 수많은 것들이 혼란스럽게 난무하는 세상에 밝은 길을 보여준다. 시간이 흘러도 변치 않을 작품을 창조하는 데 관심이 있다면 반드시 읽어봐야 할 책이다.

— 저스틴 보레타, EDM 그룹 '더 글리치 몹' 멤버

라이언 홀리데이는 마케팅의 귀재 그 이상이다. 그는 인간 조건을 깊이 파고드는 본능을 지닌 비범한 사상가다. 나는 라이언과 함께 작업할 수 있어서 행운이었다. 그의 목표는 확고한데, 크리에이터들이 시간이 지나도 변치 않는 작품을 만들도록 돕는 것이다. 이 책은 그의 아이디어를 완벽하게 추출해낸, 매우 귀한 선물이다. 성공으로 가는 길과 삶의 통찰을 보여준다.

— 로버트 커슨, 〈뉴욕타임스〉 베스트셀러 《어둠 속의 다이버》 저자

모든 아티스트들은 오래 사랑받는 작품을 만들기를 열망한다. 이 책은 그렇게 하는 데 필요한 것이 무엇인가를 보여주는 완벽한 예다. 라이언 홀리데이는 당시의 트렌드에 급급하기보다 무엇이 중요하고 무엇이 진정한 영향력을 발휘할지에 초점을 맞추고 훌륭하고도 영감이 충만한 가이드를 써왔다. 놀라운 무엇인가를 쓰고 제작하고 구축하고 싶다면 이 책을 읽어라.

— 제임스 프레이, 베스트셀러 《백만 개의 작은 조각들》 저자

패션은 '지금 무엇이 인기를 끄는가'를 가장 강력하게 보여준다. 하지만 최고의 디자이너와 크리에이터들은 한 시즌 이상 오래 지속될 수 있는 것을 만들고 판매하기를 열망한다. 이 책은 당신의 작품과 메시지를 굳건하게 만들어주는 궁극적인 로드맵이다.

— 아야 카나이, 〈코스모폴리탄〉, 〈세븐틴〉, 〈레드북〉, 〈우먼스데이〉 최고 패션 책임자

지극히 단순화한 일회성 조언이 난무하는 시대에 라이언 홀리데이의 글들은 사려 깊고, 적절한 사례와 함께 철저한 역발상주의를 보기 좋게 조합하고 있다. 이 책 역시 그런 본인의 스타일을 따른다.

— 리키 반 빈, '칼리지유머CollegeHumor' '비메오Vimeo' 공동창업자,
페이스북 글로벌 크리에이티브 전략 책임자

심오하고 독창적인 것을 창조하기 위해 즉각적으로 인정받으려는 욕구를 버리고 마음속 용기를 소환하기를 바라는 사람들에게 이 책은 왜 그래야 하는지가 아니라 어떻게 그렇게 될 수 있는지를 이야기한다. 신념을 가진 모든 크리에이터들이 반드시 읽어야 할 책이다.

— 숀 코인, '블랙 아이리시 북스Black Irish Books'의 공동창업자, 《더 스토리 그리드》 저자

※ 일러두기 : 본문의 모든 각주는 옮긴이 주입니다.

서론

1937년에 영국의 문학평론가 시릴 코놀리Cyril Connolly는 독특한 질문을 주제로 책을 쓰기 시작했다.

"작가는 어떻게 해야 10년 동안 팔리는 작품을 쓸 수 있을까?"

그는 작품이 오랜 세월이 흘러도 건재해야 문학적 위대함을 드러낼 수 있다고 생각했다. 1937년은 제2차 세계대전의 망령이 눈앞에 다가와 있을 때였다. 그런 시기에 오래 살아남는 것에 관한 책을 쓴다는 발상이 내게는 의미심장하고도 가슴 아프게 다가왔다. 그 책이 바로《약속의 적들Enemies of Promise》로, 당대의 문학과 더불어 불멸의 작품을 만들기 위한 여러 도전을 다루고 있다. 또한 코놀리 자신이 재능 있는 작가임에도 불구하고 자신의 전작들이 왜 상업적으로 성공하지 못했는지에 대한 솔직한 자기진단이기도 했다. 《약속의 적들》은 주류를 따르는 책은 결코 아니었지만 예술가들이 항상 자기 자신과 서로에게 묻는 중요한 질문을 도발적으로 파고들었다.

만일 코놀리 자신이 세월이 흘러도 팔리는 작품을 만들어내는 방법을 알아낼 수 있다고 믿었다면 우리는 흥미로운 질문 몇 가지를 던지게 된다. 정작 그의 책은 어땠을까? 불멸의 작품에 대해 쓴 《약속의 적들》은 얼마나 오래 살아남았을까? 코놀리는 자신이 설정한 목표를 이뤘을까? 문학계에서 최고의 야구선수 베이브 루스Babe Ruth 같은 시릴 코놀리가 방망이를 들고 자신이 가리킨 곳으로 공을 날려보낼 수 있었을까?

결론부터 말하자면 그 책은 돌풍을 일으키지는 못했다. 하지만 숱한 전쟁, 정치적 변혁, 빠르게 바뀌는 유행, 거대한 기술적 혼란을 뚫고 끝내 살아남았다. 《약속의 적들》은 초판이 출간된 지 10년이 지난 1948년에 처음으로 중쇄를 찍었다. 그 후 60년이 지난 2008년에 개정판이 나왔고, 우리가 지금 여기에서 그 책을 이야기하고 있다.

코놀리의 책은 세월이라는 시험을 견뎌냈고 여전히 유효하며 지금까지 읽힌다. "복도에 덩그러니 놓인 유모차보다 예술에 더 음험한 '적敵'은 없다" "신이 파괴하고 싶다고 생각하는 사람이 있을 때 신은 그에게 유망한 인재라고 말한다" 같은 그의 신랄한 농담은 오늘날에도 이곳저곳에 인용되고 있다. 《약속의 적들》은 코놀리보다 오래 살아남았고, 그를 추종하는 사람들 덕에 그가 죽은 후에도 코놀리의 글들은 거의 모두 출간되었다. 그리고 매우 인상적인 것은 그러한 성공이 결코 우연이 아니었다는 점이다. 분명 그는 의도적으로 성공을 추구했고 성취해냈다. 창작 과정에 대한 그의 이론들은 지금까지도 유효할 뿐만 아니라 내가 이 책을 쓰는 데도 큰 영감을 줬다.

이것이 많은 크리에이터들이 추구하는 '지속적인 성공'이 아닐까? 수십 년 동안 소비되고 어떤 산업이나 분야에서 일종의 '규범'으로 자리잡아 영향력을 발휘하며, 잠을 자거나 다른 프로젝트를 진행하는 동안에도 돈을 벌어들이는 것을 창조해냈으니 말이다.

제임스 설터James Salter의 소설들은 '불멸의 작품'이라 불린다. 알렉산드르 솔제니친Aleksandr Solzhenitsyn 소설의 번역가는 솔제니친의 글이 '변질되지 않는 신선함'으로 가득하다고 말한 바 있다. 밥 딜런의 전기를 쓴 작가는 딜런의 노래들 중 상당수가 1960년대에 벌어진 중대한 사건들에 관한 것이지만, '그 시대를 초월하는 진실'을 담고 있다고 말했다. 이런 표현이야말로 크레에이터라면 누구나 듣고 싶어하는 찬사가 아닐까? 순수예술 분야의 예술가들뿐만 아니라, 기업가, 디자이너, 저널리스트, 프로듀서, 영화 제작자, 코미디언, 블로거, 배우, 투자자 등 창조적인 작업을 하는 사람이라면 누구나 자기 분야와 업계에서 꾸준히 영향력을 발휘하며 자신의 위치가 유지되기를 원한다. 하지만 대부분의 사람들은 실패하고 만다. 왜 그럴까?

우리가 만들어낸 창작물이 영원히 힘을 발휘하기란 어렵다. 우리는 무엇보다 먼저 이 사실을 인정해야 한다. 영원히 영향력을 발휘하고 찬사 받으려는 생각이 너무 지나치면 정신병원에 입원해야 할지도 모른다. 하지만 그래서 수많은 창작물이 10년은커녕 고작 10분도 살아남지 못하는 것은 아니다. 진실은 크리에이터들이 스스로에게 그럴 만한 진정한 기회를 주지 않았다는 데 있다. 전략적으로 기회가 없었기 때문에 실패한다. 모든 보상과 사례, 그들이 기대한 모든 방법, 심지어 팬들과 비평가들로부터 받은 단서들이 그들을 잘못된 방향으로 인도할 때, 영원히 지속되는 성공은 멀어진다.

각 분야의 최고의 '사상가'와 비즈니스 '전문가'들은 확실한 성공을 담보하는 지름길과 묘수를 말한다. 그러므로 그들이 그런 이야기로 사람들을 언제 어떻게 기만하는지 깨닫기는 쉽지 않다. 성공을 원하는 크리에이터들은 비즈니스 모델을 세우기도 전에 사방에서 들려오는 베스트셀러의 비밀, 소셜미디어의 점유율, 거대 투자 자본 유치 방법 등에 의지하려고 한다. 사람들은 중요한 일을 '하고 싶다'라고 말하지만 정작 중요하지 않은 것으로 스스로를 측정한다. 그리고 연^{year} 단위가 아니라 100만 분의 1초 단위로 작업의 진척 과정을 확인하고 싶어 한다. 즉, 대부분의 크리에이터들이 세월의 힘을 이겨내고 오래 살아남을 걸작을 만들어내고 싶어 하지만 사실은 즉각적인 보상과 순간적인 만족감에 초점을 맞춘다는 뜻이다.

많은 이들이 창작의 결과물, 작품 혹은 제품의 유효기간을 늘릴 방법을 찾기보다 지름길처럼 보이는 잘못된 방향으로 빠지고 만다. 반짝 성공을 바라지 않는다고 하면서도 잠시 멈춰 서서 자기 결정을 냉정하게 평가하지 않는다. 인기 있고 트렌디하며 잘 팔리는 것을 판단 기준으로 삼는다. 자기만의 길을 찾아 갈고닦기보다 다른 사람들이 먼저 가서 쉽고 안전해 보이는 길을 따른다. 결과적으로 사람들은 더 많이 만들어야 하고 더 힘들게 마케팅해야 하며 더 큰 손해를 보고 팔아야 한다. 다람쥐 쳇바퀴와 다를 게 뭐가 있는가? 심지어 매일 속도가 빨라지는 쳇바퀴다.

사람들이 창작하는 일로써 성공하는 것은 불가능하다고 여기는 일은 별로 놀랍지 않다. 이토록 단기적인 마인드를 지니고 있으니 그럴 만도 하다.

● 더 나은 방법, 새로운 모델

책에서부터 영화, 식당, 연극, 소프트웨어에 이르기까지 모든 분야나 산업에서 몇몇 창작의 결과물들은 '불멸의perennial'라는 수식을 붙일 만하다. 이 말의 의미는 창작물이 세상에 공개됐을 때 얼마나 큰 성과를 이뤘는지, 혹은 얼마나 넓은 범위의 고객에게 접근했는지와는 큰 상관이 없다. '불멸의' 혹은 '영원불멸의'라고 말할 수 있는 것들은 지속적인 성공을 거뒀고 시간이 흐르면서 더 많은 고객을 발견해낸 작품(제품)들이다. 불후한 것, 영원불멸한 것은 더 이상 트렌디하지 않고 더 이상 참신하지 않아도 고객들이 몇 번이고 다시 찾고 타인에게 추천하는 작품이거나 제품이다. 그것은 소유자나 창작자에게는 마치 연금처럼 믿을 만한 자원이 되고 눈에 보이지 않는 수익을 만들어내는 상품이라고 말할 수 있다. 금이나 토지와 마찬가지로 시간이 흐를수록 그 가치는 높아진다. 다시 말해서 그것들은 단순히 영원한 것이 아니라 '**불멸의 작품**perennial seller'이다.

영화 〈쇼생크 탈출〉은 흥행 성적으로 보면 큰 재미를 보지 못했다. 개봉관 수가 1,000개에 미치지 못했고 티켓 판매만으로는 제작비를 회수하지도 못했다. 하지만 영화 상영이 끝난 후에도 수년 동안 1억 달러 이상의 수익을 거둬들였고, 출연했던 조연 배우들은 매달 800달러 남짓의 수표를 받고 있다. 당신이 주말에 TV를 켜면 이 영화가 방영 중인 채널을 발견할 수 있다.

로스엔젤레스의 스테이플스 센터 바로 옆에는 '오리지널 팬트리 카페the Original Pantry Café'라고 불리는 레스토랑이 있는데, 이곳은 1924년에 개점한 후 지금까지 24시간 연중무휴 영업 중이다. 단골들에게 '팬트리'라는 약칭으로 불리는 이 레스토랑은 매일 아침식사와 이따금 스테이크를 판매하며 3만 3,000일 연속 영업(시간으로 따지면 약 79만 2,000시간)이라는 대기록을 수립했다. 거의 매일 아침마다 손님들이 문 밖까지 길게 줄을 선 모습을 목격할 수 있다. 93년 동안 달라진 것은 오로지 가격뿐인데, 그조차 인플레이션 때문에 어쩔 수 없는 조치였다. 이곳에서 몇 블럭 떨어진 곳에는 1935년부터 지금까지 운영되고 있는 '클립톤스 카페테리아Clifton's Cafeteria'라는 레스토랑도 있다. 이곳은 디즈니랜드의 기발한 운영법에 일부분 영감을 받았고, 레스토랑 벽에는 77년 동안 한 번도 꺼진 적이 없다는, 세계에서 가장 오랫동안 켜져 있는 네온사인이 걸려있다.

어릴 적 내가 가장 좋아하는 밴드는 '아이언 메이든Iron Maiden'이라는 헤비메탈 그룹이었다. 라디오 방송을 거의 타지 않았음에도 이 밴드는 40년 간 활동하며 8,500만 장의 앨범을 팔아치웠다. 오늘날에도 아이언 메이든은 정기적으로 세계 순회공연을 하고 매 공연마다 3만 혹은 6만 명의 팬을 끌어모은다. 레이디 가가는 이렇게 말하기도 했다. "사람들이 절 보고 '제2의 마돈나'라고 부르면 저는 '아뇨, 저는 제2의 아이언 메이든이랍니다'라고 항상 답하곤 해요." 어떻게 아이언 메이든은 세계적인 음악 스트리밍 사이트 '스포티파이Spotify'의 스트리밍 수 기준으로 마돈나를 꺾었을까? (마돈나의 Top 5 곡은 1억 1,000만 스트리밍이었고 아이언 메이든의 Top 5 곡은 1억 6,000만 스트리밍이었다.)

음반 혹은 음원을 판매하는 것만이 음악산업에서 영원한 성공을 보장할 수 있는 유일한 방법은 아니다. 심벌 브랜드 질지언Zildjian의 심벌을 연주하는 드러머를 본 적이 있는가? 록 그룹 푸 파이터스의 기타리스트이자 너바나의 드러머 데이브 그롤Dave Grohl, 더 후의 드러머 키스 문Keith Moon, 제네시스의 드러머 필 콜린스Phil Collins의 공연을 관람한 적이 있다면 분명히 질지언의 심벌을 연주하는 드러머를 보았을 것이다. 질지언이 1623년에 콘스탄티노플에서 설립됐으니 이 브랜드는 무려 4세기 동안 심벌을 만들고 있는 셈이다.

피스카스Fiskars는 1649년부터 가위를 생산하고 있다. 고급 양초

제조업체인 씨흐 트루동Cire Trudon은 17세기 무렵에 설립됐다. 씨흐 트루동은 루이 14세와 나폴레옹의 궁전에 양초를 공급하면서 유명해졌지만 지금도 여전히 성장 중인 기업이다. 2015년에는 처음으로 뉴욕 시에 소매점을 열었다.

이 기업들은 앞으로도 10년은 너끈히 살아남을 가능성이 크다. 이 점이 놀라운 사실이다. 앞서 언급한 기업이나 작품들의 미래를 완전히 보장할 수는 없겠지만 몇몇 경우를 제외하고는 그 이름들이 앞으로도 잘나갈 거라고 나는 믿어 의심치 않는다. 그들은 경제학에서 '린디 효과Lindy Effect'라고 불리는 현상의 사례들이다. 이 용어는 연예산업의 트렌드를 논하는 장소로 애용되던 레스토랑 린디스Lindy's•의 이름을 딴 것인데, '오래 살아남으면 그만큼 수명이 연장된다'라는 의미로 쓰인다.

투자자이자 작가인 나심 탈레브Nassim Taleb는 이렇게 말했다. "어떤 책이 40년 동안 출판됐다면 앞으로 40년은 더 출판될 거라고 말할 수 있다. 그 후에도 10년 더 살아남는다면, 다시 50년은 더 출판될 수 있다. 매년 사라지지 않는 것은 '기대수명life expectancy'이 두 배로 늘어난다." 다시 말해, 고전Classic은 고전으로 남고 시간이 지날수록 더 고전이 된다. 창작품에 대한 일종의 '복리'인 셈이다.

뛰어난 금융 전문가들은 이러한 창작 산업의 특성을 예전부터 익히 알고 있었다. 1990년대에 투자은행가인 빌 풀만Bill Pullman은 가치

• 1921년 브로드웨이에서 문을 열었고, 현재 맨해튼에 두 개 지점을 가지고 있다.

가 높은 음악을 찾아내 그 불멸의 자산이 발생시킬 미래의 수익을 기초로 채권을 발행하는 투자회사를 설립했다. 이 투자상품의 이름은 데이비드 보위가 자신의 예전 곡들의 로열티를 기초로 5,500만 달러 상당의 채권을 발행한 후부터 '보위 채권Bowie Bonds'이라 불린다.

1986년 기업가 테드 터너Ted Turner는 영화 제작사인 MGM과 유나이티드 아티스츠United Artists, UA를 15억 달러 남짓의 가격으로 인수했다. 그 이후 터너는 두 스튜디오를 팔았던 이들에게 되팔기로 결정했는데, 〈바람과 함께 사라지다〉, 〈네트워크〉, 〈청춘의 양지〉, 〈샤프트〉, 〈포스트맨은 벨을 두 번 울린다〉처럼 작품성이 탄탄한 명작들을 보유한 MGM의 필름 보관소와 그 클래식 영화들의 TV방영권은 보유하기로 했다. 이 작품들은 1년에 총 1억 달러 이상의 수익을 벌어다줄 테고, '터너 네트워크 텔레비전Turner Network Television, TNT'과 '터너 클래식 무비스Turner Classic Movies, TCM' 같은 채널을 개설하면 계속해서 방영할 수 있다고 터너는 생각했다. 그는 오래도록 지속될 작품들 위에 수십억 달러의 제국을 건설한 셈이다. 이런 노다지가 **코 앞에 놓여** 있었지만 사람들은 "더 이상 아무도 보지 않는 오래된 영화로 대체 뭘 하려고?"라며 조롱했다.

불후의 명작이라 불리는 작품들의 놀라운 특성은 작품 스스로 소멸되거나 망각되기를 거부한다는 점이다. 호메로스와 셰익스피어의 작품들은 온라인상에서 쉽게 무료로 구할 수 있는데도 매년 수십만 권 넘게 팔린다. 영화 〈스타워즈〉는 세상에 나온 지 40년이나 지났지만 여전히 수익을 창출하고 있다. 그렇다고 해서 모든 고전 작품들이 엄청난 천재가 만들어내지는 않았다. 2015년, 발표된 지 18개월 이상 된 히트 앨범인 '카탈로그 앨범'의 판매량이 음악산업 역사 상 처음으로 최신 앨범 판매량을 앞질렀다. 당신의 부모가 듣고 자란 음반과 당신이 고등학교 때 좋아했던 음반들이 차트 1위와 최신 싱글 앨범의 판매량을 모두 합한 것보다 많이 팔렸다는 말이다.

물론 1년 6개월이라는 시간은 그리 길지 않다. 조지 루카스나 셰익스피어의 업적과 비교한다면 10년도 그리 긴 것처럼 느껴지지 않는다. 그런데 그렇게 불멸의 작품이 되기 어려워 보이는 이유는 뭘까? 왜 극소수만이 노력하는 걸까? 그런데 어쩌면 이 사실은 자신만의 것을 창조하려는 당신에게는 오히려 기회가 아닐까?

● 나를 매혹시킨 것

나는 작가 로버트 그린Robert Greene의 연구 조수로 사회 경력을 시작했다. 그의 책《권력의 법칙The 48 Laws of Power》은 출간된 지 **10년**이 돼서야 베스트셀러 반열에 올랐다. 그 책은 지금까지 100만 권 이상 팔렸고 수십 개의 언어로 번역됐다. 나는 지금부터 100년이 지나도 사람들이 **계속해서** 그 책을 읽을 것이라고 예상한다. 내가 처음으로 작업한 책은 터커 맥스Tucker Max의《지옥에도 맥주가 있으면 좋겠어! Hope They Serve Beer in Hell》라는 책이었다. 이 책은 여러 출판사들로부터 숱하게 거절당했다. 그 끝에 7,500달러의 선인세를 받는 조건으로 작은 출판사를 통해 겨우 출간됐는데 무려 150만 권 이상 팔렸고 6년 연속 베스트셀러 자리를 지켰다. 최근에 출간 10주년을 맞았으며 여전히 매주 300권 정도 팔리고 있다.

그 후에 나는 의류 브랜드 '아메리칸 어패럴American Apparel'의 마케팅 이사로 자리를 옮겼다. 이 회사에서 가장 잘 팔리는 스타일은 트렌디한 최신 패션 의류가 아니라 아니라 티셔츠, 속옷, 양말과 같은 기본적인 것들이었다. 창업자는 사람들이 먼 훗날 빈티지 옷가게에서 꾸준히 구입할 수 있는 옷을 만드는 것이 자신의 목표라고 말했다. 비록 2015년 CEO가 벌인 불미스러운 일로 회사는 타격을 입고 끝내 파산했지만, 아메리칸 어패럴은 완성도 높은 제품에 창의적이고 도발적인 마케팅을 결합시킴으로써 20년 동안 수억 벌의 의류를 판매했다.

이런 경험들을 통해 나는 불멸의 작품이 어떻게 시장에 먹히는지, 왜 그토록 중요한지, 그런 작품들에는 어떤 요소가 내재돼 있는지 등을 개인적으로나 비즈니스적인 관점으로 습득할 수 있었다. 그리고 그런 경험들을 바탕으로 '브라스 체크Brass Check'라는 컨설팅 및 마케팅 회사를 설립했다. 이 회사는 의뢰인들에게 **지속적으로** 작품을 만들고 마케팅하는 방법을 알려주는 틈새시장을 개척했다. 우리와 함께 작업한 작가들의 책은 1,000만 부 이상 판매됐고 700주 동안 베스트셀러 자리에 올랐으며 50여 개의 언어로 번역됐다. 미디어 사이트 〈뉴욕 옵저버New York Observer〉, 〈콤플렉스Complex〉와 같은 곳들은 소리 소문 없이 미디어계의 거물로 떠올랐다. 내가 자문 중인 스타트업 중 한 곳인 '바이닐 레코드 클럽vinyl record club'은 오랫동안 명맥을 유지해온 비즈니스 모델을 운영하고 있다.

나는 이런 생각을 내 책에도 적용하려고 노력했다. 물론 내가 1,000년 동안 살아남을 걸작을 쓸 수 있다고 생각하지 않는다. 다만 가능한 한 오래 살아남는 것을 목표로 한다. 나는 그동안 영원히 유지될 마인드를 주제로 책을 썼고 그런 노력의 결과가 빛을 보기 시작하고 있다. 내 책들은 '뉴욕타임스 베스트셀러' 목록에서는 볼 수 없지만, 출간 이후 25개 이상의 언어로 번역되어 40만 권 이상 팔렸고 지금도 매일 꾸준히 판매되고 있다. 언젠가는 절판될지 모르지만 매일 아침 살아남아 있다면 다음날에도 살아남을 가능성은 커진다.

'무엇인가를 오래 살아남도록 만드는 방법'은 지금껏 나를 매료시킨 주제다. 또한 내 삶의 중심이 되는 질문이기도 하다. 오래 살아남는 작품 이면에는 공통적인 창조적 마인드가 존재하는가? 그것들은 하룻밤 반짝 인기를 끄는 것들과는 어떻게 다른가? 그런 작품을 만들어낸 크리에이터들은 자신의 작품을 수식하는 말들에 대해 어떻게 생각하는가? 그들은 자신의 팬과 팔로어와 어떤 관계를 맺어야 하는가? 불멸의 작품들에는 우리가 배울 수 있는 어떤 특징이 있는가?

이러한 질문들이 나로 하여금 이 책을 쓰게 만들었다. 앞으로 나는 당신과 함께 여러 가지 형태로, 여러 시대, 여러 산업에 걸쳐 이 질문들을 살펴볼 계획이다. '세월이라는 시험을 이겨낸 작품'이라는 놀라운 업적들을 소개하는 데서 그치지 않고, 그 작품들을 어떻게 포지셔닝해야 하는지, 어떻게 마케팅해야 하는지, 그런 작품을 만들기 위해 자신의 경력을 어떻게 쌓아가야 하는지 등을 이야기해보려고 한다. 나아가 장기적인 성공과 명예라는 진정한 황금반지에 초점을 맞추지 못하고 단기적인 유명세에 빠지려는 유혹에서 벗어나는 방법도 논의해볼 것이다. 그 전에 약간의 혼란을 방지하기 위해 말해두자면, 이 책에서 나는 크리에이터가 만들어낸 창작물을 '작품' 혹은 '제품'이라고 혼용하여 부른다. 책과 영화, 그림, 음악과 같은 문화예술작품들도 소비자가 있어야 생명력을 가진다는 점에서 제품과 다르지 않다. 새로운 상품에서 비즈니스 아이디어에 이르기까지 누군가에 의해 탄생한 창작물이라는 점에서 그것들 역시 '작품'이 아닐 수 없다.

답을 찾아가는 과정에서 나는 온라인 벼룩시장 '크레이그리스트Craigslist'의 설립자 크레이그 뉴마크Craig Newmark, 전설적인 음악 프로듀서 릭 루빈Rick Rubin을 비롯해 토마스 울프, 아이작 아시모프, 허버트 조지 웰스 같은 작가들의 걸작을 출판하는 '오픈 로드Open Road'의 공동 창립자인 프리드먼Jane Friedman에게 자문을 구했다. 여러 명의 에이전트, 마케터, 출판인, 사업가, 학자들도 인터뷰했다. 또한 내가 운영하는 회사를 통해 그간 발견한 것들을 시험해보고 놀라운 결과를 얻었다.

● 10년? 1세기? 그건 불가능해!

위대한 작품을 만들어낸 크리에이터들은 실로 경외스럽다. 우리는 신이 있다면 분명 그들에게 미소를 지었을 것이고, 그들은 천재라서 그런 성공에 도달했으며, 예술과 학문의 여신 뮤즈에게 받은 영감의 불꽃이 그런 성공의 동력이 됐을 거라고 생각하곤 한다. 그들에게는 꼭 맞는 장소와 시기, 조력자가 존재했기 때문에 성공했을 거라고 생각하기도 한다. 나는 종종 연예계에서 일하는 사람들을 만나곤 하는데, 그들과 공연이나 영화에 관해 토론하다보면 "옛날이라면 몰라도 요즘 그렇게 할 수 있는 사람이 어디 있겠어?"라는 식의 말을 듣는다. 그렇게 말하는 이들의 수를 헤아려보면 마음이 아프고 머릿속이 복잡해진다. 이 얼마나 따분한 생각이란 말인가? 이 얼마나 운명론적이고 패배주의적인가? 신적인 영감이 없거나 천재적인 능력이 없이는 불멸의 작품을 만들어내는 것이 불가능하다고 확신시킬 단 한 가지 방법은 모든 사람들에게 그런 작품, 그런 성공은 오로지 우연에 의해 얻게 되는 것이라고 설득하는 것뿐이다.

실제로 수많은 의뢰인들이 그런 식으로 남들을 설득하느라 '영속성'이 우연히 얻어지는 게 아님을 깨닫지 못한다. 나는 그런 경우를 많이 봐왔다. 문학, 영화, 음악 등의 예술사를 연구한 사람이라면 누구나 안다. 행운은 분명 중요한 요소지만 영원성을 가진 작품이 단지 운에 의해서만 탄생하지는 않는다. 그런 작품은 올바른 결정, 올바른 우선순위, 올바른 창작과정을 거친 결과로 존재한다. 여러 미디어와 산업에 걸쳐 존재하는 불멸의 작품들 사이에는 그런 공통점들이 있다. 다시 말해 제대로 된 마인드와 작업과정, 비즈니스 전략을 가진다면 당신 작품도 고전의 반열에 오를 가능성이 커질 수 있다.

애석한 점은 많은 크리에이터들이 주로 후자가 아닌 전자의 접근 방식을 따른다는 사실이다. 사람들은 행운을 기대할 뿐 목표를 위해 무엇을 투입해야 하는지 의식적으로 생각하려 하지 않는다. 그 외에도 잘못된 기준으로 성공 여부를 측정하느라 애쓰고, 그 때문에 불멸의 작품을 남길 가능성을 잃어버리고 만다. 100년은 족히 살아남을 고전을 만들어내는 일은 아주 어려운 과제처럼 느껴질 수 있다. 좋다. 일단은 그 기준은 제쳐두기로 하자. 그러면 100년이 아니라 평균보다 오래 살아남을 무엇인가를 만들기 위한 노력부터 이야기해볼까?

잘못된 가정을 거부하는 것부터 시작해보자. 진정으로 야심을 가져보자. 어느 정도 지속적인 성공을 거둔 사람들의 모범적인 사례를 배우는 것으로 시작해보자. 그런 다음 진정으로 세월을 뛰어넘어 영향력을 가질 불멸의 작품을 만들어낼 수 있도록 자기 자신에게 최선의 기회를 선사하자.

이런 목적을 달성하기 위해서 나는 어떻게 창작이라는 고난의 과정을 수행해나가야 하며, 그렇게 탄생한 작품을 어떻게 마케팅 해야 하는지 그 모두를 살펴보려고 한다. 그러므로 이 책은 당신과 함께 다음 물음에 대한 답을 이야기해보고자 한다.

- 어떻게 하면 세월을 견뎌낼 작품을 만들 수 있을까?
- 어떻게 작품을 포지셔닝하고 패키징해야 작품이 오래 팔릴까?
- 작품이 지속적으로 팔리는 데 어떤 마케팅 채널이 도움이 될까?
- 어떻게 해야 고객을 사로잡는 플랫폼을 구축할 수 있을까?

개인적으로 나는 책을 좋아하고 내 의뢰인들과 다수의 독자들은 작가로 활동 중이다. 그래서 이 책에는 책에 관한 내용이 많이 담겨 있다. 하지만 여기에서 제안하는 아이디어는 단순히 글작가에게만 한정된 것이 아니다. 사람들의 주목이 경제적 성패의 주요 변수가 되는 '관심경제Attention Economy'로 성장함에 따라, 앱이나 의류 제작이든 음악이나 단편영화 제작이든 상관없이 모든 크리에이터들은 점점 비슷해지고 있다. 그러므로 새로운 무엇인가를 만들어내는 모든 크리에이터들에게 해당되는 이야기다. 뿐만 아니라 크리에이터와 함께 일하는 사람들도 함께 생각해봐야 할 이야기이기도 하다.

결국 무슨 일을 하든 우리는 모두 아이디어를 팔고 있다. 형태가 어떻든 그 과정은 동일하다. 그 과정에 숙달되고 올바른 방식으로 그 길을 생각한다면 당신의 아이디어는 앞으로 영원히 팔릴 수 있다.

차례

포지셔닝 하기
: 작품을 다듬는 것부터 완벽하게 만들고 패키징하기까지

마케팅의 기술
: 고객의 마음을 얻는 것부터 범위를 확대하는 것까지

4 플랫폼 만들기
: 팬이자 친구로 당신의 제국을 건설하기

작가의 진정한 역할은 걸작을 탄생시키는 것이다.
그게 아니라면 아무런 의미가 없다.

− 시릴 코놀리

1

창조의 과정

아이디어에서 시작해

걸작을 만들어내기까지

몇 년 전 내가 좋아하는 회사의 운영자였던 친구와 논쟁을 벌인 적이 있다. 그가 트위터에 올린 글 때문이었다. "삶의 20퍼센트는 콘텐츠를 만드는 데 써야 하고 나머지 80퍼센트는 그걸 홍보하는 데 써야 한다." 그럴 듯하고 옳은 말처럼 들린다. 회의 석상이나 술자리에서 돌고 돌아 퍼져나가기 쉬운 말이기도 하다. 심지어 누군가가 이런 주장을 한다면 그 사람은 꼰대가 아니라 대담하고 참신한 크리에이터처럼 보일 수도 있다. 혹은 "너무 깊이 생각하지 말고 재빨리 움직여!"라는 식의 영감을 줄 수도 있다. 그런데 정말 그럴까?

사실 이 말은 **'끔찍한'** 조언에 불과하다. 만일 그 친구가 진짜 본인의 조언대로 했더라면 결코 '성공적인 기업가'라는 지금의 위치에 도달할 수 없었다. 실제로 그는 자신의 조언과는 완전히 반대되는 예였다. 그가 마케팅에 능숙했기 때문에 많은 고객의 관심을 끌었던 것이 아니었다. 정작 그의 성공적인 마케팅 전략은 그가 뛰어난 제품을 가지고 있다는 사실 자체였다.

나는 5분의 1의 시간을 써서 뭔가를 만들고, 나머지 5분의 4에 해당하는 시간 동안 큰 소리로 그것을 팔러 다니는 것이 성공 비결이라고 말하는 사람을 거의 보지 못했다. 물론 이 세상에는 여러 유형의 성공 방식이 존재한다. 제품 자체보다 마케팅과 판매를 우선하는 것이 어느 정도의 성공을 이끌어내기도 한다. 하지만 그것은 오래 지속될 성공을 이뤄내는 방식은 아니다. 시장은 급변하고 특별하지 않은 작품을 오래 팔리게 만들 만한 전술이란 가능하지 않다. 원론적으로 이야기하자면 정말로 중요하고 오래 인정받는 업적은 광고나 판매 전술이 필요없는 뭔가를 만드는 것이어야 한다.

나는 창작에 있어 도전과 창의성이 중요하고 마케팅 또한 엄격하게 적용돼야 한다고 생각한다. 그런 점에서 많은 크리에이터들이 창작 활동을 가볍게 여기는 모습에 경악하곤 한다. 이들은 자기 시간을 트위터와 페이스북에 쏟아붓고, 팔로어가 늘어나면 자신이 만들어낸 작품의 고객(소비자)이 늘어날 거라고 믿는다. 브랜드를 구축하고 각종 미디어 활동을 통해 흠잡을 데 없는 페르소나를 만들어낸다. 아직 만들지도 않은 제품의 판매 전략을 수립하려고 마케팅에 관련된 책과 수업에 돈을 지불한다. 본인들에게는 이 모든 활동이 생산적으로 느껴질지 모르지만 대체 무엇을 위해서 그렇게 하는 걸까? **결국** 바람과 함께 사라질 뭔가를 만들기 위해서?

결과물이 올바르게, 제대로 만들어지지 않았다면 장기적인 관점에서 세상의 모든 마케팅 활동은 무의미하다. 제아무리 최고의 광고인이라고 해도 마케터라고 해도 마찬가지다. 제품이 좋을수록 마케팅도 잘 된다. 제품이 나쁘면 나쁠수록 마케팅에 써야 할 돈과 시간은 늘어나고 노력은 더 많아지는데 정작 효과는 떨어진다. 당신은 이 말을 믿어야 한다. 홍보는 '상품이 어떻게 만들어지는가'가 아니라 '상품이 사람들의 귀에 어떻게 들리는가'이다. 이것이 바로 이 책이 마케팅으로 시작하지 않고 창작 과정에 반드시 투입돼야 할 가장 중요한 요소인 '마인드'와 '노력'으로 시작하는 이유다.

● 무엇보다 아웃풋이 중요하다

위대한 성공을 바라면 위대한 결과물을 만들어내야 하는데, 그 위대한 결과물을 만들어내는 일이 몹시 어렵다. 세상 더없이 뻔한 말이지만 이 뻔한 소리야말로 기본적으로 가져야 할 자세다. 우리가 제대로 만들어보겠다고 마음먹고 만드는 모든 작품들에는 거기에 이르기까지 우리를 이끌어온 세세한 결정과 행동들이 있다. 나아가 결과물이 사람들의 관심을 얼마나 잡아끌 것인지와 상관없이 그것은 각각 개별적으로 마케팅 의사결정과 연결된다. 뭔가를 만들어내겠다는 창조적 결정은 그 자체로 중요한 마케팅 의사결정이기도 하다.

형편없는 작품은 살아남지 못한다. 평범한 작품을 만들어놓고 "자, 나머지는 나중에 생각하면 돼"라며 타협한다면 그 작품은 출시되기도 전에 사라질 수 있다. 지금까지의 분투는 소용없이 돈만 낭비한 꼴이 되고 만다. 추후에 좀 더 자세히 이야기 하겠지만 마이크로소프트가 만들어낸 휴대용 미디어 플레이어 '준Zune'에서부터 인터넷 검색 포털 서비스 '빙Bing'에 이르는 제품들을 살펴보라. '마이크로소프트 오피스'는 출시된 지 25년이 지났음에도 여전히 돈벌이가 되는 캐시카우cashcow이지만 준이나 빙 같은 제품들은 손실을 볼 게 뻔한 데 마케팅하느라 수십 억 달러의 돈을 지출하는 것처럼 보인다. 이것이 '개념화, 동기 부여, 제품의 시장적합도, 실행' 같은 사전작업pre-work이 중요하고 필요한 이유다. 이러한 무형의 요소들을 절대 간과해서는 안 되고 나중으로 미뤄서도 안 된다. 그렇다면 영원불멸의 작품을 만들기 위한 여정을 어디에서 시작하는 것이 좋을까?

나의 멘토 로버트 그린은 "**고전으로 남을 작품을 만들기**를 간절히 바라는 데서부터 시작한다"라고 말했다. 같은 맥락으로 에버노트 Evernote의 창립자 필 리빈Phil Libin은 이렇게 말했다. "최고의 제품을 만들겠다고 생각하지 않는 사람은 절대 최고의 제품을 만들지 못한다." 나는 이 말을 의뢰인들에게 즐겨 인용하곤 한다. 미국 최대의 벤처 투자사인 와이 콤비네이터Y Combinator의 창립자 폴 그레이엄Paul Graham도 이렇게 말했다. "스타트업의 성장률을 높이는 최고의 방법은 친구들에게 추천할 수 있을 만한 제품을 만드는 것이다."

다만 최고의 작품은 **그냥 만들어지지 않는다.** 크리에이터는 무엇보다 불멸의 작품을 만들어내는 걸 최우선 목표로 삼아야 한다. 그리고 좀 더 나아가 그것을 자신의 소명으로 삼기를 바란다. 물론 목표로 삼고 바라기만 한다고 되는 일이 아니다. 자기가 몸 담은 분야의 '고전적 업적'들을 찾아 연구하고, 그 작품을 만들어낸 '마스터'들의 위대함에 대해서도 살펴봐야 한다. 그 업적이 오랫동안 인정받고 유지될 수 있었던 이유들을 살피고 모방할 줄도 알아야 한다. 창작 과정에서 작품이 '영원성'을 가질 수 있는 것에 우선순위를 둬야 하고 몰입을 방해하는 요소들을 무시할 수 있어야 한다. 무엇보다 의미있는 결과물을 만들겠다는 열망을 가져야 한다.

사실 불순한 의도를 가지고 창작에 임하는 크리에이터들이 많다. 대부분 작품이 불러들일 이익은 원하지만 그에 수반되는 어려움은 겪지 않기를 바란다. 작품을 만들기 위해 필요한 기술이나 방법을 배우지 않은 채 적당한 노력만으로도 '짠!' 하고 결과물이 나타나길 기대한다. 그러나 위대한 작품들에는 한 가지 공통점이 있다. 바로 과정 자체가, 그 작품 자체가 하나의 '투쟁'이고 엄청난 희생을 전제로 한다는 점이다. 자기 작품이 세월을 이겨내고 오래 사랑받기를 바라는 작가의 갈망이 이 투쟁을 의미있게 만든다. 그리고 그런 희생은 그럴 만한 가치가 있다.

● 아이디어는 누구에게나 있다

많은 작가 지망생들이 배우이자 작가, 코미디언인 사라 실버맨 Sarah Silverman에게 일에 관한 조언을 구하곤 한다. "저는 작가가 되고 싶습니다"라는 지망생들의 말에 실버맨은 "당신은 할 수 있어요!" 혹은 "제가 어떻게 도와줄까요?"라고 말하지 않는다. 그 대신 지망생에게 어떤 글을 썼는지, 쓰고 싶은지 묻는다. 그리고 직설적으로 "그렇군요. 그러면 그 글을 쓰세요. 작가는 글을 쓰는 사람이에요. 누군가가 글을 써달라고 의뢰하고 나서야 글을 쓸 참인가요?"라고 되묻는다.

얼마나 많은 사람들이 이 지망생들과 비슷한 환상을 좇고 있는가? "나는 언젠가 창업을 할 거야." "영화로 찍으면 좋을 굉장한 아이디어가 있어." "언젠가는 책을 쓰고 싶어." "충분히 노력하면 (   )을 (를) 할 수 있어." 회사를 세우고, 영화를 제작하고, 책을 출간하는 등 본인이 하고 싶다고, 할 수 있다고 외친 것들을 실제로 해내는 사람들이 얼마나 될까?

모두가 이미 알고 있겠지만 애석하게도 거의 없다.

많은 크리에이터들이 '영원불멸의 꿈'을 꾸자만 대부분 그런 바람 자체에 머물고 만다. 영화 제작자 케이시 나이스탯Casey Neistat은 크리에이터 지망생으로부터 편지 한 통을 받았다. 편지에서 이 지망생은 자신의 아이디어를 그에게 소개해도 되는지 물었다. 나이스탯은 그 편지를 받자마자 너무도 솔직한 답장을 써 보냈다. "당신의 **아이디어** 따위에는 관심 없습니다. 아이디어는 누구나 내니까요."

나이스탯의 말은 모든 크리에이터들이 경험으로 체득한 진실 하나를 일러준다. 클릭 한 번으로 뭐든지 공유될 수 있는 세상에서 '**아이디어는 아무것도 아니다**'라는 사실이다. 그의 말대로 아이디어는 누구에게나 있다. 반짝거리는 생각들은 수많은 공책에 적혀 먼지를 덮어쓴 채로 방치되어 있거나, 빽빽이 적힌 파일로 에버노트 폴더에 저장되어 있거나, 온라인상 이곳저곳을 떠돌아다니고 있다. '위대한 결과물'이 '위대한 작품을 위한 **아이디어**'와 명백히 다른 점은 아이디어 자체로 남지 않았다는 데 있다. 거기에는 크리에이터가 처음의 아이디어를 실체가 있는 결과물로 만들어내고자 몰입하고 쏟아부은 시간과 노력, 극도의 고통이 아주 *끈끈하게* 묻어 있다. 그 차이는 결코 사소하지 않다. 영원불멸의 작품이 쉽게 만들어지는 것이라면 이미 많은 사람들이 위대한 결과물을 세상에 내놓지 않았겠는가?

당신도 위대한 작품을 만들고 싶은가? 그렇다면 다른 누구도 아닌 '당신 자신'이 직접 그 작업을 해야만 한다. 누군가에게 위탁할 수 없다. 친구를 시켜 당신을 돕게 할 수도 없다. 돈을 받고 당신을 대신해 불멸의 작품을 만들 수 있는 회사는 존재하지 않는다. 적합한 파트너, 투자자, 후원자는 필요하지만 그들을 찾는다고 모든 것이 이뤄지지 않는다. 그것이 만일 '당신의 프로젝트'라면 고된 작업은 오로지 당신의 몫이다. 달리 방도가 없다.

꿈꾸는 것이 중요하지 않다거나 아이디어가 중요하지 않다는 뜻이 아니다. 크리에이터 지망생들 중 상당수가, 그리고 실패한 크리에이터들 중 많은 이들이 '만들겠다는 꿈'이 아니라 '이미 만들어진 것에 대한 꿈'을 꾼다. 그렇지 않은가? 나는 직업상 작가 지망생들에게 조언할 일이 많은데, 재주는 많지만 진정으로 글쓰기는 갈망하지 않는 사람들을 수없이 만나곤 한다. 내가 느끼기에 그들은 그냥 자신의 책을 '**소유하기를**' 바라는 것 같았다. 그러나 이것이 글을 쓰는 일에만 해당 될까? 모든 산업의 수많은 컨설턴트들이 나와 비슷한 상황에 처하곤 하지 않을까? 그들도 무엇을 먼저 실행해야 하는지조차 파악하지 못한(않은) 수많은 '지망생'들을 만나고 있을 거라고 나는 확신한다.

한 가지 덧붙이자면 작가, 음악가, 영화 제작자, 사업가라고 스스로를 칭하는 일은 위대한 작품을 만들어내는 것과 아무런 상관이 없다. 소셜미디어의 프로필을 이용해 온라인으로 주문하면 바로 다음 날 명함을 배송받을 수 있다. 몇 달러만 들이면 온라인에서 작성할 수 있는 법적 서류로 '나는 이런 사람이다'라고 알리기도 쉽다. 이런 세상에서 스스로 붙인 직함과 결과물 사이의 연결 고리는 헐거울 수밖에 없다.

시인이자 디자이너인 오스틴 클레온Austin Kleon은 이렇게 말했다. "많은 사람들이 '동사verb'를 행하지 않고 '명사noun'가 되기를 원한다." 위대한 작품을 만들기 위해서는 반드시 그것에 대한 '**욕구need**'가 필요하다. 이를테면 "**나는 이렇게 할 필요가 있다**" "**나는 해야만 한다**"

라고 말하게 만드는 것. "**안 돼**"라는 말을 할 수 없게 만드는 그것 말이다.

● 왜 창작을 하는가?

프로야구 선수가 되고 싶은 사람은 많지만 실제로 프로야구 선수가 되는 사람은 적다. 어떤 일에 대해 "재미있을 거야"라고 생각하는 것이 실제 그 일을 하는 사람과 아닌 사람을 가르는 결정적인 차이는 아니다. 정말 어려운 일은 앞서 말한 것처럼 꿈을 꾸거나 아이디어를 내는 것이 아니라 정말 뭔가를 '하는 것'이다. 이때 **강력한 바람**이야말로 가능성을 열어준다. 왜 그런 결과를 원하는지, 그것을 이루기위해서는 필요하지만 번거롭고 힘겨운 일을 왜 기꺼이 하고자 하는지에 대한 이유(**목적**)가 필요하다. 그 이유는 별것 아닐 수도 있지만 반드시 있어야만 한다.

그 이유라는 게 뭘까? 오랫동안 공개되지 않은 '진실'이 있기 때문일 수 있다. 누군가와의 관계가 끊어졌기 때문일 수도 있고, 가족을 부양해야 하기 때문일 수도 있다. 좀 더 나은 세상을 만들고 싶어서일 수도 있고, 지금까지의 방식이 더는 통하지 않기 때문일 수도 있다. 인생이 단 한 번뿐이라서, 많은 사람들을 돕기 위해서, 혹은 의미 있는 것을 담아내길 원해서일 수도 있다. 그 뭔가로 인해 당신이 느꼈던 흥분이 좀처럼 가라앉지 않기 때문일 수도 있다.

이런 이유들을 깨닫게 된다면 당신이 위대한 작품을 창조해내는 중에 있다는 의미다. 이런 상태는 스쳐지나가는 것도 아니고 그저 그런 관심의 차원도 아니다. 하지만 노력을 기울여 찾아내야만 하는 것이기도 하다. 만일 당신이 주변 사람들에게 좋은 인상을 주고 싶어서, 단순히 재미있을 것 같아서, 혹은 많은 돈을 빨리 벌고 싶어서 뭔가를 창조해내려고 하는 것이라면 그것도 이유는 되겠지만 위대한 작품을 만들어내기에는 충분하지 않다.

건축가, 작가, 예술가, 기술자 등 크리에이터들은 이전에 없던 뭔가를 새롭게 만들어낸다. 그런 작업은 대담하고도 아름다운 행위다. 또한 최상의, 최고의 것을 만들어내려는 노력은 용감한 일이기도 하다. 컴퓨터 앞에 앉거나 노트를 펼치고 새로운 것을 만들어내는 작업에 자기 자신을 몰입시키는 일은 엄청나게 두려운 일이기 때문이다. 그런데 정작 그것을 해낸 사람들은 그 과정이 아주 신나는 일이었다고 말하곤 한다.

왜일까? 아마도 그들이 하는 일이 세상에 뭔가를 선사하는 일이기 때문이 아닐까? 상상해보라. 당신이 만들어낸 작품이 당신 손끝을 떠나서 다른 이에게 전달되는 경험이 얼마나 즐거운 일일지. 당신은 새로운 것을 만듦으로써 낯선 사람과 연결되고 누군가의 문제를 해결해줄 수도 있다. 다른 사람들은 표현하기 두려워하고 어려워하던 진실을 어떤 형태로든 만들어 세상 밖으로 끄집어내는 작업, 후세를 위해 그런 경험을 이어나가는 것, 그런 일들은 세상을 새롭게 만든다. 심지어 역사의 경로를 변경하고 죽음을 이겨내고 다른 사람들의 마음속으로 들어가는 동력이 돼주기도 한다. 많은 예술가들이 극복하기 힘든 장애물에도 불과하고 작품을 완성하려고 끈질기게 노력하는 것은 그 일이야말로 세상에서 가장 위대하고 보람있는 '추구'이기 때문이다. 이런 노력이 차이를 만들어내고 사람들을 변화시킨다. 덤으로 부와 명성을 얻게 해주기도 한다.

자, 여기에서 가장 중요한 질문은 이것이다. "왜 창조하는가?" 만약 당신이 글쓰기를 원한다면, 당신은 왜 글을 쓰기 시작하며 그 과정에서 반드시 마주하게 되는 고통 속에 왜 스스로를 밀어넣는가? 무엇이 당신을 그렇게 만드는가? 이 질문에 대한 답이 성공 가능성의 정도를 결정한다.

이 질문은 '순수성'에 관한 물음이 아니다. 단순하게 생각해서 두 명의 크리에이터가 있다고 치자. 한 사람은 자기 결과물이 자신에게 얼마나 도움이 될지에만 신경을 쏟고 본질적인 완성도에 대해 고민하지 않는 반면, 다른 한 사람은 자신의 존재 이유를 찾으며 작품을 만든다. 당신이라면 둘 중 누구에게 배팅을 하겠는가?

모든 창작은 올바른 의도로 시작돼야 한다. 대부분의 사람들이 오랫동안 인정받는 작품은 우연의 결과물이라고 생각한다. 물론 인간이 통제할 수 없는 요소들이 영향을 미친다는 사실을 나도 잘 안다. 하지만 올바른 의도는 필수적으로 수반되어야 하는 근본이다. 적어도 어떤 의도를 가질지는 우리에게 달려 있지 않은가?

● 희생을 피할 수는 없다

고전이라 할 만한 소설 《1984》와 《동물농장》의 저자인 조지 오웰은 〈나는 왜 쓰는가Why I Write〉라는 제목의 에세이에서 미래의 작가들이 맞닥뜨릴 수 있는 직업적 위험성을 경고했다. 그는 이렇게 썼다. "책을 쓰는 일은 마치 오랜 지병을 앓듯이 지긋지긋하고 진을 빼는 고통스러운 작업이다. 저항할 수 없고 보이지도 않는 악령이 시킨 것이 아니라면 그런 일은 아무도 하려고 하지 않을 것이다." 저널리스트이자 작가인 존 맥피John McPhee는 이렇게 말하기도 했다. "본인이 충분한 관심을 가진 주제에 대해 글을 써라. 책을 쓰는 과정에서 중단했다가 다시 쓰고 어떻게 쓸까 망설이는 등의 숱한 장애물에 부딪치는 당신 자신을 발견할 테니까."

이 같은 악령의 힘으로 계속 써보라. 그리고 어디선가 많이 들어봤을, 작가는 친구와 가족처럼 작업에 방해가 될 수 있는 요소들로부터 스스로를 격리시킨다는 이야기를 떠올려보라. 조지 루카스가 〈스타워즈〉의 첫 번째 초고를 완성하면서 자신의 머리카락을 죄다 잡아뜯었던 장면이나, 창작을 위해 식사는 물론이고 모든 것을 포기하고 몸부림치는 예술가들의 이야기도 상상해보라. 작가이자 배우였던 헌터 S. 톰슨Hunter S. Thompson은 "음악은 고통스러운 비즈니스이고 돈이 나올 구멍도 아주 작다. 그마저도 도둑과 포주가 활개치고 돌아다녀서 선의를 가진 사람들이 더러운 골목에서 개처럼 죽어간다"라고 말하기까지 했다. 게다가 동시에 이렇게 비꼬았다. "물론,

나는 긍정적인 측면만을 이야기했다."

　이것은 작가들에게만 해당되는 말이 아니다. 테슬라^{TESLA}의 최고 경영자 일론 머스크^{Elon Musk}는 창업에 대해 "유리를 씹어먹고 어둠의 수렁을 응시하는 일"에 비유했다. 배우이자 감독 워렌 비티^{Warren Beatty}는 영화 제작 과정을 '구토'에 비유하며, 새로운 비즈니스를 시작할 때의 느낌이나 새로운 시나리오를 써내기 위해 감내해야 하는 시간을 이렇게 말했다. "나는 토하는 걸 싫어하지만 '차라리 토해버리면 기분이 나아질 것 같아'라고 말하는 때가 온다." 혹시 이런 말들이 극단적으로 들린다면 창작은 당신을 위한 길이 아닐지도 모른다.

　특히 그림이든 음악이든 시나리오든 창작과 관련한 산업은 많은 사람들이 진입하기를 원하는, 잔인하다고 할 만큼 치열한 세계다. 심지어 이 산업의 실제 구성원들 중에는 자신이 그 업계에서 힘과 지위를 가졌다는 환상에 사로잡혀 고통스러운 창작 과정을 피하기 위해서 무슨 짓이든 할 사람들이 더 많다. 이 두 가지 사실은 이 세계에 순진하게 접근하거나 자기의 아이디어가 정말 중요하다고 여기는 신진 크리에이터들을 집어삼키며 괴로운 시련을 만들어낸다. 실제로는 그들의 꿈과 이 산업이 아무런 연관이 없다는 사실로 말이다.

　얼마 전 새 책이 출간되고 마련된 사인회에서 한 여학생이 내게 작가가 되려면 무엇이 필요한지 물었다. 2년 가까이 그 책을 쓰느라 진이 빠진 나는 학생에게 해줄 말이 한마디도 떠오르지 않았다.

내가 생각할 수 있던 것은 그 책에 담긴 내용뿐이었고, 위험을 무릅쓰고 과감하게 그 책을 쓰기로 했다는 사실뿐이었다. 결국 내가 학생에게 건넨 말은 작가가 되려면 학생이 가진 **모든 것**이 필요하다는 것뿐이었다. 나는 거기에 오웰의 말을 살짝 인용해서 덧붙였다. "학생은 오로지 작가가 돼야 해요. 만약 작가가 아닌 다른 사람이 **될 수 없다면**요." 내 아내는 내가 그 학생에게 겁을 준 것 같다고 걱정했지만 설령 그랬다고 하더라도 나는 별로 미안하지 않았다. 작가가 되려면 무엇이 필요한지에 대해 내가 해줄 수 있는 가장 솔직한 대답이었으니까. 그 학생은 사카린처럼 달콤한 격려를 듣지 못했다고 해도 솔직하고도 냉정한 말 속에서 진정한 영감을 찾지 않았을까?

축구팀에서 주전으로 합류하기 위해 여름 내내 땀 흘리는 후보선수를 떠올려보라. 온전히 조용한 시간을 가지려고 가족들이 모두 잠든 후에 밤새워 글을 쓰는 작가를 그려보라. 자신의 생애에서 가장 어두운 시기를 파고드는 화가, 사기꾼이 득실거리는 곳에서 버티며 매일 공연하는 음악가, 무대 위에서 늘 고전하면서도 그것이 과정의 일부이고 더 발전할 수 있는 길임을 알기에 스스로를 채찍질하는 코미디언을 떠올려보라. 그런 장면들이 진부하든 영감을 주든 간에 그들 각자에겐 매우 진실한 고통이 존재한다. 그 사람들은 자신의 길을 추구하는 과정에서 무엇인가를 포기해야 하지만 언젠가 그 고통스러운 과정에 대해 보상받는다.

희생함으로써 의미가 생겨난다. 노력함으로써 목적이 생겨난다. 강력하고 중요한 어떤 것을 만들어내고자 한다면 최소한 그에 걸맞은 강력한 내적 동기에 의해 스스로를 움직여야 한다. 예술을 낭만적으로 생각하더라도 끊임없는 노력과 헌신이 있어야 올바르게 나아갈 수 있다. 그리고 그 같은 노력과 헌신이 가능하려면 강력한 동기가 있어야 한다.

새로운 뭔가를 만들어가는 과정에서 당신은 스스로에게 물어야 한다. "나는 이걸 위해 무엇을 기꺼이 희생할 수 있을까?" "X, Y, Z를 희생할 것인가?" 위대한 업적들을 살펴보면 시간, 안정적인 생활과 수입, 주변의 인정 등 기꺼이 희생해온 것들이 있다. 결국 창작이라는 일은 많든 적든 언제나 희생을 **요구**한다. 만일 아무것도 잃을 것이 없고 잃을 필요가 없다면 이미 세상 모든 사람들이 위대한 업적을 이루지 않았을까?

● 우리는 마라톤을 뛰고 있다

위대한 작품을 만들기 위해 시련을 겪어본 사람이라면, 혹은 평범한 수준을 유지해온 사람이라고 하더라도 창작이라는 일이 사람을 녹초로 만드는 일임을 잘 안다. 몇 주, 몇 개월, 몇 년 동안 애를 써왔어도 출발 지점에서 한걸음도 나아가지 못했다는 사실에 절망하는 크리에이터가 얼마나 많은가?

바르셀로나에 있는 '라 사그라다 파밀리아La Sagrada Família(성 가족 성당)'는 1882년에 착공됐지만 건축가 안토니 가우디Antoni Gaudí 서

거 100주년이 되는 2026년에 가서야 완공될 예정이다. 바티칸시국의 '시스티나 성당Sistine Chapel'은 내부 벽화를 완성하는 데만 4년이 걸렸고, 성당 건립 계획과 실제 건축은 그보다 훨씬 오래 걸렸다. 각본가이자 프로듀서인 매튜 와이너Matthew Weiner는 드라마 〈매드맨 Mad Men〉의 대본을 몇 년에 걸쳐 자투리 시간을 이용해 짬짬이 써뒀지만 이 대본을 원하는 사람이 아무도 없어서 작품은 곧바로 제작이 이뤄지지는 못했다. 와이너는 그 대본을 몇 년 동안이나 가방에 넣어다니며 숱한 비판과 거절을 묵묵히 받아들였다. 그 작품이 파일럿 제작에 들어간 것은 그때로부터 7년이 지나서였다. 그 전까지는 어떤 진전도 보이지 않았다. 그런데 제작이 시작된다고 끝일까? 그 작품의 경우 제작에 들어간다는 사실은 또다시 7년 이상의 고된 대본 작업과 연출, 촬영이 **시작**됨을 의미했다(〈매드맨〉은 2007년 시즌1으로 시작해 2015년 시즌7까지 방영됐다.—옮긴이).

예술은 마라톤과 같다. 결승선을 통과해도 선수 목에 메달을 걸어주기는커녕 경기 진행자가 선수를 또 다른 경기의 출발선으로 데려간다. 이것이 바로 내가 동기에 대해 질문을 던졌던 이유이고, 강한 의도가 인내력과 생존력을 발휘하는 데 엄청난 영향을 미치는 이유다. 그리고 그 선수는 언젠가 반복적으로 그 능력을 시험받는다.

모든 창작에는 필연적으로 위기와 최악의 상황이 존재한다. 크리에이터는 스스로에게 "이것이 여전히 가치 있는 일일까?"를 물으며 실존적 위기와 정면으로 마주하게 된다. 작가이자 마케터인 세스 고딘Seth Godin은 이런 상황을 '딥the Dip'이라고 불렀다. 그 절망의 골짜기에서 우리를 꺼내주는 것이 단순히 부자가 되고 싶다거나 유명해지고 싶다는 욕망은 아니지 않을까? 그보다는 좀 더 심오하고 의미있는 무엇이지 않을까?

영화 제작자인 제임스 카메론은 영화 〈아바타〉의 초고를 1994년에 썼다. 1997년 〈타이타닉〉을 완성한 후 이 영화를 찍으려고 했지만 당시의 영화 제작기술로는 카메론의 생각을 온전히 구현해낼 수 없었다. 다양한 기술과 기법을 사용해 테스트를 거듭했지만 좀처럼 적절한 방법을 찾아내지 못했다. 이제 그만 〈아바타〉를 포기하고 책상 위에 쌓인 수많은 프로젝트들 중 하나를 집어들어도 좋을 상황이었다. 하지만 카메론은 그렇게 하지 않았다. 그 대신 〈아바타〉를 스크린 위에 구현해내는 데 **필요한 기술 개발을 돕기로 결정했다.** 몇 년 뒤 기술 수준이 자신의 기준에 도달하자 카메론은 〈아바타〉 제작에 다시 4년여의 시간을 쏟아부었고, 2009년 12월 마침내 〈아바타〉가 세상에 모습을 드러냈다.

카메론은 이 영화를 통해 3D 모션 캡처 촬영 기술의 혁신을 이뤄냈고, 영화는 전 세계적으로 5억 달러가 넘는 수익을 남기며 공전의 히트를 쳤다. 카메론 본인의 작품인 〈타이타닉〉을 역대 흥행 순위 2위로 내려앉힐 만한 대기록이었다. 〈아바타〉를 제작하기 위해 그가 견뎌야 했던 모든 어려움과 15년 동안 희생해야 했던 여러 가지 기회들을 상상해보라. 실제로 카메론은 그 어떤 세대에서도 찾아보기 힘든, 가장 뛰어나고 창의적인 사람 중 한 명이다.

당신이 만약 그런 동기를 가지고 있는지 확신이 들지 않거나 이 모든 이야기가 그리 유쾌하게 들리지 않는다면, 혹은 어느 정도 뻔한 소리로 들린다면 지금 당장 포기하는 게 나을지도 모른다. 오히려 포기하기를 잘했다고 생각하게 될 수도 있다. 부끄러워할 필요는 없다. 재포스Zappos와 아마존은 90일 간의 수습기간을 마치고 일을 그만두는 신입사원들에게 기꺼이 5,000달러씩을 지급한다. 왜 그럴까? 모든 사람이 그 일에 적합하지는 않기 때문이고, 자신이 그렇다는 사실을 빨리 깨닫는 게 더 낫기 때문이다.

● 위대한 작품은 시간을 필요로 한다

힙합 뮤지션 드레이크Drake는 자신의 세 번째 앨범에서 이렇게 랩을 한다.

> '누가 요새 잘 나갈 것 같아?'라는 말을 듣는 건 너무 지겨워.
> (I'm tired of hearin' 'bout who you checkin' for now)
>
> 그냥 두고 봐. 앞으로 10년 후에 누가 남아 있을지 알 테니까.
> (Just give it time, we'll see who's still around a decade from now)

드레이크는 '요즘 뭐가 핫하지?'라는 질문이 난무하는 음악 업계에서 시릴 코놀리와 동일한 곤경에 처해 있었다. 대부분의 뮤지션들은 인기를 *끄는* 것에만 관심을 둘 뿐 영속적인 것에는 별로 신경을 쓰지 않는다. **지금 당장** 부자가 되고 록스타처럼 살고 싶어 한다. 만약 크리에이터가 **온통** 돈 버는 일에만 관심이 있고 당장 돈을 많이 벌고 싶은 마음뿐이라면 불멸의 작품을 남기는 것은 그가 갈 수 있는 길이 아니다. 돈을 벌기 위해서는 창작보다 더 좋고 더 **빠른** 방법이 있다. 변호사가 되어 수임료를 받거나, 전문적인 퓨전 레스토랑을 개점하거나, 월스트리트에서 일자리를 구하는 편이 낫다. 세상을 변화시키고 오랫동안 그 변화를 지속해나갈 수 있는 작품을 만들어내는 일은 작업 과정 자체를 버텨내기 위한 진정한 인내가 필요하다.

여기에서 '**인내**'란 새로운 것을 창조하는 데 걸리는 시간뿐만 아니라 자신이 한 일, 만들어낸 작품에 대해 올바른 평가를 받기 위해 감내해야 하는 시간도 의미한다. 당신의 작품에 대해 제대로 평가받으려면 정말 오래 기다려야 할 수도 있다. 자신의 시대에서는 무시당했지만 수십 년 후에 명작으로 추앙받는 예술작품들이 있지 않은가? 터무니없는 걸 만들어냈다고 손가락질 받았지만 훗날 그 분야의 기준을 정립하거나 새로운 문화적 전기를 발화시킨 크리에이터들이 있지 않은가?

수십 년 동안 도요타Toyota라는 일본기업을 이끌어온 경영철학 '도요타 방식'에는 두 가지 중요한 원칙이 있다. 바로 '시스템과 과정이 중요하다'라는 원칙과 '의사결정은 단기적인 이익이 아니라 장기적인 관점에 의해 내려져야 한다'라는 원칙이다. 이에 대한 확실한 인지와 실천이 코롤라Corolla나 캠리Camry 처럼 지금까지 판매되는 상품을 만들어내는 데 큰 역할을 했다. 이 원칙은 CEO부터 마케팅 부서, 조립 라인에 이르기까지 회사의 모든 구성원들이 매일 지켜야 하는 원칙이다. 창작도 이와 다르지 않다. 도요타처럼 오랫동안 국제적인 규모의 지속적인 성공을 바라지 않는다고 해도 마찬가지다.

미국 건국의 아버지 중 한 사람인 알렉산더 해밀턴Alexander Hamilton 은 50년이라는 짧은 생애 동안 수많은 글을 썼다. 상당수의 글은 본인을 비롯한 건국 동료들이 그 당시 새로이 설립하던 여러 기관들을 합법화하기 위한 것이었다. 전기작가 론 처노Ron Chernow가 지적한 것처럼 해밀턴의 거의 모든 글들이 '저널리즘'에 해당한다는 점, 현재 벌어지는 일들과도 맥락이 닿아 있다는 점은 다소 놀랍다. 처노는 "**해밀턴의 시사성 있는 글들**(예를 들어 해밀턴이 〈페더럴리스트 페이퍼The Federalist Papers〉에 기고한 글과 대부분 그가 써준 조지 워싱턴의 퇴임사)**이 오래 살아남을 수 있었던 이유는 그가 동시대 사건들의 이면으로부터 세월이 지나도 변치 않는 원리를 파헤쳐냈기 때문이다**"라고 말한다.

당신이 불쾌한 상황에 처했을 때, 친구에게 "조지가 (이러저러) 했던 〈사인필드Seinfeld〉●의 한 장면과 같은 상태야" 혹은 "크레이머

● 1989년부터 1998년까지 NBC에서 9시즌까지 방영된 TV 시트콤. 이 작품은 90년대를 휩쓸며 지금까지 가장 영향력 있는 TV쇼 중 하나로 인정받는다. 수많은 에피소드의 상황이나 표현들이 대중화되며 지금도 회자되는 등 현재에도 영향력을 미치고 있다. 저자가 말하는 '조지' '크레이머'는 쇼의 등장인물이며, '더블딥' '리기프팅' '클로즈토커' 역시 쇼에 등장한 표현이다.

가 (어찌어찌)했던 상황과 비슷해"라고 설명했거나, 누군가가 위생적으로 타인을 배려하지 않는 상황에서 여러 사람이 같이 먹는 소스를 두 번 찍어 먹는 것을 빗대어 '더블 딥double dip'이라는 표현을 썼거나, 받은 선물을 다른 사람에게 다시 선물하는 것에 대해 '리기프팅regifting'이라는 표현으로, 너무 가까이 다가와 말하는 사람을 '클로즈 토커close talker'라고 비난하듯 말했다면, 이것은 TV 시리즈 〈사인필드〉에 등장한 표현들이 오랫동안 살아남아 일상에서 사용되는 것들이다. 스탠드업 코미디의 시선으로 만들어진 〈사인필드〉는 이 드라마가 제작되고 방영됐던 시대를 훨씬 초월했다. 여러 고전 작품들처럼 당시 벌어지는 사건들 속에서 세월이 흘러도 변치 않는 것을 찾아내는 데 집중했기 때문이다. 〈사인필드〉와 비슷한 시기에 방영된 〈프렌즈〉는 제작비의 많은 부분을 할애해 인기 많고 매력적인 배우들을 캐스팅했다. 각 방영분에 "○○가 이렇게 했던 곳The One Where……"이라는 식으로 제목을 붙였음에도 불구하고 사람들이 이 드라마 속 상황이나 표현들을 지금도 사용하는 경우는 극히 드물다. 〈프렌즈〉도 엄청난 성공을 거둔 것은 사실이지만 〈사인필드〉가 일상에 스며든 반면 〈프렌즈〉는 사람들 기억 속에서 점차 희미해지고 있다.

나는 많은 크리에이터들에게 해밀턴과 〈사인필드〉가 걸어간 길을 따라가기를 권한다. 아마존의 창립자인 제프 베조스Jeff Bezos가 직원들에게 "변하지 않는 것에 집중하라"라고 일깨운 이유가 무엇이겠는가? 인내의 시간 없이 세월이 흘러도 변치않고 언제나 제 빛

깔을 유지하는 작품을 만들 수 있을까? 그때그때의 상황이나 일관성 없는 개별적인 사항들에 좌지우지되거나 아마추어적인 조급함에 사로잡힌다면 오래 살아남는 작품을 창조해낼 수 없다. 창작의 과정에는 반드시 장기적인 관점이 필요하다.

나는 첫 책을 쓸 때 출판사와 출간일을 놓고 언쟁을 벌였다. 출판사는 서둘러 책을 출간하면 안 된다고 생각했다. 하지만 내 의견은 달랐다. 그 책은 온라인 미디어 시스템을 심층조사한 내용이었고, 시의성을 생각할 때 바로 내지 않으면 안 될 것 같았다. 심지어 제때 책이 출간되지 못하면 내가 기대했던 기회를 모두 잃어버릴 거라고 생각했다. 다시 말해 내 책을 읽어줄 독자가 '거의 없을 것' 같았기 때문이 아니라, **당장 책을 내지 않으면 '아무도 내 책을 읽지 않을 것'** 같았기 때문이었다. 당시 나는 꽤나 심각했지만 지나고나서 보니 초보 저자의 쓸데없는 걱정이었다. 놀랍게도 이 책의 페이퍼백 버전은 하드커버 버전의 판매를 뛰어넘어 3년 이상 중쇄를 찍었고 지금까지도 계속 팔리고 있다.

슈테판 츠바이크Stefan Zweig는 자신의 한 작품에서 젊은 시절 자기보다 나이가 많고 현명한 친구와의 일화를 소개했다. 친구는 여행이 작품 세계를 더욱 넓고 깊게 만들어줄 거라면서 츠바이크에게 여행을 권했지만 츠바이크는 바로 글을 써야 해서 여유를 부릴 시간이 없다고 대답했다. 그 역시 초짜 저자였기에 조급함을 느꼈다. 그런 그에게 친구는 이렇게 말했다. "문학은 아주 멋진 직업이야. 서두른다고 좋을 게 별로 없기 때문이지. 정말로 좋은 책이라면 1년 먼저 내든 1년 후에 내든 별 차이가 없다네."

예술은 서둘러서 될 일이 아니다. 되어가는 대로 두어야 하고 시간적 여유가 충분히 주어져야 하는 영역이다. 급히 재촉하거나 '할 일 목록to-do list'을 지워나가듯이 한다고 예술이 이뤄질 리 없다.

"해야 할 가치가 있다면 제대로 할 가치가 있다"라는 옛말이야말로 '위대한 비즈니스'의 핵심을 찌르는 말이다. 괜스레 겁을 주는 소리 같지만 오래 살아남아 사랑받는 작품을 만들고 싶다면 반드시 그렇게 해야 한다. 구글의 창립자 중 한 사람인 래리 페이지Larry Page는 이렇게 말했다. "비록 당신이 야심을 가졌던 일에 실패할지라도 완전하게 실패하기란 아주 어렵다. 그 실패는 다른 사람들은 얻지 못하는 것이므로."

● 단기 vs. 장기

조급하게 서두르는 바람에 실패한 사람들을 알고 있는가? '닷컴 붕괴dot-com bust ● 바로 직전에 창업을 했거나, '마이스페이스Myspace'

● 1995년부터 2000년까지 미국에서는 인터넷 사용이 극심해지며 경제 거품과 과도한 투기가 일어났다. 인터넷을 기반으로 한 기업의 주식을 많이 보유하고 있던 나스닥의 종합주가지수는 2000년 3월 10일 최고치였다가 폭락했다. '닷컴 붕괴(dot-com crash, dot-com bust)'로 알려진 이 사태는 약 3년 가까이 계속됐으며 당시 여러 온라인 쇼핑 업체와 통신업체 상당수가 실패해 문을 닫았다.

페이지를 위해 앱을 만들었던 사람들이 바로 그랬다. 그루폰Groupon 을 모방한 회사들, 여러 QR코드들, 그리고 여기저기 생겨났던 컵케 이크 가게들 역시 마찬가지였다. '구글 글래스'나 '구글 플러스'를 서둘러 사용했던 사람들을 떠올려보라. 혹은《구글 플러스What the Plus! Google+ for the Rest of Us》같은 책을 쓴 사람도 다르지 않다. 당시 그 런 아이디어들은 너무 시급해 보였고 당장 하지 않으면 안 될 것만 같았다. 해당 산업들은 잡초처럼 성장했다. 투자자들과 출판사들, 고객들이 줄지어 돈을 쏟아부었고 언론에서는 이 산업들에 관한 이 야기를 떠들어대며 확대 재생산했다. 마치 '로켓 같은 성장 곡선에 누가 올라타느냐'라는 이름의 경주 같았다.

페이팔PayPal의 창업자이자 페이스북의 첫 번째 투자자였던 피터 틸Peter Thiel은 이런 상황이야말로 피해야 할 전형적 기회라고 경고한 다. 첫째, 경쟁이 너무 치열하기 때문이다. 둘째, 광풍과도 같은 대 대적인 선전은 '현실적인 장기적 잠재력' 유무를 판단하기 어렵게 만들기 때문이다. 그는 이렇게 썼다. "당신이 오로지 단기적인 성장 을 우선한다면 반드시 던져야 할 가장 중요한 질문, '이 비즈니스는 10년 후에도 여전히 살아남아 있을까?'를 놓치고 만다."

비즈니스 역사를 살펴보면 트렌드를 파악한 다음 그 트렌드를 활 용하려고 비즈니스를 급하게 시작하는 경향을 발견할 수 있다. 물 론 그런 사람들 중 몇몇은 성공을 거두지만 그보다 훨씬 많은 사람 들이 곧 비즈니스 **바깥으로** 내몰리고 만다. 대중의 취향은 일관되지 않고 갑자기 돌변하기 마련이다. 오래 유지되는 비즈니스 혹은 프로젝트를 만들기 위해서는 이런 실수를 저지르지 않는 것을 가장 우선하고 중요하게 여겨야 한다.

많은 크리에이터들의 결정에는 본질적으로 '당장'해야 할 것처럼 보이는 '즉각성 편향immediacy bias'과 의도와 무관하게 주변의 영향을 받는 '가용성 편향availability bias'이 분명히 존재한다. 하지만 단기적으로 돈을 벌 수 있다고 하더라도 시간은 그런 선택에 좀처럼 호의적이지 않다. 나는 사람들이 "아, 이 프로젝트는 그냥 명함에 한 줄 넣으려고 하는 일이야"라고 말하는 걸 들은 적이 있다. 어떤 의미인지 알겠지만 그 누가 무용하고 무의미한 경력을 원할까? 어떤 사람은 프로젝트를 대학 학위에 비유해 말하기도 했다. 이를테면 "책을 쓰는 건 새로운 학위를 따는 거지"라는 식이다. 좋다. 하지만 그 책이 형편없다면 대체 그게 무슨 의미란 말인가? 만약 당신이 돈을 주고 누군가에게 당신 대신 그 프로젝트를 하라고 한다면, 그 일을 끝냈다고 하더라도 그게 무슨 의미가 있는가? 그것은 영리 목적으로 학위를 남발하는 학교를 졸업하는 것과 다를 게 없지 않은가? 그렇게 할 필요가 있는 걸까?

크리에이터들이 맞닥뜨리는 위험은 바로 자기 앞에서 벌어지는 일을 과대평가하는 데서 시작된다. 예를 들어 뮤지션은 현재 인기를 끌 만한 음악을 만드는 데 온통 정신이 팔릴 수 있다. 영화 제작자는 당시 트렌드를 따라서 특정 타입의 색감을 화면에 사용하거나 인기 배우를 섭외할지 모른다. 스타트업 기업은 그런 트렌드, 그런 문제가 쭉 계속될 거라고 가정하면서 사람들이 **지금 당장** 겪고 있는 문제를 해결하는 데 골몰할 수도 있다. 물론 당장은 분명히 효과가 있다. 음원 차트는 팬들의 관심이나 취향이 무엇인지 알려주는 좋은 바로미터이고, 당신의 동료들은 트렌드의 최첨단에 있을지 모르며, 스타트업 기업이 올바르게 예측하는 것일 수도 있다. 하지만 지금의 인기가 이상현상이라면 어떻게 할 텐가? 트렌드가 갑자기 또 다른 방향으로 바뀌면 어쩔 것인가? 투자를 했는데 이미 유효하지 않은 아이템이라고 판명이 난다면? 정말로 성공을 거두는 뮤지션, 영화 제작자, 사업가 등 수십 년 가까이 활동하는 사람들이라면 항상 더 크게 생각하고 항상 더 멀리 바라볼 줄 안다.

영화 〈스타워즈〉 시리즈를 예로 들어보자. 누가 뭐래도 이 시리즈는 의심할 여지없이 미래를 배경으로 하는 SF 영화로서 최첨단 특수효과를 유감없이 활용했다. 사실 이 점이 〈스타워즈〉의 매력 중 큰 부분이었다. 조지 루카스 역시 이 영화에 대한 본인의 최초 구상이 1930년대의 공상 과학만화 〈플래시 고든Flash Gordon〉의 현대판을 제작하는 것이라고 했고, 영화 제작을 위해 이 만화의 판권을 확보하기까지 했다. 또한 그는 〈스타워즈〉의 로봇 R2D2와 C3PO의 아웅다웅하는 관계를 1958년작인 일본 영화 〈숨겨진 요새의 세 악인The Hidden Fortress〉에서 대부분 차용했다.

하지만 무엇보다 루카스에게 가장 큰 원천이 됐던 것은 신화학자 조셉 캠벨Joseph Campbell이 명명한 '영웅의 여정hero's journey'이라는 개념이었다. 화려하고 트렌디한 특수효과가 눈길을 끌지만 주인공 루크 스카이워커의 이야기는 길가메시와 호메로스의 서사시에 뿌리를 뒀고, 심지어 예수의 이야기와도 유사성을 띤다. 루카스는 캠벨을 "나의 요다"라고 부를 만큼 '고전 신화를 새로운 방식으로' 풀어내는 데 캠벨의 도움을 받았다. 상상해보라. 이 영화에서 신기한 특수효과를 덜어내면 남는 것은 인간애에 대한 서사이지 않은가? 최초 3부작은 물론이고 시리즈 제작이 재개되고 〈스타워즈: 에피소드 1~3〉이 개봉된 2000년 전후에 태어난 청소년들까지 왜 이 시리즈에 열광하는 걸까?

우리 모두가 공유하는 인간애의 핵심으로 회귀한다는 생각은 조니 캐쉬, 블랙 사바스, 레드 칠리 페퍼스에 이르는 뮤지션들의 음악뿐만 아니라 〈스타워즈〉 같은 걸작에서도 공통적으로 나타난다. 앞서 언급한 뮤지션들과 함께 작업해온 프로듀서 릭 루빈은 아티스트들에게 현재 인기곡들이 무엇인지는 염두에 두지 말라고 충고한다. "자기만의 목소리를 찾는 데는 방송에 나오는 인기 곡을 들으며 '내 음악도 저렇게 되면 좋겠어'라고 생각하는 것보다, 불후의 명곡이라 불리는 곡을 찾아 듣는 것이 더 좋은 방법이다. 한 걸음 물러나 지금 이 순간 눈에 보이는 것보다 더 큰 그림을 바라보라"라고 말한다. 또한 그는 영감을 얻겠다고 본인만의 방식을 고집하면서 스스로를 가두지 말라고 설득한다. 뮤지션이라고 하더라도 현재의 빌보드 차트에서 영감을 찾기보다 박물관에서 영감을 끌어내는 것이 더 나을지도 모른다.

큰 그림을 그리는 것, 그러니까 지금으로부터 적어도 10년 후의 세상을 그려보려는 노력은 즐겁기도 하고 두렵기도 한 일이다.

2010년에 부동산 투자가이자 영화 프로듀서, 레스토랑 사업가인 앤드루 마이어런Andrew Meieran은 로스앤젤레스 도심의 75년 된 '클립톤스 카페테리아'를 매입했고, 그 레스토랑을 개조하고 확장하는 데 1,000만 달러를 썼다. 왜 그랬을까? 분명 더 쉽게 실행할 수 있는 다른 프로젝트가 있었을 텐데 말이다. 게다가 그곳을 초밥 레스토랑으로 개점하거나 사무 공간으로 바꿀 수도 있었다. 그렇게 했으면 성공했을지 모르지만 반대로 실패하거나 아무런 흔적 없이 사라져버렸을 수도 있다. 마이어런이 아주 색다른 것을 하기로 결심한 이유가 무엇이었을까? 1935년부터 매우 독특한 실내장식을 유지해오며 운영돼온 장소라면 거기에는 특별한 무엇인가가 있다는 것을 그는 간파했다.

그는 나와 나눈 대화에서 이렇게 설명했다. "내가 클립톤스에 매료됐던 이유 중 하나는 시간을 초월해 변하지 않는 감각이었습니다. 바로 영원성이죠. 그것이 언제, 어디에 존재하는지 알아내기란 쉽지 않습니다. 1930년대의 LA에? 아니면 노던캘리포니아의 숲속에? 산 속 통나무집에? 남태평양의 오두막집에? 하지만 언제 어느 곳에서든 존재할 수 있어요. 그 때문에 계속 영원함이 더해지죠. 어느 시대, 어느 트렌드, 어느 스타일로도 규정될 수 없는 것이에요. 너무 흔해서 끊임없이 유행하고 동시에 끊임없이 유행에 뒤떨어지는 것이기도 하고요."

예상보다 공사가 더 오래 걸리고 더 많은 비용이 소요됐지만 마이어런의 이런 태도는 분명 큰 도움이 됐다. 많은 돈을 벌 수 있는 기회였을 뿐만 아니라 클립톤스 카페테리아가 1세기 이상 더 지속될 기회가 됐다. 대부분의 사람들이 놓치거나 믿을 수 없는 기회였다.

오래 유지되는 것을 만들어내려면 더 멀리 내다보면서 지금 유명세를 떨치는 것들에 적극적으로 저항해야 한다. 특히 그런 트렌드들이 터무니없이 높은 수준에 도달해 있고 당신의 자신감은 바닥을 칠 땐 더 그렇다.

가장 아름답다고 평가 받는 찻주전자 소라포트^{Sorapot}와 최고급 세라믹 스피커 시리즈의 책임 디자이너인 조이 로스^{Joey Roth}는 비슷한 생각을 유려한 말로 표현했다. "일회적이고 아이러니하며 트렌드를 좇는 디자인관을 드러내는 디자이너들과 기업들이 있다. 나는 그들이 이념적인 측면에서 나의 적이라고 본다. (…) 나는 좀 더 배려심 있고 지속가능한 관점으로 대상을 디자인하려고 애쓴다. 그런 내 욕망의 일부는 내가 이 세계에 발을 들이고 맞닥뜨렸던 '아이러니하고 반反디자인적'인 트렌드에 대한 반동으로 생겨났다."

당신이 브레인스토밍, 디자인, 제작하는 일에 시간을 쏟았다면 단지 사람들의 취향이 바뀌는 바람에 지금까지 작업했던 모든 것들이 무용지물이 되는 것을 아무렇지 않게 여길 수 있을까? 아마도 짧은 시간 안에 승부를 보기보다 좀 더 장기 레이스를 원하지 않을까? 나는 당신에게 과대광고와 잠시 타올랐다가 사라질 '열광'에 현혹되지 않기를 권한다. '히트작이 하나뿐인 크리에이터'가 되고 싶지 않다면 말이다.

물론 그렇게 하는 것이 그리 간단하지는 않다. 모두가 당신이 '예스'라고 말하기를 원할 때 '노!'라고 말해야 한다는 건 어려운 일이다. 그 모두가 당신을 믿는 가장 가까운 사람들일 경우에는 더 그렇다. 또한 지금껏 해왔던 것들을 내던지고 처음부터 다시 시작한다는 것을 의미할 테니까. 〈쇼생크 탈출〉을 감독하고 각본을 쓴 프랭크 다라본트Frank Darabont는 해리슨 포드와 톰 크루즈라는 인기 배우를 캐스팅하는 조건으로 250만 달러에 판권을 팔라는 제안을 받았지만 거절했다. 본인의 각본과 본인이 선택한 배우들로 엄청난 일을 해낼 수 있는 기회라고 느꼈기 때문이다. 그런 선택이 쉽지는 않았지만 다라본트는 자신의 느낌이 옳았음을 증명해냈다. 당신도 그와 다르지 않다. 그러니 준비하라.

● 창의성은 신성한 것도 벼락같은 것도 아니다

세월이 흘러도 변치 않는 작품은 저절로 생겨나지 않는다. 그렇지 않다고 믿고 싶든 아니든 역사를 연구해보면 알게 된다. 작가가 뮤즈로부터 영감을 받아서 명작이 만들어졌다는 주장은 틀렸다. 출처도 불분명하고 과장된 주장이며 전적으로 거짓임이 드러날 것이다. 물론 예외가 있긴 하다. 실베스타 스탤론은 사흘 반만에 영화 〈록키〉 대본을 완성했다. 하지만 이 사례는 일종의 예외일 뿐이다. 극히 드물게 위대한 업적들이 해커톤hackathon(정해진 시간 안에 프로그램을 해킹하거나 개발하는 행사—옮긴이)과 같은 상황에서 만들어졌다.

하지만 위대한 작품은 '무無'에서 나타난다는 생각을 지우기가 쉽지 않다. 이를테면 신성한 원천으로부터 아이디어가 떠올라 완전한 형태를 드러낸다는 식의 생각 말이다. 헤밍웨이가 이렇게 말했던가? "글쓰기는 별것 아니다. 타자기 앞에 앉아 피를 흘리는 게 전부다"라고. 타자기 앞에 앉은 자신의 모습을 떠올리며 이 문장을 읽어보라. 이 얼마나 놀랍고 매혹적인 표현인가? 문제는 그것이 사실이 아니라는 데 있다. 헤밍웨이는 자기 원고를 엄청나게 꼼꼼히 뜯어고쳤다. 존 F. 케네디 도서관에는 결말이 서로 다른《무기여 잘 있거라》가 47권이나 있다. 헤밍웨이는 그 책의 1부를 50번 이상 다시 썼다고 전해진다. 그는 퍼즐 조각을 맞추듯이 글을 쓰려고 했고 최종적으로 앞뒤가 맞을 때까지 고쳐 썼다.

젊은 작가 지망생들은 마약에 취해 3주 만에《길 위에서》를 미친 듯이 써낸 잭 케루악Jack Kerouac을 예로 들기 좋아한다. 하지만 그들이 놓치고 있는 사실이 있다. 케루악이 그렇게 글을 쓰고 난 후에 고쳐 쓰는 데 무려 6년의 시간을 쏟아부었다는 사실이다. 케루악을 연구한 어느 학자는 이 책의 출간 50주년 기념일에 내셔널 퍼블릭 라디오National Public Radio, NPR와의 인터뷰에서 이렇게 말했다. "케루악은 자신이 즉흥적인 작가이고 한 번 쓴 글은 절대 고쳐 쓰지 않는다는 미신을 일부러 키웠습니다. 하지만 그건 사실이 아니에요. 그는 정말로 최고의 장인이었고, 글쓰기와 글 쓰는 과정에 헌신했습니다."《길 위에서》는 출간 후 많은 비평가들로부터 '아름답게 만들어졌다'는 평가를 받았고 곧바로 베스트셀러가 됐다.

이쯤에서 당신은 올바로 이해해야 한다. 어떤 작품이 시릴 코놀리가 제시했던 기준인 '10년'의 5배, 즉 50년 동안 지속되기란 쉽지 않은 일이다. 그렇게 하려면 작가가 피뢰침처럼 가만히 앉아 번개가 떨어질 때까지 기다려서는 안 된다. 적극적이어야 한다. 창작을 통해 존재해야 한다.

사실 많은 연구 결과들이 창의성은 벼락처럼 갑자기 생겨나는 것이 아님을 보여준다. 창의적인 작품은 대개 잠재력이 있어 보이는 아이디어에서 시작해 좀 더 많은 작업과 상호작용을 통해 진화한다. 나는 펜실베이니아 대학교의 심리학자이자 창의성 전문가인 스콧 베리 카우프만Scott Barry Kaufman에게 아이디어가 어떻게 생겨나는지를 질문했다.

그는 이렇게 설명했다. "통찰력은 완전하게 요리된 상태로 생겨나는 법이 거의 없습니다. 새로운 것을 만들어내는 과정은 보통 비선형적으로 이뤄지죠. 그 과정에는 최종 결과물을 가리키는 수많은 우회로가 있으니까요. 크리에이터는 본인이 어디로 가고 있는지 모호한 상태에서 직감에 의지해 발을 내딛는 경우가 많습니다. 중대한 혁신의 결과물은 최초의 아이디어나 비전과 닮은 구석을 찾을 수가 없죠. 창의적인 아이디어는 본디 이질적으로 보이는 아이디어들 간의 충돌을 반영하면서 시간에 따라 진화하는 특성이 있기 때문입니다. 우리가 할 수 있는 최선의 방법은 자리에 앉아 뭐든 만들어내고, 그 과정이 유기적으로 펼쳐지도록 하는 겁니다. 모호함, 좌절감, 계획의 변경 등을 이겨내고 새로운 경험에 마음을 여는 것이 창작에는 필수적입니다. 사실 이것이 창작의 전부이기도 하고요."

시인 존 키츠John Keats는 머리 속에 서로 모순되는 아이디어들을 동시에 수용할 수 있는 능력을 '부정적 수용능력negative capability'이라고 불렀는데, 이 능력이 발휘되는 과정이 창작의 필수적인 단계다. 즉, 여러 아이디어들이 마음속에서 어지럽게 돌아다니도록 둬야 하고, 이런 상태를 인내할 수 있어야 한다. 그런 다음 더 나은 아이디어가 될 때까지 정제하고 다듬어나가야 한다.

만일 창의적인 표현에 어떤 마력이 있다면, 그 힘은 아무리 보잘것없고 멍청해 보이는 아이디어라도 한 사람이 거기에 충분한 시간을 쏟아부었을 때 얼마나 위대하고 경외감을 일으킬 수 있는 작품이 될 수 있는가 하는 데서 생겨난다. 평범해 보이는 사람의 내면에도 심오한 지혜와 아름다움, 통찰이 존재할 수 있다. 그리고 그걸 깊이 파헤쳐 작품으로 담아낸다면 그 결과는 믿을 수 없이 큰 보상으로 돌아올지도 모른다.

그리고 이것이 많은 예술가들이 자신의 작품을 되돌아보는 데 어려움을 겪는 이유다. 대부분이 되돌아보기 작업을 거칠 때 그 과정이 자신들과 맞지 않다고, 자기의 근본적인 생각과 다르다고 느낀다. 심지어 그런 느낌이 어디에서 비롯된 것인지조차 알고 싶어하지 않는다. 그 과정이 자신의 원초적이고 연약한 부분을 건드릴 때는 더 그렇다.

그러나 답은 그런 과정을 통해 만들어지는 법이다. 한 번에 완전체로 드러나지 않는다. 한 번에 한 조각씩 만들어진다.

● 휴지기

모순적이고 까다로운 아이디어들과 씨름하려면 때때로 진정한 침묵이 필요하다. 프로젝트를 잠시 내려놓고 자리에 앉아 깊이 명상하며 주변을 차단해야 한다. 갱스터인 프랭크 루카스Frank Lucas는 이것을 '역추적backtracking'이라고 불렀다. 그는 스스로를 방 안에 가둔 채 블라인드를 치고 모든 소음을 차단시켰다. 그저 앞을 응시하며 내면과 외면을 바라보면서 단지 생각만 했다. 이렇게 하여 그는 '시체 연결Cadaver Connection'이라고 알려진 방법을 생각해냈다. 그것은 가짜 관에 동남아산 헤로인을 잔뜩 싣고 미국 육군 비행기를 통해 밀수입하는 방식이었다. 비용은 다른 방법에 비해 10분의 1밖에 되지 않았다. 명석한 군사전략가인 존 보이드John Boyd는 자신이 '휴지기drawdown period'라고 명명한 방법을 활용했다. 그는 번뜩이는 아이디어가 떠오르면 몇 주 동안 그 아이디어만 생각하며 그것이 이미 남들이 제시한 것은 아닌지 살피고 발생 가능한 문제를 따져보곤 했다. 그리고 이 휴지기가 끝나고 나서야 프로젝트를 진행했다.

좋은 와인이 되려면 숙성의 시간이 필요하고 맛있는 요리를 위해서 고기를 양념과 소스에 재놓듯이 아이디어에도 반드시 발전될 시간이 필요하다. 아이디어를 떠올리자마자 무모하게 달려간다면 그런 숙성의 시간이 사라져버린다. 질문을 던지고 숙고하고, 더 좋은 (더 강력하고 회복탄력성이 높으며 가치있는) 아이디어를 떠올릴 기회가 없어져버린다. 휴지기가 필요한 또 하나의 이유는 앞으로 수행하게 될 엄청난 과제를 미리 준비하기 위해서다. 책 한 권을 쓰려면 수개월 혹은 수년이 걸린다. 영화 제작은 더 오랜 시간이 걸리기도 한다. 과학적 발견이 언어를 통해 적절하게 표현되고 설명되려면 수십 년이 걸리는 경우도 있다. 그러니 무턱대고 뛰어들어서는 안 된다. 물 속으로 뛰어들기 전에 심호흡 하듯이 본격적인 작업에 스스로를 파묻기 전에 충분히 숨을 들이마실 필요가 있다.

예전에 나는 어떤 책을 쓸 때 1월 1일부터 그 책을 쓰겠다고 마음먹었다. 그리고 두 달 전인 11월에 나만의 휴지기를 가졌다. 아무것도 새로 읽지 않고 다시 읽지도 않았다. 단지 생각만 했다. 오래 걸었고 휴식을 취하면서 준비했다. 그리고 손을 떼야 할 사업들도 정리했다. 아이디어는 충만했고 신이 났다. 그러나 여전히 책의 구성은 어떻게 해야 할지 알 수 없었으며 내가 준비됐는지도 확신할 수 없었다. 난 초조했다.

그러다 12월 말 어느 날 밤에 꿈을 꾸었다. 그 꿈은 마치 영화〈인터스텔라〉의 예고편 같았다. 지구가 멸망의 끝으로 치닫는 위기 속에서 나는 우주비행사로 선발됐다. 당시 나에게는 아이가 없었는데, 꿈속에서는 아이들에게 작별인사를 하고 헬멧을 쓴 채 우주선에 탑승했다. 그런데 목적지를 향해 가는 줄 알았던 우주선이 대기권 밖으로 발사되지 않았다는 걸 바로 알게 됐다. 우주선이 발사된

곳은 하늘이 아니라 지구의 중심부를 향해서였다.

나는 다음 날 아침에 이 이상한 꿈의 내용을 일기장에 세세하게 적었다. 그날은 12월 19일이었고 집필을 시작하기로 계획했던 1월 1일로부터 불과 며칠 전이었다. 내 잠재의식이 내가 준비되었다고 말하고 있었다. 그 꿈은 이제 휴지기를 끝내고 내가 가진 모든 것을 글쓰기에 쏟아부어야 한다는 사실을 일러줬던 셈이다.

● 일찍, 자주 테스트해볼 것

결론부터 말하자면 앞에서 말한 그 책은 현실화되지 않았다. 처음에 생각했던 책의 주제는 '겸손'이었는데, 그 주제로 한 챕터라도 써보려던 내 시도는 성공하지 못했다. 친구들과의 저녁식사 자리에서 내가 겸손이라는 주제를 화두에 올렸을 때, 그것은 그 자리에서 오간 어떤 이야깃거리보다 오래 살아남지 못했다. 친구들의 메시지는 명쾌했다. '이야기를 더 진전시키기 전에 다른 방향으로 틀 필요가 있다'라는 것이었다. 일리가 있는 의견이었다. 그 솔직한 피드백 덕에 나는 책의 주제를 '자아를 경계하라'라는 쪽으로 전환할 수 있었다.

이러한 방향 전환은 흔한 일이다. 예를 들어 픽사의 애니메이션 〈업UP〉은 처음에는 '외계 행성의 공중도시에 사는 두 왕자'에 관한 이야기였다. 작가들이 이런 아이디어를 계속 파고들어 '탈출'이라는 주제에 초점을 맞췄고, 익살스러운 상황을 구상하던 중에 집에 수백 개의 풍선을 달자는 발상에 이르렀다. 창조적인 사람들은 '긍정 오류false positive'를 자기도 모르게 범하곤 한다. 즉, '그다지 좋지 않은 아이디어를 좋다고 평가'한다. 그러나 새롭다는 느낌이 들어도 다른 사람들이 이미 생각했던 아이디어일지 모른다. 이 오류에 빠지면 훨씬 더 좋은 아이디어를 보지 못하고 평범한 아이디어에 매몰될 수도 있다.

핵심은 보다 좋은 아이디어를 '일찍 잡아내는 것'이다. 그리고 그렇게 하기 위해서는 최소한 부분적으로나마 몇몇 관객 앞에서 시연하거나 공개해봐야 한다. 책으로 내기 전에 그 내용을 기사로 쓴다든지 기사로 내기 전에 식사 자리에서 이야기를 꺼내본다든지 해야 한다. 하나의 아이디어에 '올인'하기 전에 상황이 어떻게 될지 미리 살펴보는 과정이 필요하다.

물론 피드백을 받는 것은 필수적인 일이긴 하지만 한편으로는 위험하기도 하다. 시나리오 작가 브라이언 코플먼Brian Koppelman은 동료인 데이비드 레비언David Levien과 함께 자신의 첫 번째 시나리오 〈라운더스〉를 작업할 때 들었던 다양한 반응에 대해 이야기한 바 있다. 누군가는 그들에게 시나리오에 군더더기가 많다고 지적했고 다른 누군가는 이야기 구성이 치밀하지 못하다고 피드백했다. 놀라울 만큼 훌륭하다고 칭찬하는 사람도 있었고 끔찍할 정도로 못 봐주겠다는 사람도 있었다.

거의 완성된 초고를 보여주든 잠재적 후원자나 친구들과 함께 브레인스토밍을 하든 이렇게 엇갈리는 피드백을 받는 일은 창작 과정에서 항상 벌어지곤 한다. 스스로 중심을 잡지 못한다면 서로 부딪치고 모순되는 평가들은 크리에이터를 자만에 취하게 하거나 좌절에 빠지도록 만든다. 크리에이터는 본인이 성취하고자 하는 바에 대해 분명한 기준을 가져야 한다. 그래야 건설적인 비판과 무의미한 평가의 차이를 구분할 수 있다. 가장 강력하게 제기되는 피드백 쪽으로 기꺼이 방향을 바꿀 수 있는 유연성과 열린 마음을 지닐 필요도 있다. 브라이언이 쓴 초고의 경우 군더더기가 많았다는 의견이 옳았다. 내 경우에 나는 다른 접근 방식들을 테스트했고 내가 애초에 선택했던 방향이 먹히지 않는다는 걸 깨달았다.

스타트업 세계의 창업자들은 '최소 기능 제품Minimum Viable Product' 이라는 개념에 익숙하다. 간단히 말해 사람들의 피드백을 받아 최소한의 기능을 구현한 제품이라는 말인데, 처음에는 작은 아이디어로 시작하더라도 최고 버전에 이를 때까지 여러 개의 소규모 포커스 그룹들과 함께 끈질기게 테스트를 이어가야 한다는 의미다. 반대로 충분한 잠재력이 없다면 그 아이디어를 폐기할 수 있다는 뜻이기도 하다. 이런 접근방식은 다른 영역에서도 유용하다. 당신이 요리사라면 푸드트럭이나 팝업숍으로 일단 시작해볼 수 있다. 평생 모은 돈을 레스토랑 사업에 쏟아붓는다는 건 그리 좋은 생각이 아니다. 웹사이트를 구축하는 데 몇 개월의 시간을 소요하지 마라. 그보다 사용자 유입을 위한 랜딩 페이지로 시작하거나 무료 소셜미디어 플랫폼을 이용하는 쪽이 낫다.

로스엔젤레스에 기반을 둔 '코기 코리안 비비큐Koki Korean BBQ'는 2008년과 2009년 사이에 일어난 푸드트럭 창업 열풍 때 영업을 시작했다. 초기에 그들은 트위터만을 이용해서 자신들이 시내 어느 곳에 주차하는지 매일 공지했다. 똑똑하고 효율적인 전략이었다. 성공적으로 메뉴와 사업을 점차 늘려가던 코기는 5대의 트럭을 보유한 회사로 확장했고, 2016년이 돼서야 일반적인 형태의 레스토랑을 열었다.

새로운 것을 만들어내는 일은 때때로 고독한 경험이다. 하지만 피드백 없이 완전한 고립 속에서 만들어진 결과물은 고립된 상태로 끝나버릴 운명에 처한다. 작품은 다른 사람들과 함께 만들지 않으면 완성되고 나서 외면당할 가능성이 크다.

불멸의 작품은 단 한 번의 천재적인 시도로 탄생하지 않는다. 이런 결과물은 조금씩 조금씩 만들어진다. 아니면 앤 라모트Anne Lamott가 글쓰기에 대한 책에서 밝혔듯이, "새 한 마리씩bird by bird" 만들어진다.● 천재성을 발휘하기 위해 천재가 될 필요는 없다. 그저 특별한 무엇인가에 첨가할 작은 '탁월함'의 순간들을 확보하기만 하면 된다.

이를 실천하는 방법은 간단하다. 질문을 던져보라. 내가 생각하

● 앤 라모트의 책 《쓰기의 감각(bird by bird)》에 나오는 표현이다. 저자의 오빠가 어린 시절에 새들에 대한 보고서 제출 기한을 코앞에 두고 방대한 분량에 막막해 할 때, 그의 아버지는 아들에게 이야기한다. "새 한 마리씩 하렴. 단지 한 번에 한 마리씩하면 돼(Bird by bird, buddy. Just take it bird by bird)."

는 이미지를 사람들에게 어떻게 보여줄 수 있을까? 어떻게 그 아이디어가 입소문을 타고 퍼져나가게 할까? 온라인상의 사람들은 어떻게 생각할까? 친구들의 호불호는 나에게 무엇을 알려줄까? 앞으로 고전이 될 명작을 만드는 것처럼 큰 과제를 앞두고 있을 때는 이러한 질문들이 시시하게 보일지 모른다. 하지만 그런 작품은 수천 번의 작은 실행으로 만들어진다. 그리고 이런 질문들이 진전을 가능하게 한다.

이런 질문을 던지고 응답하는 과정에는 다른 사람들의 결정이 개입되지 않는다. 하지만 이런 식으로 생각하면 뮤즈의 입김이 있어야 명작을 만들 수 있다는 '비인간적'인 압력을 크게 줄일 수 있다. 위대한 창조는 그런 계시에 의한 것이 아니라 좋은 아이디어의 싹을 발견한 다음, 지속적인 피드백과 고된 작업을 통해 이뤄진다. 당신은 '동굴' 속으로 들어가고 싶을 수도 있다. 이 말이 조금은 낭만적으로 들릴지도 모르겠다. 하지만 그렇게 하면 당신은 대중으로부터 단절될 것이고, 실패의 지름길을 택한 셈이 될 것이다.

더 작게, 더 점진적으로 실행하는 데 집중하기를 권한다. '새 한 마리씩' 해나간다면 방관하면서 꿈만 꾸는 게으름을 버릴 수 있다. 계획을 세우는 일이 중요하다는 말은 분명히 옳다. **하지만** 계획을 세우는 과정에서 길을 잃기 쉽다. 프로젝트 달성의 책임이 본인에게 있음을 깨닫는 대신 완성된 프로젝트가 당신의 계획 어딘가에 있길 기대하게 된다.

영화 〈러브 스토리〉와 〈대부〉의 프로듀서였던 로버트 에반스

Robert Evans는 이렇게 말했다. "행동에 돌입해야 영감이 만들어진다. 영감을 기다린답시고 책임을 회피하지 마라. 기다려봤자 아무 소용 없다!"

● 거의 아무도 묻지 않는 질문

내 서재에는 메리 아펠호프Mary Appelhof가 쓴 《지렁이를 기른다 고?Worms Eat My Garbage》라는 작은 책이 있다. 자급자족 공동체 기반의 삶을 추구하는 '영속농업Permaculture'의 '빠꼼이'가 아니라면 이 책의 존재를 알기 어렵다. 여기에서 중요한 점은 이 책이 영속농업 종사 자들 또는 적어도 장차 이 분야에 뛰어들고자 하는 사람들을 타깃으 로 한다는 점이다. 대부분의 사람들이 들어본 적 없을 이 '독립서적' 은 지금까지 일반적인 책들의 판매량을 훌쩍 넘는 16만 5,000부 가 량이 판매됐고, 1쇄가 나온 지 35년이나 지났는데도 아직도 발행 중 이다. 첫 번째 개정판은 최초 출간일로부터 15년 후에 나왔고 두 번 째 개정증보판은 그 후 20년 후에 발행됐다. 작지만 열정적인 분야 에서 최고의 교과서로 통하는 《지렁이를 기른다고?》는 우리 사회가 갑자기 쓰레기 배출을 중단하지 않는 한 언제까지라도 이 틈새시장 을 장악하지 않을까?

이러한 유형의 '분야 지배력domain dominance'은 우연히 발생하지 않 는다. 우연히 고객들과 마주친 결과가 아니라 틀림없이 시장을 샅샅

이 살피고 정확한 타깃을 조준한 결과다. 고객을 '선택'했던 것이 틀림없다. "당신만의 틈새를 찾아 그것을 긁어내라!"라는 슬로건을 내건 소형 출판사가 있다. 메리 아펠호프는 1982년에 자신이 책을 쓸 당시에는 이 출판사를 알지 못했을 것 같다. 만약 알았더라면 어쩌면 그는 자신의 원고를 들고 첫 번째로 그 출판사를 찾아가지 않았을까?

틈새를 성공적으로 찾아 '긁어내려면' 이 질문을 던지고 답해야 한다. **"이 작품은 누구를 위한 것인가?"**

많은 크리에이터들은 이 질문을 던지고 답하기보다 모든 사람을 위한 것을 만들고자 한다. 그리고 결국 아무에게도 필요하지 않은 것을 만들어버린다.

'어떤 레인을 택하느냐'에는 제한이 없다. 그것은 크리에이터가 처음으로 발휘하는 권한이다. 최근에 저널리스트 찰리 로즈Charlie Rose는 블록버스터 뮤지컬 〈해밀턴Hamilton〉의 제작자인 린-마누엘 미란다Lin-Manuel Miranda에게 그와 동시에 학교에 입학했던, 더 똑똑하고 더 재능이 많았던 아이들과 본인의 차이점이 무엇인지 물었다. 미란다는 이렇게 답했다. "나의 레인을 선택하고 모든 사람들보다 앞서 뛰기 시작했기 때문이죠. '좋아, 바로 이거야'라고 말하면서요."

어떤 프로젝트든지 무엇을 할 것이고 무엇을 하지 않을 것인지 잘 알아야 한다. 누구를 위해 그 일을 할 것이고 누구를 위해서는 하지 않을 것인지도. 그것이 거대한 틈새일지 모른다. 미란다의 경우 그 틈새는 아주 특이한 브로드웨이 쇼를 찾아다니는 사람들이었다. 아펠호프의 경우에는 '비료화 처리'에 관심을 가지는 사람들이었다. 틈새가 무엇이든 간에 당신은 잘 알아야 하고 잘 선택해야 한다. 그것을 명확히 알아야 당신의 창조적 에너지를 꼭 맞는 사람들에게 꼭 맞는 것을 만드는 데 효과적인 방법으로 쏟아부을 수 있다.

'긁어줘야 할 곳'을 알지 못하면 긁을 수 없는 게 당연하다. 다만 세계 모든 사람들이 느끼는 모든 가려움을 긁어줄 수 있다는 생각은 너무나 순진한데, 대부분의 크리에이터들은 프로젝트를 시작할 때 그렇게 생각하곤 한다. 드롭박스, 에어비앤비, 레딧과 같은 수천 개 이상의 스타트업에 투자해온 스타트업 인큐베이터 '와이 콤비네이터'의 창업자 중 한 사람인 폴 그레이엄은 '특정 사용자를 염두에 두지 않는 것'은 스타트업을 망하게 만드는 18가지 주요 실수 중 하나라고 말한다. "놀랄 정도로 많은 창업자들이 미지의 사람들이 분명히 자신이 만든 것을 원할 거라고 생각하는 것 같아요. 창업자들에게 필요한 게 그런 가정일까요? 아닙니다. 그건 타깃시장이 아니에요. 그렇다면 타깃은 누가 돼야 할까요? 10대 청소년이거나 지역행사에 관심을 가진 사람이어야겠죠. 지역행사 자체가 불멸의 작품에 해당하니까요. 아니면 '업체business user'가 돼야 할 겁니다. 그러면 어떤 업체여야 할까요? 주유소? 영화 촬영소? 아니면 방위산업체?"

이 시점에서 분명히 하자. '누구를 위해 만들 것인가'를 알아낸 **다음**에 창작에 임할 수는 없다. 왜 그럴까? 거의 매번 그 답은 '모르겠다'일 것이기 때문이다. 내가 말하고자 하는 바는 그럼에도 불구하고 질문을 던지고 답하려고 노력해야 한다는 사실이다. 언제? 작품을 만들기 전에, 그리고 작품을 만드는 동안에도 계속.

'목표 대상'을 정하지 않는 것은 단순히 상거래적인 문제가 아니다. 그것은 예술의 문제다. 예술도 목표 대상이 없으면 방종과 엉성한 사고방식에 빠지고 만다. 비평가인 토비 리트Toby Litt는 '나쁜 예술'과 '나쁜 제품'에 대해 이렇게 말한 적이 있다. "나쁜 글을 보면 글쓴이가 자기 자신을 향해 읊은 연애시인 경우가 대부분이다." 무엇인가를 창조하는 일은 때때로 매우 외로운 경험이라서, 그리고 그것을 만드는 동안은 자기 자신 뿐이라 자신만 생각하고 다른 사람에 대한 생각을 미처 못 하는 경우가 잦다.

나는 어떤 대상이든 타깃을 정하지 못하는 실수를 피하기 위해서 처음 프로젝트를 시작할 때부터 이상적인 목표 대상을 대표하고 창작하는 내내 꾸준히 참조할 만한 '대리인'을 찾아낸다. 스티븐 킹 Stephen King은 "모든 소설가들은 단 한 명의 이상적인 독자를 가지고 있다"라고 믿는다. 그는 소설을 쓰는 동안 다양한 시점에 이렇게 물어야 한다고 말한다. "(   )가 이것에 대해 어떻게 생각할까?" 그는 자신의 경우 괄호 안에 자신의 아내의 이름을 넣는다고 했다. 커트 보니것Kurt Vonnegut은 "단 한 사람을 즐겁게 만들기 위해 글을 써야 한다. 창문을 열고서 세상 사람들을 모두 사랑하겠노라고 외치는 식이라면 당신의 글은 폐렴에 걸릴 것이다"라고 농담했다. 한편 존 스타인벡John Steinbeck은 배우에서 작가로 전업한 사람에게 보내는 편지에 이렇게 썼다. "일반 독자를 대상으로 쓰겠다는 생각은 버리십시오. 첫째, 이름도 없고 얼굴도 없는 독자는 당신에게 죽음의 공포를 줄 것이기 때문이고, 둘째, 그런 독자란 공연장과는 달라서 실존하지 않기 때문입니다. 글을 쓸 때 한 명의 독자를 대상으로 쓴다고 생각해야 합니다. 대상 독자로 한 사람을 지목하는 방법이 나에게 여러 번 도움이 되었습니다. 실제로 존재하는 사람이든 가상의 사람이든 그 자를 대상으로 쓰십시오."

누구를 위해 쓰는지 모르거나 누구를 위해 만드는지 모른다면, 자신이 올바르게 글을 쓰거나 작품을 만드는지 어떻게 알 수 있을까? **완성과 미완성**을 알 방법이 있을까? 겨눠야 할 타깃이 어딘지 모르면서 어떻게 과녁을 맞힐 수 있을까? 비교할 누군가 혹은 무엇인가가 있을 거라는 '희망'은 전혀 도움이 되지 않는다.

뭔가를 창조하는 동안 목표 대상을 분명히 설정하라. 물론 그 대상이 **당신 자신**이 되어서는 안 된다. 당신은 그들을 관찰하고 그들과 공감하고 이해하고 때로는 사랑까지 할 수 있어야 한다. 늘 목표 대상만을 좇을 수는 없겠지만 당신 마음 속 어딘가에서 그들이 항상 달그락거리며 돌아다니도록 둬야 한다.

● **무엇을 위해서 창작하는가?**

크리에이터는 어떤 프로젝트가 '무엇을 의미하는가'란 질문에 사로잡히곤 한다. 진행 중인 프로젝트에 마음을 완전히 빼앗겼기 때문에 기꺼이 그 일에 그토록 많은 시간을 쏟아붓는다. 자신의 예술적 자기만족 외에 우리의 기준에는 이런 것들이 있다. '이 일이 나의 장대한 비전을 충족시켜줄까?' '경쟁자를 물리칠 수 있을까?' '내가 성공했다고 남들이 느낄까?' '그것이 내 브랜드와 내 이미지에 잘 어울릴까?' 이런 질문들은 때때로 위장한 자아와 같다. 고객에게 공감하는 것보다 자기만의 생각에 빠져드는 게 쉽고 즐거운 법이니까. 그러나 이는 재능있는 크리에이터들을 희망 없는 막다른 길로 모는 위험천만한 상태다.

한 편집자가 내게 이렇게 말했다. "그 책이 무엇인가가 중요한 게 아니라 무엇을 위한 것인가가 중요합니다." 〈레프트 비하인드Left Behind〉 시리즈의 저자 제리 젠킨스Jerry Jenkins는 우리가 무엇을 만들든지 "우리의 작업은 언제나 **무엇인가를 '목적'으로 가져야** 한다"라고 말했다.

우리 자신이 원하는 무엇, 멋지거나 인상적이라고 생각하는 무엇을 만드는 일은 사실 그리 어렵지 않다. 다른 사람들이 원하고 필요로 하는 무엇을 창조하는 것이 훨씬 더 어렵다. 또한 "이것은 누구를 위한 것인가?"라는 물음에서 더 나아가 "이것은 무엇을 위한 것인가?" 역시 반드시 물어야 한다. 어떤 프로젝트든지 이러한 질문들이 중요한 테스트 질문이 되어야 한다. '이 일은 어떤 목적을 가지고 있는가?' '이것은 세상에 가치를 더해주는가?'

다시 말하지만 이런 물음은 결과물이 나온 뒤에 답을 찾아야 할 질문이 아니다. 프로젝트를 시작한 첫날부터 '요리가 다 되어' 답이 마련된 상태여야 한다. 위대하고 성공적인 작품들은 하나의 문제에 대해 하나의 해결책으로 시작하는 법이 거의 없다. 그런 접근방식은 그저 그런 수많은 '킥스타터Kickstarter' 프로젝트를 양산할 뿐이다. 100개 이상의 실패한 스타트업 사례를 조사한 최근의 연구는 시장의 니즈를 만족시키기보다 문제 자체를 해결하는 데 관심을 가진 경우에 실패하고 그 비율은 실패 사례의 42퍼센트에 달한다는 결론을 내렸다. 사람들에게 오래 '울림'을 주려면 참신함 이상의 무엇인가가 필요하다. 기존의 흔한 문제에 대한 한 가지 해결책을 찾으려고 애쓰는 진정성 있는 사람이 필요하다.

미국의 지역 생활정보 사이트에서 시작해 전 세계로 확산된 온라인 벼룩시장 '크레이그스리스트'의 설립자 크레이그 뉴마크는 샌프란시스코 사람들이 그가 새 도시에 정착하도록 제공해준 서비스에 화답하기 위해 크레이그스리스트를 창업했다고 말했다. "그 사이트를 설립한 목적은 지금도 유효합니다. 바로 '사람들에게 알리고, 그들의 진정한 필요와 바람을 만족시킬 무엇인가를 행한다'이죠. 이를 영원히 반복하는 겁니다. 사람들은 교류해야 하고 직장을 구해야 하며 살 곳을 얻어야 합니다. 그렇기 때문에 비즈니스의 초점은 바로 사람들이 진정 필요로 하고 바라는 것에 맞춰져야 합니다. 멋지거나 예쁜 것 말고요." 그는 더 이상 크레이그스리스트 운영에 매일 참여하고 있지는 않지만, 그의 경영철학은 이 사이트가 계속 효과적으로 운영되는 데 충분한 역할을 했다.

크리에이터로서 내가 들은 가장 최고의 조언은 어느 성공한 작가의 말이었다. 그는 나에게 논픽션 분야에서 성공의 핵심은 "아주 오락적이거나 '극단적이리만큼 실용적'인 작품을 쓰는 것"이라고 말했다. 그런 논픽션 작가들은 "작가에게 개인적으로 성취감을 주는 작품이어야 한다"라거나 "내가 아주 똑똑한 사람으로 보이도록 해주는 작품이어야 한다"든지 "거대한 트렌드에 편승해야 한다"라고 말하지 않는다. 그러한 것들은 부차적인 이유들이다. 작품이 오래 살아남도록 만드는 두 가지 요소, '즐거움'과 '유용성'에 초점을 맞추는 게 훨씬 낫다.

크리에이터로서 당신은 사람들을 위해 무엇인가 **실행**하기를, 그들이 무엇인가 하도록 돕기를 원하고 **그 일**이 사람들 사이에서 화제가 되고 타인에게 이야기할 '이유'가 되기를 바랄 것이다. 작품의 목적은 전문 마케터나 홍보 담당자가 설정할 수 없다. 그런 목적은 크리에이터가 작품 제작을 시작할 때부터 설정해야 한다. 그리고 결국 이것이 최상의 마케팅 방법이다. 사람들에게 그저 몇 분 동안의 오락거리를 제공하는 것이 목적이라고 할지라도, 작품을 통해 삶을 돌아보게 하는 질문을 던지거나 '인간 경험'의 한 부분을 다루고자 한다. 목적이 없는 작품들은 오래 가지 못한다.

어떤 문제가 중요하고 영속적일수록, 예술의 경우 인간 경험의 필수적인 부분을 분명하게 표현할수록 그것을 다루는 작품도 중요해지고 오래 살아남을 가능성이 높아진다. 배우이자 작가 앨버트 브룩스Albert Brooks가 말했듯이 "죽어가고 늙어간다는 주제는 절대로 나이를 먹지 않는다." 영화 〈스윙어스〉와 〈엘프〉를 제작하고 〈아이언맨〉을 감독한 영화 제작자 존 파브로Jon Favreau는 세월이 흘러도 사라지지 않는 문제와 신화를 작품으로 다루는 것이 본인의 목표라고 했다. 그는 위대한 영화 제작자라면 모두 그렇게 한다고 말하면서 이렇게 덧붙였다. "그런 목표에 가장 가깝게 다가서는 것이 가장 오래 지속됩니다."

거대하고 고통스러운 문제를 해결할수록 문화적 파급 효과가 더 크고, 그것을 가능하게 하려는 당신의 시도가 더 중요하며 실제로 얻을 수 있는 바 역시 더 크다. 시간이 지나면 저절로 풀리거나 해결책의 유효기간이 분명한 문제에 대해 글을 쓴다고 가정해보자. Y2K(밀레니엄 버그) 문제에 대한 여러 가지 해결책을 만든 사람들에게 그것들이 본인에게 어떤 도움을 줬는지 물어보라. 인간이기 때문에 세월이 흘러도 없어지지 않고 반복적으로 겪어야 하는 문제들은 해결하기 버겁거나 거의 불가능한 것들이다. 이런 문제들을 다루고 있는 몇 가지 예는 다음과 같다.

- 200년 가까이 고객들과 함께 한 캣츠 앤 랭거스Katz's and Langer's 같은 식료품점은 유태인들에게 음식과 자기네 문화를 다시 연결시키기에 '안전한' 곳으로 인식되고 있다. 그리고 믿기 어려울 만큼 장수한 곳이라 모든 사람들에게 문화적 시금석으로 존재한다.
- 〈토이 스토리〉, 〈몬스터 주식회사〉 같은 픽사의 영화들은 부모와 아이들 모두가 겪는 문제에 답을 찾았다. 아이들은 재미있기를 원하고 부모는 따분하길 원하지 않는다. 픽사의 영화들은 솜

씨 있게 아이와 부모 모두를 만족시켰고, 반복적으로 보고 또 보도록 만들었다.

- WD40^{water displacing40}은 '엔트로피' 문제를 해결해준다. 물건이 녹슬어 못 쓰게 되면 WD40은 기름을 발라 다시 작동되도록 만든다.

- 고어텍스^{GoreTex}. 사람들은 추위를 느끼고 땀에 젖기 마련이다. 모든 브랜드에게 추운 날씨와 방수에 대비한 자기들만의 고유의 안감을 개발할 시간적 여유가 있는 것은 아니다. 추위와 땀이란 문제를 해결해주고 고객들도 신뢰를 지니고 있기에 많은 브랜드들이 50년 동안 고어텍스를 계속 사용해오고 있다.

- 《첫 출산에 대한 모든 것What to Expect When You're Expecting》이라는 책. 처음 임신한 사람들은 늘 존재하고 이들은 임신 과정에 대해 아무런 정보가 없다는 사실에 직면한다. 그래서 그들은 이 책을 찾는다.

- 생일 축하송은 오랫동안 저작권 논란이 있는 노래다. 이 노래가 만들어지기 전에 사람들은 생일 파티 때 어떤 노래를 불렀을까?

이런 항목은 얼마든지 더 나열할 수 있다.

크리에이터는 어떤 프로젝트를 수행하든지 간에 다음과 같은 질문에 답하려고 노력해야 한다.

- 이것이 무엇을 가르쳐주는가?
- 이것이 무엇을 해결해주는가?
- 내가 어떻게 즐거움을 주는가?
- 내가 무엇을 주고 있는가?
- 우리가 제공하는 것은 무엇인가?
- 우리가 공유하는 것은 무엇인가?

짧게 말하면 이렇다. '이 사람들이 무엇에 돈을 지불할 것인가?' 이 질문의 답을 모른다면, 그 답에 별로 가슴이 뛰지 않는다면 계속 생각해보라.

● 대담함과 과감함, 용기가 필요하다

지금까지의 이야기가 아름답고 예술적인 창조 과정을 분석적이고 따분한 수학적 활동으로 바꿔놓으려 하거나, 예술적 영감을 검색엔진 최적화Search Engine Optimization, SEO(검색엔진으로부터 특정 사이트에 도달하는 트래픽의 양과 질을 개선하는 작업—옮긴이) 용어를 검색하는 인터넷 마케터들의 계획적인 전술로 대체한다는 소리로 들리지 않기를 바란다. 포커스 그룹 인터뷰에 관한 것도 아니고, 작품의 목적을 냉정한 비즈니스 논리로 바꾸려는 것도 아니다. 앞의 질문들은 새로운 '땅'을 발견하는 데 도움이 되도록, 즉 좀 더 창조적인 관점을 갖게 해주고 그 창조력이 실제로 발휘되도록 설계된 것들이다. "사람들이 무엇에 돈을 지불할 것인가?"란 질문을 던지는 이유는 냉정한 상업주의를 옹호하기 위함이 아니다. 그 이유는 이 질문에 대한 답이 '누구나 만들 수 있을 무엇'이 아니라 '새롭고 중요한 무엇'이 될 때까지 당신을 안전지대 밖으로 밀어내기 위함이다.

알다시피 아이디어 자체는 아무것도 아니다. 사람들 모두 아이디어를 가지고 있을 뿐만 아니라, 재능 있고 창의적인 당신 역시 많은 아이디어를 가지고 있다. 그런 아이디어들 중 몇 개는 다른 것에서 파생된 것들이라 별로 새롭지 않을 테지만 몇 가지는 아주 독창적일 수 있다. 그 몇 개의 아이디어들은 처음에는 특별해 보이지 않아도 적절한 정제 과정을 거치고 좀 더 깊게 파고들어 가보면 아주 참신하고 완전히 독특한 것으로 변모할 수 있다.

절대로 사라지지 않고 오래 살아남는 작품을 만들기 위해서는 당신이 여러 아이디어들 중 최상의 것을 추구하는지, 그 아이디어들이 **오직 당신만이** 생각해낼 수 있는 것인지 확실히 해야 한다. 그렇지 않으면 누구나 찍어낼 수 있는 일상용품만 만들어내게 될지도 모른다. 이러한 과정은 창의적으로 좀 더 큰 만족감을 줄 뿐만 아니라 비즈니스에도 더 도움이 된다. 2005년에 경영학 교수 김위찬W. Chan Kim과 르네 마보안Renée Mauborgne은 '블루오션 전략'이라 불리는 새로운 개념을 제시했다. 그들의 연구는 수많은 경쟁자들이 다투는 전쟁터, 즉 '레드오션'에 뛰어드는 대신 참신하고 경쟁이 없는 '푸른 바다'를 찾는 것이 훨씬 낫다는 개념에 관한 것이었다.

세계적인 퍼포먼스 기업 '시르크 뒤 솔레이Cirque du Soleil', '사우스 웨스트 항공Southwest Airlines', 피트니스 체인 '커브스Curves', 스포츠 용품 브랜드 '언더 아머Under Armour', '테슬라', '닌텐도 위'는 모두 블루오션이라는 물에서 '논다'. 이 회사들은 각 산업 내 어떤 기업과도 같지 않고 완전히 새로웠으며, 그 결과 빠르게 성장했다. 그들은 근본적으로 '흥미로웠고' 참신했다. 그렇게 새로운 땅을 열었고, 경우에 따라 경쟁자들이 따라잡기 전에 수십 년 동안 그 땅을 소유했다.

예술 분야의 위대한 작품들 역시 각각 스스로의 힘만으로 블루오션을 만끽하고 있다. 겉보기에 완전히 새롭지 않은 작품이라고 해도 그것은 세월이 흘러도 변치 않는 것에 대해 새로운 시각을 제공한다. 괴테가 말했듯이 매우 독창적인 예술작품들은 "새로운 것을 창조해내서가 아니라, 이전에는 절대 언급되지 않았던 무엇인가를 말하고 있다는 이유로 높이 평가 받는다." 시애틀 시호크스Seattle Seahawks를 슈퍼볼 게임의 우승팀으로 이끈 피트 캐롤Pete Carroll 감독은 록 그룹 '그레이트풀 데드the Grateful Dead'에게서 배운 교훈을 내게 말해준 적이 있다. 그레이트풀 데드는 어떤 것이든 **최고**가 되려고 애쓰는 대신, **자신들이 선택한 영역에서 유일한 그룹이 되려고 노력했다**는 사실이었다. 작가이자 팟캐스터인 스리니바스 라오Srinivas Rao는 한마디로 이렇게 요약한다. **"유일한 것이 최고인 것보다 낫다."**

하지만 너무도 많은 사람들이 기껏해야 기존의 것들보다 조금 낮고 조금 다른 것들을 만들어 내놓으려고 한다. 대담하고 과감하고 용기 있는 결정을 내리려고 하기보다는 파생된 것, 보완적인 것, 모방한 것, 따분한 것, 사소한 것을 만들려고 한다. '지루한 제품'이라는 꼬리표가 붙고 끊임없는 경쟁의 무게에 짓눌리게 될 것을 예상하지 못하면서.

아마도 당신은 이와 비슷한 이야기를 다른 크리에이터들로부터 들은 적이 있지 않을까? '지루한 제품'을 만드는 크리에이터들은 핵심에서 너무 벗어나 있을 뿐만 아니라, 페이스북이든 《호밀밭의 파수꾼》이든 자신들이 차지하려는 영역에 이미 지배적인 '강자'가 있고, 사용자의 90퍼센트가 그들에게 '완벽히 만족한다'는 사실을 망각한다. 대부분의 고객들은 작품이 점차 나아지고 있다는 사실에 별 관심이 없다. 그러나 정작 크리에이터들은 그 사실을 깨닫지 못하는 것 같다. 나는 "이것은 A처럼 보이지만 B라는 특징을 가지고 있어"라는 식의 표현을 항상 경계한다. 이런 표현이 자신의 작품이 본질적으로 독창적이지 않다는 면을 드러내기 때문이고, 크리에이터로 하여금 시장의 지배적인 강자와 레드오션에서 경쟁하도록 만들기 때문이다.

참신하고 독창적인 작품을 만들어보겠다고 용기를 내고 과감해지는 것은 창조 과정을 즐겁게 해줄 뿐만 아니라, 페이스북이나 《호밀밭의 파수꾼》과 같은 강자에게 정면으로 맞서려는 만용으로부터 당신을 구해준다. 그리고 언젠가 패배할 수밖에 없는 소모적이고 값비싼 전쟁으로부터 당신을 보호한다.

모든 프로젝트에 대해 좀 더 높고 좀 더 흥미로운 기준을 세우려고 한다면 당신은 다음과 같은 질문을 던져야 한다.

- 나는 어떤 '신성한 암소scared cow' ●를 죽일 것인가?

- 나는 어떤 관습이나 제도를 없앨 것인가?

- 나는 어떤 집단을 파괴할 것인가?

- 나는 어떤 사람들을 짜증나게 만들 것인가?

　나이지리아의 작가 치고지 오비오마Chigozie Obioma는 오래 살아남는 작품을 만드는 데 대담함이 얼마나 중요한지 이야기한 적이 있다. "작가는 사람들에게 기억되고 기념비로 남는 소설들이 사실은 소심한 문장으로 이야기를 포장한 게 아니라 지나치다 싶을 정도로 대담함을 발휘한 것들임을 깨달아야 한다."

　가수 브루스 스프링스틴Bruce Springsteen은 "'본 투 런Born to Run'이란 노래로써 사람들에게 목숨을 걸고 이 노래에 집중하라고 말할 만한 음반을 만들려고 했다"라고 말했다. 또한 그는 "역사상 가장 위대한 록 음반"을 만들어내기를 열망했다고도 했다. 자신만만함, 새로움, 배짱, 이러한 태도는 불멸의 작품을 만들어낼 가능성과 관계가 없지 않다. 사실 그런 태도는 '불멸의 공식'의 필수적인 부분이기도 하다. 현재 지루하게 느껴지는 것은 앞으로 20년이 지나도 마찬가지다. 오늘 다른 것들과 비슷하게 보이고 비슷하게 들리고 비슷하게 읽히는 것들이 내일이 된다고 두각을 나타낼 가능성은 극히 낮다. 당신의 작품이 이렇게 되기를 바라는가?

● 비판이나 의심이 허용되지 않는 절대적인 것을 의미한다.

악명 높을 정도로 강력한 헤비메탈 사운드를 구사하지만 유명하지 않았던 밴드 슬레이어Slayer의 첫 번째 메이저 앨범을 릭 루빈이 프로듀싱하기로 계약했던 것과 관련한 일화가 있다. 대개의 프로듀서들이라면 자연스럽게 좀 더 주류적이고 좀 더 접근하기 쉬운 곡을 만들도록 조언했겠지만 루빈은 그렇게 하면 예술적으로나 상업적으로나 나쁜 결과를 초래할 거라고 생각했다. 그는 슬레이어가 자신들이 지금껏 만든 앨범 중 가장 헤비메탈적인 앨범, 어쩌면 역사상 가장 헤비메탈적인 앨범 중 하나를 제작하도록 일조했다. 그렇게 해서 시장에 나온 앨범이 〈레인 인 블러드Reign in Blood〉이다. 나중에 루빈은 이렇게 회고했다. "나는 '희석'하고 싶지 않았다. 주류 팬들의 입맛을 위해 물을 탄다는 생각은 내 체크리스트에는 없었다. 사람들은 정말로 열정적인 것을 원한다. 최고의 예술은 모든 사람들을 위한 것이 아닌 경우가 많고 오히려 대중을 분열시킨다. 해당 음반을 절대적으로 사랑하는 팬이 절반, 그것을 정말로 싫어하는 안티팬이 절반이면 성공이다."

그렇다. 단기적으로 보면 이런 선택은 분명 대중의 주목을 받거나 인기를 끌기 어렵다. 하지만 '최고의 예술은 대중을 갈라지게 만든다'라는 루빈의 말은 대중이 그것을 좋아하지 않는 사람과 **정말로 좋아하는** 사람으로 나뉜다는 의미다. 결국 이런 '양분화 방식'이 〈레인 인 블러드〉를 메탈 장르의 고전으로 등극시켰다. 이 앨범은 앨범 차트에 18주 동안 머무는 언더그라운드 앨범이 됐고 지금까지 200만 장 넘게 팔렸다.

어떤 프로젝트가 지나치다 싶을 정도로 대담하다고 평가받는 이유는 부분적이긴 하지만 해당 작품이 출시될 무렵에 매우 큰 논란을 불러일으켰고, 어떤 경우에는 누군가에게 마음의 상처를 깊이 주기도 했던 이유라고 생각한다. 사실과 허구를 뒤섞어가며 자신의 라디오 방송 〈세계들의 전쟁The War of the Worlds〉을 진행했던 오슨 웰즈Orson Welles의 경우를 보자. 그는 새로운 엔터테인먼트 분야를 '발견'했다는 평가를 받기도 하지만 그것으로 사람들에게 커다란 공포를 심어주기도 했다. 몇 가지 다른 예를 살펴보면 앙리 마티스Henri Matisse의 〈블루 누드Blue Nude〉는 국제적인 센세이션을 일으켰지만 인종 문제, 식민주의 등의 이슈가 얽히며 논란의 불씨가 됐고 1913년에 불타버렸다. 데이비드 허버트 로렌스D. H. Lawrence의 소설들은 외설스러운 표현 때문에 금지됐으며, 트루먼 카포티Truman Capote가 쓴 《인 콜드 블러드In Cold Blood》는 논픽션의 새로운 장르를 열었지만 사람들은 '이게 사실이야, 아니야?'라고 말하며 격분했다. 에어비앤비부터 우버에 이르기까지 반대에 부딪히고 금지법안에 발목이 잡힌 비즈니스 모델들은 또 어떤가? 그 비즈니스들은 결국 우리 일상의 일부분으로 자리잡았지만 처음에는 엄청난 저항에 부딪혔다. 언제나 논란을 불러일으키는 작가 엘리자베스 워첼Elizabeth Wurtzel은 "논란을 일으키거나 아니면 전혀 아무 일도 일어나지 않거나 둘 중 하나다"라고 크리에이터들에게 조언한다.

어떤 작품이 어떤 부분에서 대담한지, 그리고 어떤 부분에서 관습을 따르는지 따져보는 일은 재미있다. 〈블루 누드〉는 색의 사용,

모호성, 인물의 인종과 관련해 도발적인 작품이었다. 그렇다고 폭이 50피트나 될 정도로 거대하거나 기계를 사용해 색을 칠한 것은 아니다. 오손 웰즈의 방송은 일반적인 라디오 프로그램의 분량을 따랐고, 트루먼 카포티는 익명으로 혹은 표지 없이 책을 출판하지는 않았다. 에어비앤비가 암호화폐만 통용되는 홈셰어링 서비스를 론칭한 것은 아니었다. 이렇게 획기적이라고 평가받는 혁신들은 몇 가지 특별한 부분에서만 파격적인 모습을 보였다. 그것으로도 충분했기 때문이다.

핵심은 모든 관례나 관습을 동시에 깨뜨릴 수 없고 그렇게 해서도 안 된다는 데 있다. '적절하게 논란을 일으키려면' 당신 작품이 해당하는 장르나 산업을 어느 정도 집요하게 연구함으로써 어떤 부분의 경계를 깨뜨릴지, 기존 관례를 어디까지 용인할 것인지 파악해야 한다. 넷플릭스와 HBO에서 프로그램들의 방영시간이 여전히 30분이거나 60분 가량인 이유가 무엇이겠는가? 요즘 같은 자비출판의 시대에 저자들은 원하는 방법이라면 무엇이든 사용할 수 있지만 대부분은 그렇게 하지 않는다. 왜 그럴까? 모든 관례에 의문을 던질 필요가 없기 때문이고 너무 많은 관례를 깨뜨린다면 혼란을 야기하여 소비자들이 수용하기 어렵기 때문이다. 그리고 저자들은 여전히 '책다운 책'을 원한다.

그렇다면 스스로에게 이렇게 질문해보자. 어떤 관례에는 의문을 던져야 하고 어떤 관례는 그대로 둬야 하는가? 이런 질문을 통해 우리는 색다르지만 동시에 익숙한, 충격적이지만 불필요하지 않은,

참신하지만 영속성을 침해하지 않는 것을 창조할 수 있다.

모든 사람들이 경계를 허무는 것을 좋아하지는 않는다. 이 점을 받아들여야 한다. 한 예로 나는 마케팅과 미디어 산업에서 행해지는 여러 관례를 드러낼 목적으로 첫 번째 책을 출판했는데, 하루는 포드Ford 사의 소셜미디어 책임자로부터 사진 한 장을 받았다. 사진 속의 한 사람은 내 책을 쓰레기통에 처넣은 후 화가 난 표정을 짓고 있었다. 어떤 기자는 내 강연이 끝나자 위협적으로 다가와 말을 걸었다. 내 책에 언급된 사람은 내게 토론을 벌이자고 제안했고, 또 어떤 사람은 내게 법적 조치를 운운하기도 했다. 겁이 나고 두려운 상황이었지만 한편으로는 아주 신이 나기도 했다. 시장으로부터 내 책이 어떤 식으로든 '검증'받고 있다는 뜻이기도 했기 때문이다.

시장으로부터 어떤 반응을 유발시켰다면 그것은 앞으로 전진하고 있다는 신호다. 어느 유명 과학자는 사람들이 아이디어를 훔쳐 갈까 봐 걱정하지 말라고 학생들에게 충고했다. "그 아이디어가 독창적이라면 그들의 목구멍으로 밀어넣어라." 이 말은 앞에서 언급했던, 아이디어만으로는 충분하지 않다는 말을 재차 강조할 뿐만 아니라 '도발적이고 새로운 것'이 처하게 되는 현실의 단면을 보여준다. 당신의 작품이 사람들에게 충격을 준다면 바로 수용되기 어려울지 모른다. 하지만 그런 상황은 당신이 진정으로 독창적인 것을 창조했다는 신호이기도 하다.

● 그게 최선일까?

새빨간 거짓말보다 불멸의 작품을 만들 가능성을 크게 해치는 것은 없다. 오손 웰즈는 이렇게 말했다. "영화란 모름지기 처음 볼 때보다 두 번째, 세 번째 볼 때가 더 좋아야 한다. 한 번으로 포착할 수 있는 것보다 더 많은 것들이 영화 안에 존재해야 한다. 모든 사람들이 영화에서 무엇인가를 얻을 수 있도록 영화는 매우 '충실'해야 하고 함축된 암시로 가득해야 한다." 시릴 코놀리는 신문기사라고 할지라도 모든 글은 두 번 읽히도록 쓰여야 한다고 말했다. 〈못 말리는 패밀리Arrested Development〉와 같은 TV프로그램도 대표적인 예다. 이 프로그램은 전개가 매우 빠르고 볼 때마다 양파 껍질을 벗기듯 새로운 재미를 준다. 세월이 흘러도 변치 않는 지혜에 관한 훌륭한 책들은 언제 읽어도 즐거움을 선사한다. 그런 책들을 집어들고 아무 페이지나 펼쳐보라. 이미 그 책을 수십 번 읽었더라도 당신의 고민을 덜어줄 무엇인가를 책 속에서 찾을 수 있다.

당신의 목표는 사람들이 극찬을 아끼지 않고 삶의 일부로 받아들일 작품을 만들어내는 일을 시작하는 데 있다. 위대한 작품들 속에서 발견되는 통찰은 첫 번째 시도만으로 만들어지지 않았다. 단 한 번의 의식의 흐름 속에서 쓰여졌다면 그 작품은 튼튼한 구조물 위에 구축될 수 없다. 지속적이고 반복적으로 검토한다고 작품이 난해하거나 복잡해지지 않는다.

항상 '좀 더 할 수 있는 것'이 있고 '더할 수 있는 것'이 존재한다.

앞에서 큰 그림을 그리는 것의 중요성을 이야기했는데, 그와 동시에 '작게 생각'해야 한다. 창조 과정의 미세한 부분들에 집중하고 그 부분들을 잘 해내야 한다. 예술가는 힘겹더라도 세부적인 것들에 집착한다. 애플이 만든 컴퓨터 내부를 자세히 들여다본다면 외부 못지 않게 내부 역시 아름답다는 걸 깨닫게 된다. 내부를 디자인한 사람들은 제품 전체를 하나의 예술작품으로, 자신의 걸작으로 여긴다. 그들은 사람들이 절대 보지 않을 부분이라고 해도 대충하는 법이 없다.

나와 함께 일했던 출판 에이전트는 내게 이렇게 말했다. "필요하다고 생각한 횟수보다 세 번 더 원고를 검토하세요." 그의 말이 옳다. 그런 시간이 프로젝트에서 최고의 시간이 된다. 스티븐 킹의 유명한 조언이 있다. "당신의 애인들(작품)을 죽이고 또 죽여라. 작가인 당신의 자기중심적이고 소심한 심장이 터질지라도 당신의 애인들을 죽여라." 스티븐 킹은 좋아질 때까지 작품을 가차없이 편집하고 진화시키는 과정 속에서 크리에이터들이 반드시 내려야만 하는 어려운 결정을 이야기하고 있다.

시나리오 작가이자 전설적인 이야기꾼인 로버트 맥키[Robert McKee]는 "의도한다고 해서 위대한 작품을 쓸 수 있다고 믿지 않아요"라고 말했다. 하지만 그는 모든 부분에 최선을 다해야 한다는 점에 대해서는 확신을 가지고 있었다. "누구나 걸작을 창조하는 일을 시작할 수 있다고 생각하지는 않아요. 나는 우리의 일이 우리가 할 수 있는 최고의 이야기, 우리가 할 수 있는 최고의 방법을 전하는 것이라고 생각합니다. 그리고 가능한 한 최고의 방법으로 이야기를 만든 다음 세상이 어떻게 반응하는지 보는 것, 이것이 우리의 일이죠." 다른 사람들이 하는 것들에 눈을 감아라. 주위에서 일어나는 일들 역시 무시하라. 경쟁 같은 건 없다. 객관적인 잣대도 존재하지 않는다. 그저 당신이 할 수 있는 최고의 것, 무엇보다 중요한 그것이 있을 뿐이다.

● 이 장을 마치며

아마도 당신은 이미 당신만의 고전, 당신만의 불멸의 걸작을 이뤄냈다고 생각할지 모른다. 그러나 아직은 아니다. 그 같은 작품은 일찍 이뤄지지 않는다. 만약 자신이 '해냈다'고 확신하는 사람이 있다면, 그는 절대 해내지 못한다. 스티브 프레스필드Steve Pressfield가 쓴 책《예술의 전쟁The War of Art》에 나오는 말은 명심할 만하다. "가짜 혁신가들은 미친 듯이 자신감이 넘치는 반면 진정한 혁신가들은 두려워서 죽을 지경이다."

진정한 혁신가들은 창조 작업에 즐거움을 느끼는 동시에 두려움을 느낀다는 사실을 이해하는가? '이 프로젝트에 거의 전부를 걸었는데 사람들이 좋아하지 않으면 어쩌지?' '누군가가 이걸 바꾸라고 나를 몰아세우면 어떻게 하지?' 혼자서 작품을 만들었다고 해도 그 작품을 대중에게 설명하고 대중과 작품에 대해 토론을 벌여야 한다. 이 과정에서도 공포는 찾아온다. '이 과정이 고통스러우면 어쩌지?' '제대로 해내지 못하면 어쩌지?' 이러한 두려움을 편안하게 느낄 수 없겠지만 이것 역시 좋은 신호다. 당신을 부지런하게 만들어줄 테니까.

만약 당신이 경계를 느슨히 한다면, 훌륭한 작품을 만들고 싶다는 갈망과 욕구는 **그 일을 해낼 수 있다**는 믿음과 짝을 이루며 당신을 착각과 자만심에 쉽게 빠뜨릴 수 있다. 불안하고 두려워할수록, **아직 준비가 되지 않았다**는 생각에 작품을 다시 개선하고 수정하고자 하는 열망이 높아질수록 프로젝트는 훌륭하게 진행될 가능성이 높아진다. 이성적인 사람이라면 누구든 당신의 창작물로 인해 조금이라도 전율을 느끼게 만들어야 한다는 것이 당신의 목표이기 때문이다.

그런 느낌대로 움직이기를, 그런 느낌을 소중하게 여기기를 바란다.

결승선에 일직선으로 돌진할 수 있다고 생각하는 사람, 혹은 땀 한 방울조차 흘리지 않고 목표 지점에 도달할 거라고 자신만만한 사람은 결국에는 사라져버린다. 오래 살아남는 작품을 창조하려면 시간과 노력이 소요되고 희생이 따르는 법이다.

아티스트는 자신이 우러르는 신들과 직관적으로 연결되고자 하지만,
자신의 작품을 창조하고자 한다면 이 유혹적이고 실체 없는 왕국에 머물 수는 없다.
자신의 작품을 만들려면 반드시 물질 세계로 돌아와야 한다.

– 패티 스미스

2

포지셔닝 하기

작품을 다듬는 것부터
완벽하게 만들고 패키징하기까지

존 팬트$^{John Fante}$가 쓴 1930년대 소설 《애스크 더 더스트$^{Ask the Dust}$》에는 자전적 주인공이 본인의 원고를 출판사에 보내는 장면이 나온다. 젊고 가난한 작가 지망생 아르투로 반디니는 만일 출판을 거절할 거라면 원고를 되돌려 달라고 부탁한다. 그게 유일한 원본이었으니까. 하지만 출판사는 원고를 되돌려 보낼 필요가 없었다. 오랜 숙고 끝에 젊은 작가의 꿈에 답하기로 결정했기 때문이었다. 반디니는 모든 크리에이터들이 소망하는 응답, 즉 '빅 리그'로 자신을 데려다주겠다는 응답을 받은 셈이었다.

문을 두드리는 소리가 났다. 문을 여니 전보 배달부가 서 있었다. 나는 전보에 서명을 하고 침대에 걸터앉아 와인이 늙은이의 마음을 사로잡았는지 궁금했다. 전보 내용은 이랬다. "오늘 당신의 책을 출판하기로 결정했습니다." 그게 전부였다. 나는 종이를 카페트 위로 떨어뜨렸다. 그냥 그렇게 앉아 있다가 마루에 엎드려 전보에 입을 맞추기 시작했다. 그러고는 침대 밑으로 기어들어가 그냥 거기에 누워 버렸다. 더 이상 햇빛을 받지 않아도 좋았다. 이승도 천국도 필요 없었다. 그곳에 그냥 누워 있다가 죽어도 좋았다. 어떤 일도 내게 일어날 수는 없으리라. 나의 삶은 끝났다.

며칠 후에 수표와 계약서가 도착했다. 그 후 몇 개월 있다가 책이 출판되었고 반디니는 공식적으로 저자가 되었다. 고군분투하던 시간은 끝났다. 마침내 그가 **해냈다.**

출판사 또는 레코드 회사, 영화 스튜디오, 벤처 캐피탈 회사와 일한 경험이 있다면 아마도 이런 장면이 어처구니 없을 정도로 옛 이야기 같거나 기막힐 정도로 순진하게 보일지 모른다. 숱한 미팅과 수많은 의향서들은 어디로 갔는가? 에이전트는? 편집자에게 한밤중에 거는 전화가 잦아지는 상황과, 원고를 다시 써야 한다는 계속되는 요구와, 위에서 지시하는 각종 '수정사항'은 어디로 갔는가? 요식적이고 행정적인 수많은 세부업무들은 또 어떤가?

우리 모두는 마음 속으로 이런 환상을 품고 있다. '작품을 만들어서 우편함에 던져넣으면, 누군가가 내게 계약서를 보내오고 그 다음에는 아무도 이래라저래라 하지 않는다. 나의 예술은 언제나 순수하고 그 누구도 건드릴 수 없다. 간섭은 없다. 이렇다저렇다 하는 성가신 염려도 없다. 서류 작업과 같은 잡다한 일은 내가 신경 쓰지

않아도 누군가가 알아서 해준다. 나는 선택된 사람이고 성공은 나의 것이니까.'

하지만 알다시피 실제로 일은 그렇게 돌아가지 않는다. 지금까지 그렇지 않았고 앞으로도 그럴 리 없다. 실제로 존 팬트도 일이 엄청나게 잘 풀리지 않았다. 《애스크 더 더스트》는 출판사 스택폴 앤 선스Stackpole & Sons에서 내기로 했는데, 출판사는 **아돌프 히틀러와 법적 다툼을 벌이던 중**이라 팬트의 원고를 편집하고 출판할 만한 여력이 충분하지 않았다. 적절한 판권을 확보하지 않은 채 히틀러의 《나의 투쟁Mein Kampf》을 출판했고, 출판사에 전적으로 의존했던 팬트는 본인의 가장 뛰어난 작품이 허공 속으로 사라지는 모습을 지켜봐야 했다. 출판사가 재정적인 곤경에 빠지는 바람에 제대로 마케팅을 하지 못했기 때문이었다.

이 같은 상황을 상상할 수 있겠는가? 성공에 대한 팬트의 모든 꿈은 대서양 너머로 야수를 뻗은 독재자에 의해 망가졌고, 그런 일이 일어나도록 허락한 엉성한 출판사로 인해 팬트의 책은 물거품이 돼버렸다. 물론 히틀러 같은 사람은 흔하지 않지만 이렇듯 크리에이터의 꿈은 잔혹한 상황과 여러 가지 규정 때문에 발목을 잡히곤 한다. 만약 출판사와 편집자가 팬트의 책에 신경을 더 썼더라면 책의 운명은 달라질 수 있었을까? 나는 그랬을 거라고 생각한다.

어쨌든 형편없는 계획, 순진한 희망, 출판사에 대한 지나친 의존 때문에 이 놀라운 책은 세간의 인정을 제대로 받지 못했다. 《위대한 개츠비》와 동일한 반열에 오를 수 있는 책이었는데 말이다. 애석하게도 그 책은 사람들로부터 '거의 완전히' 잊혔다.

크리에이터는 이 점을 깊이 염두에 둬야 한다. 당신 대신 모든 일을 척척 알아서 해주는 출판사나 천사 같은 투자자, 프로듀서는 존재하지 않는다. 훌륭한 원고를 발송하는 일로 힘든 여정이 끝나지 않는다. 그것으로 앞으로 해야 할 일이 면제되는 것도 아니다. 비유적이든 그렇지 않든 간에 '문을 두드리는 소리' 같은 건 없다. 불멸의 작품은 출판사 경비인에게 원고를 건네는 일, 헐리우드식 표현을 빌린다면 '신께 키스를 보내며kissing it up to God'라는 식으로 끝나지 않는다. 모든 과정을 본인의 책임이라고 여기는, 포기할 줄 모르는 크리에이터들에 의해 불멸의 작품이 만들어진다. 그런 이들은 단순히 창작자로서가 아니라 **'제작자'와 '관리자'로서** 자신의 운명을 스스로 통제한다.

● 중간 기점에서

거의 완성된 대본, 완전한 형태를 드러내기 시작한 스타트업 아이디어, 투자자의 관심을 끌기 시작한 제품 등은 중요한 '중간 기점'에 서 있다고 말할 수 있다.

지금까지 만들어낸 작품은 당신 내면의 경험이나 영감을 현실화시킨 결과다. 이제는 그 작품을 갈고닦음으로써 세상과 소통할 수 있는 최고의 방법을 찾아내는 데 창의력을 발휘해야 한다. 부모의 죽음을 극복하기 위해 책을 썼든, 이제 막 데모 음반을 끝냈든, 아니면 패션계의 뿌리 깊은 '미美의 기준'을 바꿀 목적으로 새로운 의류 회사를 설립했든, 당신의 프로젝트들은 반드시 검증받아야 하고 개선되어야 한다. 그리고 대중의 마음을 끌도록 세상에 선보여야 한다. 예를 들어 "슬픔을 이겨내는 과정을 독자들에게 감동적으로 전한다" 또는 "우리의 옷은 당신을 매혹적으로 만들어줄 것이다. 우리는 절대 과대 광고는 하지 않는다"라는 식의 홍보 문구로 말이다. 그러나 그런 과정도 저절로 생겨나지 않는다. 데모 음반에서 완성된 음반까지 일이 술술 흘러가는 법은 없다. 아무도 당신에게 완벽한 타이틀 곡과 앨범 커버, 삽화를 그냥 건네주지 않는다.

대중은 자신들이 보는 작품 내면에 무엇이 있는지 바로 알아차리지 못한다. 당연히 그것이 자신의 삶을 변화시킬 거라는 것도 이해하지 못한다. 사람들이 당신을 지켜보고 당신이 얼마나 대단한 사람인지 바로 알아차리길 바라서는 안 된다. 그저 길모퉁이의 잡초마냥 가만히 남의 눈치나 보며 기다리기만 하는 자가 돼서는 안 된다. 그들에게 '말해야' 한다. 그것도 분명하게!

이것은 단순히 '홍보'를 말하는 것은 아니다. 세상에 내보이기 전에 좀 더 연마하고 좀 더 개선해야 한다는 뜻이다. 무엇보다 목표 대상, 즉 고객의 마음을 울릴 실제 기회가 생길 수 있게 당신의 프로젝트를 포지셔닝하는 데 많은 노력을 기울여야 한다. 맛있는 음식이라고 해도 적합한 그릇에 알맞게 담아내야 한다. 어떻게 보이느냐도 맛에 영향을 미친다. 유행했다가 사라지는 것과 오래 살아남는 것의 차이는 이런 결정을 어떻게 내리느냐에 달려 있다. 하지만 그렇다고 해서 포지셔닝 과정을 신속하게 진행할 필요는 없다. 작품을 편집하고 수정하는 일이 처음 창작에 필요했던 시간만큼 오래 걸릴지 모른다. 마지막 1마일을 가는 데 지금껏 걸어온 시간보다 더 많은 시간이 걸릴 수도 있다. 작품에 꼭 맞는 이름을 선정하고 목표와 기대사항을 실행 가능한 계획으로 구체화시키는 과정(포지셔닝)이 최초의 아이디어를 물리적인 형태로 창조하는 것보다 더 어려울지 모른다.

우리는 이 작업이 우리에게 매우 큰 의미가 되고 미래 세대에도 중요한 의미가 되도록 해야 한다는 점을 이해해야 한다. 그래야 고만고만한 것들을 만들려고 애쓰는 크리에이터들이 가득한 이 세계에서 당신이 두각을 나타낼 수 있다. 그래야 최고가 될 수 있고 목표 대상이 당신의 작품을 열렬히 사랑하게 될 수 있다.

그렇다면 그 어려운 과업을 수행할 최적의 사람은 누구인가? 바로 당신이다.

● 당신이 CEO다

아무도 포지셔닝을 대신해주거나 지원해주지 않는다. 이 사실을 받아들이는 것이 포지셔닝 과정의 첫 번째 단계라면, 두 번째는 앞으로 나아갈 사람이 바로 **당신**임을 깨닫는 것이다.

많은 크리에이터들이 **그저 크리에이터**가 되길 바라거나 '아이디어꾼'이길 바라는 것 같다. 그런 사람들은 새로운 것을 만들어내는 일이 섹시하고 멋지다는 이유로 크리에이터가 되기를 희망한다. 하지만 '두려움' 때문에도 이 일을 선호하는 것은 아닌지 의심스럽다. 사람들은 앞으로 일어날 모든 일에 대해 전적으로 책임지기 두려워 결정을 미루곤 한다. 누군가에게 책임을 넘기면 프로젝트가 실패해도 비난할 사람이 생긴다. 마치 "기획사에서 타이틀 곡을 선정했어. 나는 이 곡을 여름에 발표한다는 계획에 반대했지만 그들이 그렇게 결정한 걸. 내가 결정했더라면 결과는 달랐을 거야. 그들은 그러지 말았어야 했어. 다음 번에는 꼭 내가…"라는 식이다.

대부분의 크리에이터는 다 자란 '성인'이고 성인이란 자기 행동에 책임지는 사람이다. 기회가 주어지기만을 기다리던 아이가 성숙하면 자신이 세상 밖으로 나가 그런 작품을 만들어야 한다는 것을 깊이 이해한다. 세상에 오래 남아 영향을 미치는 뭔가를 창조하는 이 세계는 '그럴 자격이 있는 사람'을 위한 곳도 아니고, '반쯤 발을 걸친 사람'을 위한 곳도 아니다. 갈수록 경쟁이 치열한 이 레드오션은 그 어느 때보다 더 붉은 색으로 물들고 있다. 1분에 400시간이 넘는 분량의 콘텐츠가 유튜브에 업로드된다. 매년 6,000개 이상의 스타트업 기업들이 와이 콤비네이터에 지원하고, 1만 명의 사람들이 영화 전공으로 석사 이상의 학위를 취득한다. 12만 5,000명 이상이 매년 경영대학원을 졸업하고 미국에서만 매년 30만 종의 책이 출판된다. 미국의 실업률을 5퍼센트로 잡아도 이는 800만 명이나 되는 실업자들이 일자리를 찾고 있음을 의미한다. 아무도 당신에게 스타 대접을 할 이유와 시간이 없다. 아무도 가공되지 않은 다이아몬드를 깎고 다듬어야 하는 번거로움을 감수하지 않는다. 당신이 성공하길 원한다면 '꼭 맞도록' 스스로를 깎아내고 다듬고 세팅하는 것이 좋다.

다시 말해 근본적으로 당신이 별로 특별하지 않은 사람이라면, 출판사나 스튜디오, 투자자 **그리고** 고객에 의해 다른 사람으로 언제든 대체될 수 있다는 뜻이다.

세스 고딘은 "정말로 좋은 물건을 만드는 일은 그저 첫 번째 단계일 뿐이다. 입소문을 타려면 당신이 당신의 작품을 특별하고 재밌게 만들어야 하고, 사회적 장애물을 극복하고 소문을 퍼뜨릴 가치가 있도록 만들어야 한다"라고 말한다.

고딘의 말에서 가장 중요한 단어는 바로 '당신'이다. 당신이 직접 그렇게 해야 한다. 당신이야말로 당신 작업의 CEO다. 크리에이터로서 모든 책임과 리더십은 당신의 몫이다. 홍보 담당자, 바이어, 출판업자 등의 파트너와 함께 일한다고 해도 달라지지 않는다. 조력자들이 있다는 사실이 곧 그들이 당신을 위해 모든 일을 챙기고 해준다는 것을, 쉽게 만장일치한다는 것을, 최고의 결과를 위해 모두 합심한다는 것을 의미하지 않는다.

갈등과 혼란의 순간에 당신 말고 누가 이 일의 비전을 유지할 수 있을까? 그 일이 당신의 경력에 꼭 들어맞는지 누가 알 수 있을까? 공을 들여 작업의 세부사항과 방향의 일관성, 작품의 진정성에 누가 신경을 쓸 것이며, 평범함에서 특별할 만한 것들을 분리해내기 위한 여러 가지 문제들을 누가 다루겠는가? 작품으로 금전적 이득을 얻는 사람은 누구이고 이를 얻기 위해 시종일관 노력하려는 의욕을 당신 말고 누가 보여야 하는가?

다시 책으로 비유해보자. 누구든 책의 표지를 선택하거나 제목을 붙일 수 있지만, 그 결정이 당신의 책을 관통하는 최고의 선택인지 누가 알 수 있을까? **당신뿐이다.** 누구든 원고에 대한 의견을 제시할 수 있고 작품 개선을 위한 아이디어를 제안할 수 있다. 하지만 그런 의견과 아이디어가 도움이 되는 것인지 아니면 오히려 해가 되는 것인지 누가 구분할 수 있을까? **당신 밖에 없다.** 누가 충고를 듣고 직감적으로 판단할 수 있을까? 그 직감대로 이뤄질 때 누가 작품의 진정성을 주장할 수 있을까?

이 모든 질문의 답은 '당신'이다. 당신 밖에 없다.

● 편집자를 찾아라

프로젝트의 성공 혹은 실패의 가능성이 전적으로 당신에게 달려 있다는 점을 이해했다면, 그 다음 단계로 작품의 피드백을 받기 위해 믿을 만한 외부의 목소리를 찾아야 한다.

초고를 완성하고 나서 작가가 해야 할 중요한 일은 무엇일까? 바로 **편집자**에게 초고를 보내는 일이다. 의견을 들으려고 친구들에게 초고를 보내는 작가는 별로 없다. 물론 친구들로부터 도움을 얻는 경우도 있지만 궁극적으로 작가가 협업할 사람은 편집자다. 그렇기에 작가는 편집자에게 원고를 '제출'한다. 마찬가지로 시나리오 작가는 프로듀서와 **함께** 프로젝트를 추진하고, 뮤지션은 **엔지니어, 프로듀서**와 함께 곡을 녹음하고 앨범을 완성한다. 마이클 조던 역시 감독의 지시에 **따라** 경기를 한다.

왜 그래야 할까? 자기 프로젝트나 본인의 기량에 몰입하다 보면 객관적으로 판단할 능력을 상실할 수 있다. 당신이 만약 무엇인가 창작 중이라면 '내가 지금 제대로 프로젝트를 추진하고 있구나, 내 기량이 충분하구나'라고 생각할지 모르겠지만 그런 생각은 엄밀히 말해 개인의 한계와 경험 부족에서 기인한다. 프로젝트를 제대로 추진하려면 편집자에게 의존할 필요가 있다. 이는 창작 과정에서 가장 반직관적인 부분이다. '다 끝냈다'라는 생각이 들더라도 목표 지점에 한 발자국도 가까이 다가가지 못했다는 사실을 여러 번 느낄 테니 말이다.

이에 대해 헤밍웨이가 했던 유명한 말이 있다. "어떤 작품이든 간에 첫 번째 초고는 똥과 같다." 모든 크리에이터가 무엇이든 자신이 원하는 것을 만들어낼 수 있는 '백지 위임장'을 소유했다면 어땠을까? 아마도 타인의 작품에 이의를 제기하는 사람도, 실물이 아직 없는 상태에서 오케이 사인을 내리는 사람도 없지 않았을까? 대부분의 아이디어들은 최초의 실행 단계에서 터무니없는 것으로 판명난다. 이것이 바로 편집자의 도움이 필요한 이유다. 그리고 1부에서 언급한 내용을 2부에서도 재차 강조하는 이유이기도 하다.

1957년에 소설가 하퍼 리Harper Lee는 자신의 처녀작 원고를 테이 호호프Tay Hohoff라는 편집자에게 건넸다. 호호프는 원고를 수락하긴 했지만 출판하기 전에 상당한 재작업이 필요하다는 의견을 분명히 전달했다. 호호프는 "구성이 탄탄한 소설이라기보다 개인적 일화의 나열 같다"라고 말했다. 아마도 리는 완전한 구성을 갖춘 소설을 쓰는 것을 목표로 했을 것이고, 탈고했다고 판단해서 편집자에게 원고를 전했겠지만 편집자로부터 본인의 소설이 실패할 수 있다는 말을 들었다.

예술과 문화의 역사를 살펴보면 이와 같은 장면을 상당히 많이 찾아볼 수 있다. 자신을 낙심시키는 피드백이나 거절의 상황에 직면할 때 크리에이터는 어떻게 대응해야 할까? 심통을 부리거나 화를 낼까? 열린 마음으로 그 상황을 흥미롭게 받아들일까? 아부를 하거나 자포자기 할까? 아니면 잡음 속에서 신호를 찾듯이 주의 깊게 숙고할까? 프로젝트가 처음 상태로 그 자리에서 바로 사망선고를 받을지, 소위 '위원회'에 의해 프로젝트가 처음과는 완전히 다른 모습으로 변형될지, 아니면 제법 봐줄 만한 최초의 시도가 걸작으로 다시 태어날지 등 이토록 많은 것들이 결정되는 중요한 분기점에서 어떻게 대응해야 하는지는 크리에이터의 선택에 달려 있다.

다행히 하퍼 리는 호호프의 말에 귀를 기울일 만큼 현명했다. 그는 자신의 독특한 관점은 유지하면서 등장인물과 줄거리를 완전히 고치느라 2년 가까이 여러 번 재집필한 끝에 미국 문학의 위대한 작품 중 하나인 《앵무새 죽이기》를 탄생시켰다. 이러한 과정은 사람들에게 상세하게 알려지지 않는다. 가수 아델의 망쳐버린 데모 음반을 들을 수 없기 때문에 그의 노래가 어떻게 개선됐고 재해석됐는지 우리는 알 길이 없다. 많은 책의 '편집 전 원고'를 읽을 수 없으므로 작가가 자신의 관점을 충분히 현실화시키기까지 어떤 도움을 받았는지 알 방법이 없다.

《앵무새 죽이기》는 그런 과정이 알려진 독특한 사례다. 책 출간 후 55년이 지나 리의 초고가 《파수꾼Go Set a Watchman》이란 이름으로 출판됐다. 처음에 독자들은 열광적으로 환영했지만 리의 편집자(테이 호호프)의 판단이 옳았던 것으로 판명됐다. 《파수꾼》은 별로였다. 등장인물들은 완전한 캐릭터로 구축되지 않았고 그들의 태도는 일관성이 없으며, 전하고자 하는 메시지도 뒤죽박죽이었다. 저자와 《앵무새 죽이기》의 명성 덕분에 처음에는 잘 팔렸지만 《앵무새 죽이기》의 판매량인 3,000만 부에는 훨씬 미치지 못했다. 출판 후에 많은 서점들은 실망한 팬들에게 책값을 환불해줄 수밖에 없었다. 《파수꾼》이 고등학교 수업에서 교재로 쓰일 가능성은 커 보이지 않는다. 만약 교사들이 《파수꾼》을 가르친다면, 초고에 어떤 색깔을 입혀야 탁월한 작품으로 탄생되는지를 보여주는 소재 정도로 쓰이지 않을까?

이것이 다른 사람의 관점을 받아들일 때 생겨나는 힘이자, 삶을 바꾸고 세상을 바꾸는 고전과 실망스러운 실패작의 차이를 결정하는 요소다.

어떠한 유형의 프로젝트라도 편집자와 함께 일해본 경험이 있는 사람은 최종 결정의 책임이 크리에이터에게 있다는 점을 알지만, 진정으로 위대한 작품을 만들어내려면 편집자의 피드백을 받아야 한다. 투자자에게든, 승인권한을 가진 임원에게든, 혹은 편집자에게든 어떤 시점에 이르면 작품은 크리에이터의 손을 반드시 떠나야 한다.

여러 장의 앨범을 플래티넘 반열에 올린 아델의 사례를 살펴보자. 그는 전무후무한 앨범 〈21〉의 후속 앨범을 위한 데모곡 작곡과 녹음 준비를 끝낸 다음, 프로듀서인 릭 루빈을 만나서 녹음을 시작할 때가 됐다는 생각을 전했다. 릭은 그의 말을 조용히 듣더니 한마디를 툭 내던졌다. "난 당신을 믿지 못해." 아델은 나중에 잡지 〈롤링 스톤Rolling Stone〉과의 인터뷰에서 이렇게 말했다. "릭이 그렇게 말했을 때 저는 엄청나게 충격 받아 펑펑 울고 싶을 지경이었어요. 그래서 저는 '나도 지금의 나를 정말로 믿지 못해. 그러니 당신이 빌어먹을 그런 말을 내뱉어도 별로 놀랍지 않아'라고 쏘아 붙였죠."

아델은 계획을 다시 세웠고 2년 동안 보완 작업을 진행했다. 결국 이 작품에 그가 쏟은 노력은 두 가지로 보상 받았다. 첫째, 그는 앨범 출시할 때의 나이를 앨범 이름으로 붙이는 나름의 규칙을 가지고 있었지만 이 앨범 이름은 〈27〉이 아니라 〈25〉로 정해졌다. 둘째, 팬들은 이 앨범에 궁극의 찬사를 쏟아냈고, 〈25〉는 출시 첫 주에만 340만 장이 팔려나갔다. 엔씽크NSYNC가 2000년에 세운 최고 기록을 거의 100만 장 가까이 깨뜨려버린 수치였다.

당신의 프로토타입prototype(시제품)이 처음부터 완벽한 수준일 가능성이 얼마나 될까?《위대한 개츠비》는 여러 번 출판이 거절됐다. 'WD-40'이란 윤활유 이름은 제작자들이 적절한 제조법을 찾아내기 위해 40번이나 시도했다는 의미를 담고 있다. 내 책들 중 출판 관계자가 곧바로 수락한 책은 한 권도 없다. 게다가 그들은 내 등을 향해 초고를 집어던진 적도 있다. 나는 울며겨자먹기로 초고를 붙들고 재작업하는 과정에서 그들이 원하는 책이 무엇인지 찾아냈다. 지금이야 출판사의 반응을 충분히 이해하지만 당시에는 '아직 멀었습니다'라는 말을 듣는 게 정말이지 몹시 화가 났다. (나는 이 말을 이 책의 다섯 번째 수정원고에 추가한다. 즉 '아직 멀었습니다'라는 대답을 최소한 네 번은 들었다는 뜻이다.)

　짜증스러울 수 있겠지만 자기 작품을 합리적이고 공정한 눈으로 바라봐야 한다. 이는 이해의 상충을 감수해야 하는 어려운 일이다. 이때 균형을 잃지 않으려면 객관적 입장을 가진 사람을 끌어들여야 한다. 그리고 스스로에게 질문을 던져보라. '내가 옳고 세계의 모든 사람들이 틀릴 가능성은 얼마나 될까?' 적어도 이런 질문을 통해 다른 사람들이 우려하는 이유를 생각해보게 된다. 진실은 그런 걱정과 우려 속에 숨어 있기 마련이다.

　배우이자 작가인 닐 게이먼Neil Gaiman의 충고는 피드백에 대응하는 올바른 태도가 무엇인지 가장 잘 보여준다. "기억하라. 사람들이 당신에게 뭔가가 잘못됐다거나 잘 이해되지 않는다고 말한다면, 그들의 말은 십중팔구 옳다. 다만 그들이 잘못됐다고 생각하는 것과 함께 '어떻게 고쳐야 하는지'를 말한다면, 그 말은 십중팔구 옳지 않다."

잘못된 것을 '어떻게 고쳐야 하는지'는 당신만이 안다. 마음의 문을 열고 피드백을 받으면 잘못된 부분을 쉽게 발견할 수 있다. 나는 창업자가 한 명인 스타트업 기업보다 여러 명인 기업을 선호한다는 와이 콤비네이터의 논리가 마음에 든다. 다른 사람들과 협업하지 못한다는 것, 아무도 당신의 파트너가 되기를 원하지 않는다는 것은 프로젝트와 당신의 작업 스타일을 넌지시 알려준다. CEO가 한 명인 상황에서도 자문위원회나 이사회가 CEO의 독단적 결정을 견제하지 않는가?

너무나 많은 사람들이 다른 사람들과 협의하거나 냉철한 질문을 던지는 데 관심을 두지 않는다. 최근에 나는 이런 현상을 우리 고객사로부터 목격한 바 있다. 그들은 출시 준비가 다 끝난 A라는 앱에 관해서 마케팅 자문을 해달라고 수개월 가량 요청해왔다. 나는 A앱을 면밀히 살펴본 후 이 제품에 문제가 상당히 많다는 점을 발견했다. 그 앱은 기존에 나와 있는 다른 앱들과 유사한데다 설명하기는 어려웠다. 실재하지 않는 사용자 집단, 더 정확히 말하자면 사용자 한 명을 위해 소수가 제기한 불편함에 대응하는 차원으로 만들어진 제품이었다. 그러나 창업자는 A앱에 열광했고 실제보다 더 부풀려 말했다.

우리 팀과 나는 명확한 이슈에 대해 여러 가지 해결책을 제시하면서 A앱의 출시 연기를 신중하게 검토해보라고 조언했다. A앱에 대해 고민하고 상황을 설명하느라 애쓴 보람도 없이 창업자는 돌연 이메일로 더 이상 우리와 함께 일하지 않겠다고 선언했다. 이미 지불한 거액의 자문비를 날리는 것도 주저하지 않았다.

창업자에게 A앱은 자신의 '아기'였던 셈이다. 또한 자신의 '돈'을 들여 만들었으므로 자신이 원하는 것이라면 마음껏 하고자 했다. 나는 협의 과정에서 내가 옳지 않았던 점이 있었는지 지금도 곱씹어 본다. '내가 너무 직설적이었나? 시간을 단축시키려고 무리를 했나? 내가 예단했나?' 하지만 아무리 생각해봐도 나는 올바르지 않게 행동하지 않았다. 결국 A앱은 시장을 무시하고 출시되는 바람에 이리저리 표류했고 고객을 유인하는 데 실패했으며 끝내 폐기됐다. 수백만 달러의 투자금은 허공으로 사라져버렸다. 만약 그들이 우리의 피드백을 충분히 고려했더라면 훨씬 좋은 성과를 얻지 않았을까? 문제는 그들이 이미 제품은 다 완성됐고 이제는 마케팅 준비를 시작할 때라고 믿었다는 점이다. 그래서 발목을 잡는 듯한 우리 회사의 피드백을 받아들일 수 없었다.

나는 내 프로젝트에 대해 고통스러운 피드백을 받을 때마다 이 일을 떠올리곤 한다. 나는 '옳지 않다는 생각에 피드백을 무시하고 싶은 건가, 혹은 여기서 중단하고 싶지 않아서인가, 추가적이고 거추장스러운 일을 하고 싶지 않기 때문인가' 하고 스스로에게 묻는다. 너무 일찍 '이제 다 됐어'라고 스스로 흡족해하며 만족하는 것 또한 경계한다. 가능한 한 내면의 검토 과정을 오래 지속하려고 노력한다. 그래야 내 프로젝트 출시 날에 사실은 이 프로젝트가 이미 사망한 지 오래라는 뼈아픈 진실을 깨닫는 상황을 막을 수 있기 때문이다.

변덕스럽지만 엄청난 성공을 거둔 작가이자 기업가인 제임스 알투처James Altucher는 피드백을 어떻게 수용해야 하는지에 대한 긍정적인 사례를 보여준다. 자신의 책《과감한 선택Choose Yourself》을 우리와 함께 작업할 때, 그는 완전하다고 스스로 판단한 초고를 들고 와서 공격적인 출간 일정을 제안했다. 그는 자비출판을 할 생각이었기 때문에 우리의 자문을 받느냐 마느냐는 선택사항이었다. 다시 말해, 그는 자기 마음대로 출간일을 정할 수 있었다. 하지만 우리가 보기에는 출간 준비가 덜 됐다고 피드백을 분명히 전달하자 그는 그 의견에 귀를 기울였다. 우리는 그에게 완전히 구성을 새로 하되, 4개의 챕터를 몽땅 삭제하고 편집자의 요청대로 2개의 챕터를 새로 추가하는 등, 6개월 동안 16차례의 재작업을 요구했다. 제임스는 절대로 투덜거리지 않았다. 거듭되는 재작업 요청으로 상처를 받을 만한데도 반발하지 않았다. 그 결과 이 책은 〈USA 투데이〉가 지금껏 출간된 최고의 비즈니스 도서 12권 중 하나로 선정할 만큼 영향력이 큰 자기계발서로 인정받았고 50만 권 이상 팔렸다.

어떤 프로젝트든지 피드백 과정을 거쳐야 한다. 편집자, 프로듀서, 파트너, 베타 유저 그룹과 함께이든 아니면 가차없는 완벽주의적 관점이든 간에 어떠한 방법으로든 피드백을 받아야 한다. 불멸의 명작을 만들기 위해서는 외부의 목소리를 듣는 것이 필수조건이다. 대부분의 사람들은 다른 사람들의 의견이 지금껏 자신이 만든 작품을 갈기갈기 찢어버릴까 봐 두려워한다. 기억하라. 피드백을 받으려면 겸손해야 한다. 프로젝트에 대한 본인의 생각과 '사랑'을 덜어내야 하고, 다른 사람들이 한두 가지의 장점을 더해줄 수 있다는 점을 '즐겨야' 한다.

그 누구도 결점이 전혀 없는 첫 번째 초안을 만들어내지 못한다. 그리고 어떤 누구도 다른 사람의 개입 없이 더 나은 두 번째 안을 만들 수는 없다.

● 테스트하고 또 테스트할 것

셀린 디온, 테일러 스위프트, 본 조비, 아델 등 여러 가수의 노래를 작곡한 맥스 마틴Max Martin은 노래가 거의 완성되면 자신이 'LA 자동차 테스트LA Car Test'라고 부르는 방법을 통해 반드시 그 곡들을 테스트하곤 한다. 이 테스트는 자동차로 로스엔젤레스의 아름다운 태평양 해안 고속도로를 질주하며 스피커가 터질 듯이 자신이 만든 노래를 크게 틀어보는 방법이다. 그는 경치가 끝내주는 도로 위를 달리며 자신에게 이렇게 묻는다. '소리가 괜찮은가?' '이 노래가 사람들의 경험에 무엇을 더해줄까?' 왜 그렇게 할까? 사람들의 삶에 생기를 불어넣고 운전할 때 흥을 돋우며 일상의 경험을 고조시키는 것이 바로 자기가 만든 음악이 존재하는 이유라고 믿기 때문이다.

무엇보다 음악은 음반회사가 아니라 사람들을 위한 것이다. 리치 코헨Rich Cohen이 쓴 롤링 스톤스 전기에는 싱글 곡으로 어떤 곡이 최고인지를 놓고 엔지니어와 말다툼을 벌였다는 믹 재거Mick Jagger의 일화가 나온다. 엔지니어는 라디오 방송에 노래를 내보내보면 알 수 있다고 말했지만 믹 재거는 그때까지 기다릴 수 없다고 했다. 이때 롤링 스톤스의 매니저가 우연히 이 대화를 듣고 곧바로 지역 방송의 DJ에게 전화를 걸어 그 곡을 틀게 했다는 이야기가 있다. 비록 우리가 그렇게 영향력을 발휘할 수 없고 우리에게 그런 일은 절대 일어나지 않는다고 해도 이 사례는 음악 비즈니스의 핵심을 명확히 보여준다. 핵심은 바로 당신이 가장 좋아하는 노래를 고르는 것이 아니라 팬들이 좋아할 최상의 곡이어야 한다는 점이다.

맥스 마틴의 테스트는 바로 이런 핵심을 추구하기 위한 노력인 셈이다. 그는 세상에서 가장 아름다운 도로를 자동차로 달리며 노래를 들어봄으로써 스스로를 이상적인 청취자로 설정한다. 그리고 묻는다. 이 노래가 듣는 이에게 가치 있는 경험을 만들어주는가?

어떤 노래가 자신의 테스트를 통과하지 못하면 마틴은 그 노래를 어떻게 할까? 테스트 결과가 어떻든 상관없이 계속 출시 작업을 진행할까? 그는 고치고 또 고친다. '이젠 다 됐다'라고 말하고 싶은 유혹이 들더라도, 앨범 출시 기한이 자신을 압박해오더라도 그렇게 한다.

당신에게도 이러한 규율이 있어야 한다. 잠시 멈춰서서 작품이 '스스로 설정한 기준'과 '팬들이 당신에게 기대하는 수준'을 만족시킬 때까지 작품을 개선해야 한다. 그리고 자신만의 테스트 방법이 있어야 한다. 책의 요약글을 읽고 사람들이 관심을 가지는가? 시제품을 본 초기 사용자들이 벌써 제품에 푹 빠져 있는가? 특정 대상의 고충을 해소해주려고 만든 제품이 다른 대상에게도 동일한 결과를 보이는가?

제품에 따라 테스트 방법이 다르고, 그 결과에 따라 적용해야 하는 개선 및 수정 방법 역시 다르다. 하지만 그렇게 하려면 그만큼 시간을 들여야 한다는 사실은 모두 동일하다. 가장 놀라운 곡을 타이틀 곡으로 삼거나 가장 아름다운 커버로 앨범을 포장하더라도 별반응을 일으키지 못한다면 무슨 소용이 있겠는가? 이것이 바로 테스트하고 또 테스트하며, 작품을 개선해나가면서 완벽을 기하는 이유다. '이젠 다 됐다'라고 말하고 싶어지더라도, 다음 단계로 넘어갈 준비가 됐다고 생각되더라도 테스트를 통과할 때까지 기다려야 한다.

● 한 문장, 한 문단, 한 페이지

플라톤과 소크라테스의 시대로 거슬러 올라가는 지식에 관한 근본적인 물음이 있다. "무엇을 찾는지 모른다면 어떻게 그것을 찾았는지 알 것인가?"

창조적인 프로젝트를 수행하면서 우리는 이 단계에서 동일한 물음에 봉착한다. 작품을 완성하기 위해 편집하고 개선하고 연마하고 테스트하는 노력을 기울이지만, 단순히 완성만을 위해 노력하는 것은 아니다. 노력하는 것 자체가 즐겁기 때문도 분명 아니다. 우리는 어딘가에 도달하려고 노력한다.

그런데 어디에?

수사적으로 던지는 질문이 아니다. 이 질문에 분명한 답을 할 수 있어야 하고 그 답은 프로젝트마다 다르다.

결과물이 상당한 수준으로 만들어졌지만 작업이 완전히 마무리되기 전이라면, 크리에이터는 반드시 한 걸음 물러나 스스로에게 이렇게 물어야 한다. '좋아, 나는 무엇을 만들려고 노력했을까? 나는 종착점에 와 있는 걸까? 최종 목표 지점에 성공적으로 안착하려면 무엇을 바꾸거나 고쳐야 할까?'

다시 강조하지만 이런 질문을 **생각만** 한다면 아무것도 이뤄지지 않는다. 아마존은 아이디어, 제도, 제안, 문제, 해결책 등을 직접 손으로 쓰도록 독려하는 내부 조직문화를 가지고 있다. 그들은 **쓰면서 생각하기**write to think의 효과를 믿는다. 이런 이유로 아마존은 새로운 제품 출시 담당 관리자들에게 해당 기획을 승인받기 **전**에 그에 관련된 홍보자료를 쓰도록 요구한다. 만약 담당자들이 본인의 기획을 초기 단계에서부터 흥미롭고 주목할 만한 문장으로 설명하지 못하면 그 아이디어는 폐기되고 다행히도 **쓸모없는** 제품이 출시될 위험은 줄어든다.

나는 내가 지금껏 수행한 모든 프로젝트에 이와 비슷한 방식을 즐겨 적용해왔다. 바로 '한 문장, 한 문단, 한 페이지One Sentence, One Paragraph, One Page'라는 방법인데, 구체적으로 설명하면 다음과 같다.

개발 중인 앱의 베타 버전이나 원고를 잠시 옆으로 치우고 종이 한 장을 책상 위에 펼쳐놓거나 워드 파일의 빈 문서를 열어라. 그런 다음 정신을 집중하여 당신의 프로젝트가 이루고자 하는 것을 명확하게 써내려가라.

한 문장으로.

한 문단으로.

한 페이지로.

"이것은 (①)을 하는 (②)이다. 이것은 사람들이 (③) 하는 것을 돕는다." 이 문장의 괄호를 채워보라. 프로젝트와 거리가 조금 먼 제3자에게 이렇게 쓴 글을 보여주면 도움을 얻을 수 있다. "글쎄, 나는 ( )라고 생각합니다"라는 제3자의 의견을 적극 참고하라.

옆길로 새는 말일지 모르지만 위 문장에서 가장 필수적인 부분은 두 번째 괄호, **어떤** 프로젝트인가를 언급하는 부분이다. 그것은 책인가? 헐리우드의 블록버스터 영화인가? 모던 아트의 실험적인 작품인가? 간단히 말해 '**어떤 장르**'에 해당하는 것인가?'

장르는 중요하다. 만일 당신이 록 앨범을 만들었지만 그 앨범에 수록된 곡들 중 여러 곡이 예수에 관한 곡이라면 사람들은 그 앨범을 기독교의 록 장르에 해당한다고 간주할 것이다. 이게 당신이 의도한 바라면 기막힐 정도로 긍정적이지만 의도했던 바가 아니라면 뭔가를 반드시 바꿔야 한다. 어떤 사람이 역사적으로 유명한 인물을 흥미진진하게 서술한 전기문을 썼다고 가정해보자. 그는 자신의 원고가 퓰리처 상을 받을 만한 책이라고 생각하지만 원고 분량이 고작 126페이지 밖에 안 된다면 전기 장르의 암묵적인 요건을 충족시키지 못한 셈이다.

만일 당신이 미래의 고객들에게 이런 제안을 해본다고 상상해보자. "이 작품은 (A라는 장르)에 (B라는 장르)를 섞고 (C라는 장르)를 조금 더한 것입니다." 그들은 당신의 말을 어떻게 이해할까? 혼란스럽지 않을까? 예를 들어 월스트리트에서 실제로 겪은 내밀한 경험을 소설로 허구화할 수 있다. 그러나 단순히 월스트리트의 실제 경험을 소설화했다는 사실만으로 독자가 두 배로 늘지는 않는다. 즉, 소설을 즐겨 읽는 독자들과 경제경영서를 주로 읽는 독자 모두를 만족시킬 수 없다. 오히려 이것도 저것도 아닌 셈이 되어 독자가 반으로 줄지 모른다. 잘 정의된 두 영역의 기본적인 관습을 드러내놓고 위반했기 때문이다. 미디어가 이 소설에 대해 '헤지펀드 세계 내부에서 벌어지는 진실한 묘사'라고 보도해줄 가능성은 적고, 일반적인 소설 독자들이 당신이 쓴 평범한 줄거리에 흥미를 느끼거나 당신의 글을 명확히 이해하기도 어려울 수 있다.

오해하지 않기 바란다. 작품을 통해 기존 규칙을 깰 수 없다는 말도 아니고 그 규칙을 깨면 절대 안 된다는 말도 아니다. 대담하고 용기 있게 새로운 작품을 만들어내는 일은 중요하지만 각 장르가 가진 기준을 깨는 일이 작업을 더 어렵게 만들 수 있음을 명심할 필요가 있다는 이야기다. 또한 창작 과정뿐만 아니라 패키징, 포지셔닝 등 이 작품의 마케팅 작업 단계에서 분명히 다양한 방식으로 장르 파괴의 대가를 치르게 될 수도 있다. 세스 고딘은 시나리오 작가 브라이언 코플먼Brian Koppelman과의 팟캐스트 토론에서 이렇게 설명했다. "상업적 성공을 거둔 작품들을 살펴보면 모두 하나의 장르에 딱 맞아 떨어진다." 창작의 결과물이 여러 가지 카테고리 중 어디에 해당하는지 파악할 수 있어야 한다. 그리고 크리에이터로서 그 작품이 사람들에게 어떤 역할을 할 수 있을지 탐색할 때 스스로에게 솔직하고 정직해야 한다.

이것이 바로 '한 문장, 한 문단, 한 페이지'라는 훈련을 하는 이유다. 그런 훈련을 해야 작품이 어디에 들어맞을지 알 수 있다. 그리고 자신이 어떤 기대를 하고 있는지와 그 기대를 충족시키기 위해 어떤 노력을 해야 하는지 알게 된다. 불분명한 제안을 했다가 이를 만회하려면 두 배의 노력이 들기도 한다.

이제 옆길에서 빠져나와 본론으로 들어가자.

어떤 장르에 해당되는지, 그리고 무엇을 노력해야 하는지 파악했다면 어떤 결정이 중요하고 또 중요하지 않은지 더욱 명확해진다. 〈아이언맨〉 감독 존 파브로는 한 인터뷰에서 이 영화를 연출하기로 결심하면서 그의 비전이 전적으로 주인공을 맡은 로버트 다우니 주니어에게 달렸다고 생각했다고 말했다. 어차피 다른 배우들 캐스팅이나 영화 촬영 방식, 필요한 장비 등과 관련한 나머지 결정들은 때가 되면 명확해질 테니까. 그는 아마도 이렇게 한마디로 말하지 않았을까? "로버트 다우니 주니어가 아이언맨이죠." 아니, 좀 더 길게 말한다면 이랬을 것 같다. "돈을 엄청나게 쏟아부은 슈퍼 히어로 영화인데, 이 모든 게 아이언맨 역할을 맡은 로버트 다우니 주니어에게 달려 있습니다."

잘 알려진 사실이지만 당시 로버트 다우니 주니어는 약물 중독 상태였고, 그런 그를 캐스팅하는 것에 제작사들은 그다지 탐탁해하지 않았다. 심지어 원작 〈아이언맨〉의 마블 코믹스에서조차도 그를 내켜하지 않았다. 그럼에도 불구하고 파브로는 로버트 다우니 주니어를 고집했고, 그 고집은 영화 역사상 가장 가치 있는 프랜차이즈를 만들어내는 데 일조했다. 크리에이터는 프로젝트의 성패가 어떤 변수에 달려있는지 파악해야 한다. 해당 장르의 관습이 무엇인지 알아야 하고, 무엇을 비틀고 뒤엎으면 위험이 뒤따를지 파악할 수 있어야 한다. 비록 모호한 직감이라고 해도 자신이 무엇을 만들고 무엇을 목표로 하는지 반드시 이해해야 한다. 그렇게 한다면 나머지 사항들은 그에 따라 정렬시킬 수 있다. 그러지 못한다면 자신이 이뤄냈는지 아닌지를 어떻게 알 것인가? 뒤따라 오는 모든 작업들, 영화 포스터 작업에서 마케팅까지 어떻게 하나로 통합할 것인가?

한 문장, 한 문단, 한 페이지로 프로젝트를 정의하는 훈련을 제대로 하려면 몇 번의 시행착오를 피할 수 없다. 지금까지 해온 것을 포기하고 다시 앞으로 돌아가 작품 자체를 개선할 필요가 있을지도 모른다. 이러한 과정에 스스로를 밀어넣음으로써 당신은 자신이 가진 것, 작품의 기능, 사람들이 작품에 관심 가져야 하는 이유를 간단명료하게 설명할 수 있게 된다. 만약 그럴 수 없다면 그 사실은 창작물의 잠재적 생존력이 보잘것없는 수준이고, 당신은 목표 대상에게 그것을 설명할 능력이 부족함을 의미한다.

이 과정에서 가장 중요한 부분은 지금까지 만든 작품과 훈련의 결과물을 비교해보는 것이다. 한 페이지로 정리한 내용이 시나리오를 영화화하도록 해주는 요소를 올바르게 묘사하고 있는가? 당신이 정리한 한 문장의 말이 엘리베이터에 같이 올라탄 투자자의 관심을 끌 수 있을까? 당신은 아마도 당신의 문장을 '끝내준다'라고 생각할지 모르지만, 작품 자체는 그런 기대에 부응하지 않을 수도 있다. 아니면 당신은 한 문장, 한 문단, 한 페이지로 요약해서는 작품의 복잡함과 중요성을 충분히 설명할 수 없다고 생각할 수도 있다. 만약 그런 경우라면 작품을 어떻게 이야기할지 다시 생각해봐야 한다. 작품의 주제를 크리에이터조차 충분히 이해하지 못했다는 뜻이니까.

바로 이 지점에 편집자가 다시 등장해야 한다. 편집자에게 "이것이 제가 목표로 하던 것입니다. 제가 목표에 가까워졌다고 생각하나요? 가고자 하는 곳에 이르려면 제 글(디자인, 음악, 그림 등)을 어떻게 바꿔야 한다고 생각하나요?"라고 물어보라.

크리에이터들은 '의식적으로 멈춰 서서 자신의 목표와 결과물을 비교하는 작업'의 중요성을 너무 자주 망각하기도 하고, '이르고자 하는 목표'와 '목표에 다다랐을 때 실제로 어떻게 보일지'를 분명히 표현하지 못하기도 한다. 한편으로 그들은 이를 즉흥적으로 하기도 한다. 그 결과는 어떨까? 프로젝트가 추구하려던 목표는 그저 슬로건으로 그쳐버리고 만다. 격정적이고 장황하게 작품을 설명하지만 크리에이터 자신 외에 누구도 이해시키지 못한다. 충분한 시간과 노력을 쏟아붓지 않았으면서 자신의 작품을 납득시키려고 애쓰는 사람의 말을 듣는 일은 미치도록 지루하다는 점을 명심하라.

● 누구를 목표로 하는가?

작품의 초기 구상 단계부터 '누구를 위해 만들 것인가'를 생각하는 것은 매우 중요하다. 겨냥하지도 않은 화살이 과녁을 맞추는 법은 없다. 앞에서 한 문장으로 정리했던 것처럼 '목표 대상'에 대해서도 동일한 과정을 거쳐야 한다. 그래야 그들이 원하는 것을 진짜로 만들어냈는지 확인할 수 있다. '누구를 위해 만들 것인가'에 대한 답에 따라 목표 대상을 변경하든 아니면 작품을 변경하든 해서 목표 대상과 작품을 완벽히 일치시켜야 한다.

앞에서 언급한 "이것은 (   )을 하는 (   )이다"라는 문장에서 첫 번째 괄호에 들어갈 말이 목표 대상과 관련 있다. 이 문장을 좀 더 명확하게 바꾸면 이렇게 된다. "이것은 (   )을 위해 (   )을 하는 (   )이다."

나는 몇 년 동안 사람들에게 이 문장의 빈칸을 채워보라고 요청했는데, 잘못된 답들을 적어보자면 책을 몇 권 써도 모자랄 지경이다. 그중에서 특별히 황당했던 답은 다음과 같다.

"모든 사람들"

"알다시피 똑똑한 사람들"

"말콤 글래드웰Malcolm Gladwell의 책을 읽은 사람들"

"나 자신"

이러한 답들의 문제는 모호하거나("똑똑한 사람들") 어이없다("나 자신")는 것뿐만 아니라, 그러한 대상이 아예 **존재하지 않는다**는 점이다. 말콤 글래드웰의 팬들이 함께 모이는 대회 따위는 없다. 그들 모두는 동일한 웹사이트를 조회하지 않는다. 모든 정치인들이 승리를 목적으로 자기 세력을 새로 구축해야 하는 것처럼 크리에이터들은 다른 크리에이터의 목표 대상을 손대지 않고 코를 풀듯이 이어받을 수는 없다. 당신이 무엇을 만들든 '모든 사람을 위한 것'을 목표로 하면 안 된다. 성경조차 모든 사람을 위해 쓰이지 않았다. 혹은 "당신 자신을 위한 것"이라고? 고객이 고작 한 명이고 그조차 당신 자신이라면 과연 당신은 "그래, 나는 만족해"라고 말할 수 있을까?

그래도 이런 답들은 순진한 편에 속한다. '누구를 목표로 하는가'란 질문에 "모르겠습니다. 생각해본 적이 별로 없어요"라는, 가장 흔한 답을 들을 때마다 나는 심각하게 걱정스럽다.

누구에게 접근하고자 하는지 생각해본 적이 한 번도 없다면 당신은 대체 무엇을 생각해봤을까? 당신 역시 공들여 만든 결과물을 사람들이 구매하거나 사용하는 장면을 상상해보지 않았는가? 그런데 어떻게 그들이 누구인지 모를 수 있단 말인가? 다시 말해 목표 대상이 누구인지 우연히 알게 되는 일은 벌어지지 않는다.

사람들의 생각과 달리, '바이럴 콘텐츠viral contents'로 유명한 버즈피드BuzzFeed의 창업자 조나 페레티Jonah Peretti는 버즈피드가 발행하는 모든 기사를 수백만 명의 독자들을 대상으로 쓸 필요는 없다고 말한다. 맞는 말이다. 모든 포스트는 당연히 널리 퍼져야 하지만 목표 대상의 규모에 상관없이 **정확히 그들을 위해서** '바이럴'되어야 한다. 콘텐츠가 생성되는 **동안** 그것이 누구를 위한 것인지 알아야 한다.

수전 케인Susan Cain은 내향성에 대한 책을 쓰면서 내성적인 사람들을 목표로 삼았다. 그들은 일반적으로 타깃이 되는 부류는 아니었기에 책의 포지셔닝 관점, 즉 공급은 부족하고 수요는 높다는 점에서 아주 좋았다. 그의 책《콰이어트: 시끄러운 세상에서 조용히 세상을 움직이는 힘Quiet: The Power of Introverts in a World That Can't Stop Talking》은 200만 부 이상 팔리면서 출판계에 커다란 센세이션을 일으켰고 수많은 교육과정과 리더십 컨설팅으로 이어졌다. 그의 TED 강의는 조회수가 4천만 회를 넘을 정도로 널리 퍼졌다. 그러나 케인이 자신의 책을 브랜딩하거나 정의하는 데 서툴렀다면 어땠을까? 만약 그가 초고에서 내향성이 무엇인지 명확하게 정의하지 않았거나 실용적인 팁과 전략을 전혀 제공하지 않았다면, 그리고 편집자가 별로 이견을 제시하지 않았다면 어땠을까? 그가 지금과 같이 성공했을까?

마찬가지로, 〈레프트 비하인드〉 시리즈는 분명히 기독교인을 위한 작품이다. 영화, 소설, 그래픽노블, 비디오게임, 음반 등 여러 가지로 제작된 이 시리즈는 매우 특별한 메시지를 고객에게 전달한다. 〈홀로코스트Cannibal Holocaust)〉는 극도의 공포를 즐기는 팬을 위한 음침하고 뒤틀린 공포영화다. 교양있는 비평가들이나 일반적인 영화팬들을 위한 것은 분명 아니다. '블루 칼라 코미디 투어The Blue Collar Comedy tour(미국 남부의 유명 코미디언들)', '트리 아미고스 투어The Three Amigos tour(유명 라틴계 코미디언들)', '오리지널 킹스 오브 코미디 투어The Original Kings of Comedy tour(유명 흑인 코미디언들)', '엑시스 오브 에빌 코미디The Axis of Evil Comedy tour(중·동부의 유명 코미디언들)' 등 여러 코미디 투어는 모두 특정 인종과 사회를 겨냥하고 있다.

2009년부터 ABC는 평일 저녁 프로그램 편성에 위와 비슷한 접근방식을 취하고 있다. 특정 시청자 세그먼트를 겨냥한 가족 시트콤 시리즈를 방영하는데, 2009년에 첫 방영된 〈모던 패밀리Mordern Family〉는 새로운 유형의 관계를 보여주는 재혼 가정의 이야기를 다뤘다. 같은 해에 시작한 〈더 미들The Middle〉은 중서부의 노동자 가정을, 〈골드버그 패밀리The Goldbergs(2013년 첫 방영)〉는 1980년대 가족의 삶을 보여줬다. 〈블랙키시Blackish(2014년 첫 방영)〉는 교외에 사는 중산층의 흑인 가정을, 〈프레시 오프 더 보트Fresh Off the Boat(2015년 첫 방영)〉는 플로리다 교외에 사는 아시아 이민 가정의 아메리칸 드림을 이야기했다.

이 프로그램들의 목표 대상이 오직 하나였을까? 절대 그렇지 않다. 제작자들은 크로스오버 효과, 예를 들어 아시아 가정이 아닌 시청자들도 〈프레쉬 오프 더 보트〉에 재미를 느끼는 효과를 기대했다. 하지만 이 프로그램들의 강점은 그간 별로 다뤄지지 않았던 소수 집단을 겨냥했다는 점에서 찾을 수 있다.

내 첫 번째 책《나를 믿어라, 나는 거짓을 말한다Trust Me, I'm Lying》의 경우에는 미디어업계 종사자들, 홍보 담당자들, 소셜미디어 기업의 신세대 직원들을 특별히 목표 대상으로 삼았다. 나는 출판 제안서에 이런 점을 정확하게 적었다.

소셜미디어 업계는 가장 '핫하게' 성장하는 경제 부문 중 하나다. 이 업계의 인력은 배울 수 있는 정보는 무엇이든 먹어치운다. 젊은 직원들은 소셜미디어가 이제 시작하는 산업이라서 이 산업이 정말로 잘 나갈지 아직 알아차리지 못했다. 장황하고 쓸모없는 책들, 미디어 비평가들, '바보들을 위한 무슨무슨' 같은 입문서들과는 근본적으로 다른,《잘 나가던 한 미디어 종사자의 고백Cofessions of a Media Hit Man》'은 소셜미디어라는 거친 세계를 마스터할 수 있는 교육 매뉴얼일 뿐만 아니라, 개인적으로 그 세계를 경험했던 사람이 전하는 여러 가지 위험에 대한 진실한 경고다. 계획대로 마케팅을 잘 진행한다면《잘 나가던 한 미디어 종사자의 고백》은 광고 및 PR산업의 바이블로 통하고 출간된 지 50년을 넘어 지금까지 총 100만 권 이상 팔린, 데이비드 오길비David Ogilvy의《어느 광고인의 고백Cofessions of an Advertising Man》과 마찬가지로 새로운 세대의 직장인들을 고무시킬 것이다.

이 책의 제목이 나중에 《나를 믿어라, 나는 거짓을 말한다》로 바뀐 것인데, 고백하자면 나는 이 거창하기만 한 주장을 모두 담아내려고 1년이 넘도록 원고를 고쳐 썼다. 하지만 처음에 설정한 목표 대상은 바뀌지 않았다. 나는 그 타깃을 명중시키기 위해 심혈을 기울였고, 이는 처음부터 목표 대상을 정확히 설정했기 때문에 가능한 일이었다.

누구를 위해 작품을 만드는지 당신은 분명하게 말할 수 있어야 한다. 무엇을 겨냥하는지 알아야 한다. 그렇지 않으면 놓쳐버리고 만다. 타깃을 알아야 프로젝트를 그들에게 적합하도록 포지셔닝하는 단계로 넘어갈 수 있다. 또한 그래야만 그들이 사지 않고는 못 배길 정도로 아주 '끝내주는 것'이 될 때까지 작품을 편집하고 개선시킬 수 있다. 그런 다음 목표 대상이 어디에 있는지 발견하는 것, 그들에게 다가가는 최상의 방법을 규명하는 것은 마케팅의 몫으로 남는다.

● 타깃이 크면 더 좋을까?

크리에이터들을 굳이 둘로 나눠보면, 한쪽은 완전한 경쟁우위와 스타덤을 꿈꾸는 부류이고 다른 한쪽은 인기를 경멸하는 힙스터적인 부류다. 나는 극단적인 이 두 가지 태도 모두 바보 같다고 생각한다.

인기는 동심원들의 집합이다. 하나의 제품이 타집단에게는 극단적으로 다른 것을 의미한다고 해도 마찬가지다. 하나의 커다란 대상 속에는 그보다 작은 대상들이 여럿 포함되어 있다. 예를 들어, 뉴욕에 거주하고 헤비메탈을 좋아하는 젊은 남성들은 록 음악을 듣는 사람들이 속한 집합의 부분집합이다. 주부 집합이 재택근무를 하는 주부 집합을 포함하는 것과 다르지 않다.

한번은 저스틴스 피넛 버터Justin's Peanut Butter 창립자와 함께 왜 '크런치 땅콩버터' 대신에 '크림 땅콩버터'로 시작했는가를 주제로 이야기를 나눈 적이 있다. 그의 대답은 인상적이었다. 그는 여러 번의 테스트를 통해 크런치 땅콩버터를 좋아하는 사람들은 크림 땅콩버터를 별로 싫어하지 않지만, 크림 땅콩버터를 좋아하는 사람들은 크런치 땅콩버터를 **전혀 즐기지 않는다**는 사실을 발견했다. 그는 크림 땅콩버터로 창업함으로써 두 대상에 모두 접근할 수 있었고, 나중에 다른 시장으로 확장할 잠재력을 확보할 수 있었다. 만약 그가 크런치 땅콩버터로 시작했다면 그다지 승산이 없었을 것이다.

일반적으로 목표 대상은 작고 명확히 정의된 집단으로 접근하는 것이 크리에이터에게는 더 용이하다. 작은 집단을 열광시키면 '밖으로, 위로' 전파될 수 있는 기회들이 많이 생겨난다. 예를 들어 당신 작품의 열성팬들이라면 자신들과 취향이 비슷한 사람들에게 당신의 작품을 추천할 수도 있다. 여기에서 **목표 대상**에게 우선적으로 서비스하되 다른 대상을 배제시키지 않는 것이 핵심이다. 그래야

원의 중심에서 바깥쪽으로 작품이 뻗어나갈 수 있다.

레이디 가가는 자신의 목소리와 외모에 공들였을 뿐만 아니라 게이 바, 클럽, 뉴욕과 샌프란시스코의 여러 '벌레스크 쇼burlesque show'에서 자신의 팬 기반을 구축하려고 엄청난 노력을 기울였다. 이를 통해 그는 연기와 노래, 춤, 패션 감각을 익혔고 마침내 세계적인 팝스타가 될 수 있었다. 레이디 가가가 데뷔하기 전에 나온 말이지만 〈섹스 앤 더 시티〉의 유명한 대사는 그의 궤적을 정확히 표현한다. "처음에는 게이들이 왔다. 그 다음엔 여자들이 오고 산업 전체가 왔지."

엄청난 인기를 구가하는 예술가들은 자신들만의 방식으로 이러한 경로를 따랐다. 어쨌든 당신은 어딘가에서 자신의 경로를 만들기 시작해야 한다. 이 말의 의미는 이렇다. '누가 이 책의 초판 1,000권을 살 것인가?' '누가 처음으로 내 일정을 예약할 것인가?' '누가 우리의 초도 생산분을 구입할 것인가?'

그 수는 제품의 카테고리가 무엇이냐에 따라, 어떤 틈새를 공략하느냐에 따라 다르다. 하지만 몇 가지 경험법칙이 있다. 책의 경우 걸출한 출판업자인 숀 코인Shawn Coyne, 로버트 맥키, 존 크라카우어Jon Krakauer, 마이클 코넬리Michael Connelly는 벤치마킹 수단으로 '1만 명의 독자'라는 기준을 즐겨 사용한다. 자신들의 경험상 1만 명 이상의 독자를 확보해야 책이 성공적으로 팔리고 그 속에 담긴 아이디어로 사람들을 사로잡는다고 했다.

유명한 음악 기획자이자 나중에 영화 프로듀서가 된 제리 와인트라우브Jerry Weintraub는 자신의 회고록《내가 말을 멈추면 죽은 거야When I Stop Talking, You'll Know I'm Dead》에서 적절한 사례를 든다. 한번은 그가 '엘비스Elvis presley와 함께 소프트볼 게임을'이란 이벤트를 진행하기 위해 양키스 구단주에게 스타디움을 임대해달라고 부탁했다. 경기장이 쉬는 날에 양키스 구단주는 와인트라우브를 스타디움으로 데리고 나가 빈 좌석들을 바라보게 했다. 빈자리 하나 하나는 마케팅을 하고, 판매를 하고, 서비스를 해야 하는 사람 한 명 한 한 명을 의미했다. 그것은 중요한 교훈이었다. 그는 "아이디어를 고려할 때마다 나는 양키스 스타디움의 2루에 서서 관중석을 바라보는 상상을 한다. 내가 저 많은 티켓을 팔 수 있을까? 절반이라도? 아니면 두 배 이상?"이라고 말했다. 기억하라. 무작정 '많이'라고 말해서는 안 된다.

마음 속에 구체적인 숫자를 지니면 목표 대상이 원할 만한 것을 훨씬 쉽게 설정할 수 있고 공감할 수 있다. 더 중요한 것은 그들이 바라는 것을 예상하기 수월해져서 당신의 창작품으로 그들을 끌어 당길 수 있다는 점이다.

이와 관련해 내가 얻은 귀중한 교훈은 로버트 그린의 연구조수로 일할 때 느낀 것이었다. 그가 자신의 글에 사용할 만한 이야깃거리를 찾아달라고 부탁했을 때 나는 괜찮아 보이는 몇 개의 대안을 가지고 갔다. 그는 내가 몇 주 동안 수집한 자료를 모두 훑어보고 나서 이렇게 말했다. "라이언, 자네가 찾은 이야기는 모두 19세기 백인 친구들 것이군." 그는 다양한 사례를 자기 책에 언급함으로써 소외받는 독자들이 없기를 바랐다. 나는 그가 자신의 책《마스터리의 법칙Mastery》에 담을 여러 명의 '달인master'을 선정할 때 얼마나 조심스러웠는지 똑똑히 기억한다. 그의 책에 담을 달인들은 전투기 조종사, 권투 코치, 로봇 발명가, 수상경력의 예술가 등 서로 직업이 달라야 했고, 다양한 배경, 성별, 문화를 가져야 했다. 그는 자신의 책에서 **모든 독자들이 각자 본인과 관련지을 수 있는** 달인을 찾기를 바랐다. 즉, 독자들이 책 속에서 자기 자신을 발견하기를 원했다. 또한 자신의 친구, 가족, 동료의 모습도 책에서 마주치기를 바랐다. 그래야 그들이 친구, 가족, 동료에게 그 책을 추천할 테니까.

당신은 작품 속에 목표 대상이 머물며 서로 관계 맺을 공간을 마련해야 한다. 크리에이터인 당신 자신을 위한 공간만 만드는 함정에 빠지면 안 된다. 당신은 당신 작품을 구입하는 사람이 아니다. 이를 명심하라. 다양성을 추구하고자 한 로버트의 고집은 공정함과 관용이라는 참다운 의미에서만 비롯되지 않았다. 거기에는 천재적인 비즈니스 논리도 있었다. 각양각색의 달인은 책의 타깃 독자들에게 새로운 커뮤니티로 인도하는 일종의 통로였다. 이것이야말로 바로 집필 및 편집 단계에서 직접적으로 구축한 '마케팅 자산', 아니 '사전 마케팅 자산'이다.

이런 목표 대상의 확장성을 고려하기 위한 가장 좋은 시기는 바로 작품을 제작하는 바로 그때다. 하지만 미처 고려하지 못했다면 바로 지금이 적기다. 당신의 창작품이 1차적 목표 대상과 연관된 기능, 장면, 재료 등을 정말로 가지고 있는가? 잠재적 목표 대상에 대해서는 어떤가? 또한 그 목표 대상의 잠재적 목표 대상은? 만약 이런 질문을 던진 적이 없다면 지금 당장 던져보라. 그러지 않으면 당신은 신의 가호가 있기를 바리야 한다.

● 포지셔닝, 패키징 그리고 피칭

얼마 전까지만 해도 사람들은 **누가** 작품을 만드는지 관심 가지곤했다. 어떤 스튜디오가 영화를 제작하고, 어떤 출판사가 책을 출판하고, 어떤 음반사가 앨범을 발매하는지를 중요하게 여겼다. 데스로우 레코즈Death Row Records와 계약을 했다든지 MGM 영화사로부터 캐스팅됐다든지 하는 말들이 그런 생각을 보여준다. 과거에는 이러한 명성의 힘이 마케팅의 부담을 일부 덜어줬다. 하지만 시간이 흐르면서 생산 비용이 급격하게 하락함에 따라 책을 쓰거나 음악을 만들고, 단편영화를 제작하거나 회사를 창업할 수 있는 사람의 수가 급증했다. 여기에서 좋은 소식은 이런 '생산의 민주화'가 당신과 나에게 큰 기회를 선사했다는 점이다. 하지만 그 같은 기회가 수많은 사람들에게 부여됐다는 면에서 보면 나쁜 소식이기도 하다.

요즘은 주목받을 기회라도 얻으려면 당신의 프로젝트가 다른 사람들의 것만큼, 아니 그보다 훨씬 좋아 보여야 한다. 그러기 위해서 당신은 세 가지 결정적 요소에 집중해야 한다. 바로 포지셔닝positioning, 패키징packaging, 피칭pitching이다.

먼저 포지셔닝은 '당신의 프로젝트가 무엇인가'와 '누구를 위한 것인가'를 말한다. 패키징은 '그것을 무엇으로 보이게 만드는가'와 '어떤 이름으로 부르는가'를 의미한다. 피칭은 곧 판매로서 '프로젝트를 어떻게 묘사하는가'와 '목표 대상에게 무엇을 제공하는가'를 말한다.

세 가지 모두 필수적인 요소이고 이들은 각각 서로 맞물려 돌아가야 한다. 만일 이 세 가지가 적절하게 이뤄진다면 당신의 작품은 세상을 향해 이렇게 소리칠 것이다. "나를 선택하세요! 지금 당장!" 반대로 세 가지 요소가 아무 생각없이 계획되어 진행된다면 당신의 작품은 그저 "블라블라" 같은 의미 없는 말을 하는 데 그친다. 아니면 그보다 못할 경우 "신경 끄세요. 나를 만든 크리에이터는 당신이 왜 나를 신경써야 하는지 충분히 생각하지 않아요. 나는 다른 물건들과 다를 게 없습니다."

사람들에게 "나는 아무나 무작위로 만들어낸 물건이다" 같은 느낌을 주는 창작물이라면 답이 없다. 팔고 싶은 물건이라면 반드시 현존하는 **최상의** 물건만큼, 아니 그보다 훨씬 더 좋게 보여야 한다. 당신보다 먼저 물건을 내놓은 사람들, 즉 당신과 경쟁할 사람들이 있기 때문이다. 새로 출시되는 TV프로그램은 언제든지 원하면 볼 수 있는 〈브레이킹 배드〉와 〈사인필드〉, 〈더 와이어〉와 경쟁하게 된다. 신간 도서는 호메로스, 존 그리샴John Grisham과 경쟁한다. 당신이 만든 게임은 '앵그리 버드'나 친구와의 잡담뿐만 아니라 사람들이 즐기는 모든 오락거리와 경쟁한다. 그러니 기억해야 한다. 그런 프로젝트의 크리에이터들도 최선을 다해 작품에 관련된 모든 것들, 상자, 벽보, 로고, 이름 등에 완벽을 기했다는 사실을!

구글 맵 제작을 담당한 책임 엔지니어 브렛 타일러^{Bret Taylor}는 경쟁을 뚫고 나아가는 일이 뛰어난 제품을 만드는 일보다 훨씬 어렵다고 털어놓는다. "아마 10배는 족히 힘들 걸요? 하지만 고객들은 당신이 더 낫다는 사실이 왜 중요한지 이해하지 못할 겁니다." 고객들에게 어떻게 이해를 바랄 수 있겠는가? '당신이 누구이고 어떤 사람인지를 간명하게 설명하는 것'과 '당신의 가치 제안이 매우 매력적이고 필수적임을 **보여주는** 것'이 중요한 이유가 여기에 있다.

선반 위에 끝없이 펼쳐진 수많은 제품들에는 주변의 영향을 받는 '가용성 편향'이 존재하지 않는다. 이 말은 목표 대상이 너무 바쁜 나머지 이걸 살지 **저걸** 살지 눈 깜짝할 사이에 결정을 내린다는 의미다. 예를 들면 면접 상황에서 당신 자신을 어떻게 표현하느냐 하는 것은 당신이 선택되느냐 무시당하느냐에 엄청난 영향을 미친다. 면접관에게 당신이 더 낫다는 점을 어떻게 알릴까? 다른 면접자들과 당신을 무엇으로 구별시킬까? 그런 표현 방법들이 바로 당신 제품의 얼굴이자 이름표다.

이것을 잘 하느냐 못 하느냐의 차이는 엄청나다. 똑같은 기사여도 헤드라인에 따라 조회수가 10배 이상 차이 날 수 있다. 하나는 눈에 띄지만 다른 하나는 묻히고 만다. 누군가는 "표지를 보고 책을 판단할 수는 없다"라고 하는데 터무니없는 소리다. 표지로도 책을 판단할 수 있다. **그것이 책에 표지가 있는 이유이니까.** 표지는 매대에 함께 놓인 수많은 다른 책들을 제치고 사람들이 그 책에 다가서도록 디자인돼야 한다.

목표 대상의 마음을 잡아끌려면 크리에이터는 창작 과정에 들인 노력만큼 포지셔닝과 패키징에 공력을 쏟아야 한다. 그래야 성공을 거머쥘 수 있다.

그렇게 하려면 어느 정도 시간과 비용이 들지 모르지만 긴 안목으로 보면 그럴만한 가치가 충분히 있다. 스티브 잡스가 애플에서 쫓겨난 다음 넥스트NeXT라는 회사를 창업했을 때, 그는 세계에서 가장 뛰어난 디자이너에게 로고 제작을 의뢰하면서 10만 달러 가량의 돈을 지출했다. 마리사 메이어Marissa Mayer가 구글의 제품 책임자로 근무할 때, 그는 41개나 되는 파란색 색조를 테스트한 적이 있다. 사용자들이 어떤 파란색일 때 가장 많이 반응하는지 보기 위해서였는데, 구글이란 거대기업에게 그 미세한 차이는 매우 중요했다. 내 고객인 팀 페리스Tim Ferriss는 책 제목, 표지 디자인, 챕터 제목 등 모든 것을 철저하게 테스트하느라 엄청난 시간을 쏟았다. 그런 노력 끝에 자신의 첫 번째 책《나는 4시간만 일한다The 4-Hour Workweek》를 출간했고, 이 책은 엄청난 베스트셀러가 됐다. 또한 그 후에《포 아워 바디The 4-Hour Body》,《포 아워 셰프The 4-Hour Chef》 등 후속작을 통해 '4-Hour'라는 브랜드를 완벽하게 구축했다. 당신이 만약 출간을 준비 중이라면 뛰어난 취향과 전문성을 지닌 친구들에게 여러 개의 표지 시안을 보여주고 투표해달라고 요청해보라. 그런 과정을 통해 어떤 것이 반응을 이끌어내고 어떤 것이 그렇지 못한지에 대한 감각을 키울 수 있다. 나의 또 다른 고객인 닐 스트라우스Neil Strauss는 거의 1년 동안 자신의 책 제목을 《게임 오버》로 할지 아니면 《진실》로 할지 고민에 고민을 거듭했다. 둘 다 장단점이 있었는데, 그는 무엇이 좋은지 알려면 시간과 머리를 써야 한다고 생각했다. 나는 머리 끝까지 화가 나서 이렇게 소리쳤던 것을 기억한다. "닐, **그냥 골라요!**" 그러나 이런 고민 덕에 그는 수백만 부를 팔아치운 베스트셀러 작가가 되었다.

하지만 대부분은 이와 반대로 한다. 나는 파이버fiverr.com를 이용해 디자인 작업을 수행하거나(5달러밖에 안 든다) 친구 혹은 지인에게 몇 달러를 주고 웹사이트를 만들어달라고 부탁하는 크리에이터들을 자주 보곤 한다. 그렇게 진행되는 프로젝트를 볼 때마다 몹시 **민망해진다.** 지름길을 택했거나 안일하게 생각한 것이 분명하기 때문이다. 이런 경우 "'왜 그런 이름을 선택했나요?' '제 딸이 좋아해서요.' '이 표지를 얼마나 좋아하나요?' '뭐, 이 정도면 충분하잖아요.' '이 부분의 디자인은 복잡하네요.' '알아요. 하지만 나중에 고칠 겁니다.'" 같은 문답이 뻔하게 그려진다. 물론 선택은 자유지만 그런 선택과 결정은 오래 살아남을 작품을 지향한다기보다 부업에 더 가깝다. 전문가가 자신의 작품을 대하는 자세는 분명 아니다.

외양은 중요하다. 하지만 일부에 지나지 않는다. 나는 크리에이터들에게 《마케팅 불변의 법칙The 22 Immutable Laws of Marketing》이란 책을 읽어보라고 권한다. 고전의 반열에 오른 이 마케팅 책이 말하는 법칙 중 처음 일곱 가지는 포지셔닝과 패키징의 기술을 다루고 있다. 브랜딩이나 스타일이 아니라 좀 더 심오하고 좀 더 광범위한 것을 말이다. 예를 들어 '마케팅 제2 법칙'은 카테고리 설정의 기술에 관한 것이다. "어떤 카테고리에서 1등이 될 수 없다면 1등이 될 수 있는 새로운 카테고리를 창조하라."

'채러티:워터Charity:water'는 이런 면에서 탁월한 능력을 발휘하는 비영리조직이다. 이 단체의 특이한 이름과 조직 구조는 사람들의 관심을 불러일으키고, 기부금을 모금하는 데 적잖은 도움이 되고 있다. '채러티:워터'는 마케팅 제2 법칙에 입각해 자신들만의 자선 카테고리, 즉 모든 기부금은 그 돈을 필요로 하는 사람들에게 직접 전달한다는 카테고리를 새로 만들어냈다. 이 단체는 조직 구조를 두 개의 팀으로 나누었는데, 하나는 개발도상국의 우물 개발 사업 팀이고 다른 하나는 그외 자선활동에 필요한 행정비용을 관리하는 팀이다. 이 두 팀은 완전히 별개로 운영된다. 이 단체는 현명한 포지셔닝 전략을 구사함으로써 개발도상국의 우물 개발에 모금된 기부금은 100퍼센트 우물 개발에 사용된다고 밝혔다. 이것이 대부분의 다른 자선단체들과 달리 조직 구조를 차별화한 이유다. 따지고 보면 '채러티:워터'는 다른 자선단체와 동일한 규모의 비용을 지출한다. 차이가 있다면 은행 계좌를 인위적으로 분리했다는 점이다. 하지만 초기부터 이런 차별점을 구축하여 널리 알림으로써 두각을 나타냈다. '기부금은 전부 그 돈을 필요로 하는 사람들을 위해 쓰인다'라는 것이 채러티:워터의 **전부다**!

포지셔닝은 단순히 페이지 위에서 단어를 이리저리 움직이는 것이 아니다. 행동으로 나타나거나 제품 혹은 조직의 구조적 변화를 일으킬 수 있어야 한다. 또한 사람들의 관심을 끌고 두각을 나타내 도록 '시장 적합성market fit'을 확보하는 단계로 이어져야 한다.

하지만 크리에이터가 용기를 가지고 포지셔닝에 본인의 창조적 에너지를 쏟아붓지 않는다면 몇 년에 걸쳐 작품을 만들어내고는 단 한 시간만에 설명서를 써낸다든지, 디자인팀이 보내온 몇 가지 '시 안'을 대충 살펴보고 승인하고 말 것이다. 또한 수백 명의 스태프들 과 함께 수개월 동안 영화를 만들고서는 고작 한나절 만에 영화 포 스터를 혼자서 뚝딱 승인해버릴지도 모른다. 엄청 많은 잠재 관객 들이 영화보다 포스터를 먼저 접한다는 점에서 볼 때, 이것은 우선 순위를 망각하는 이상한 결정이다. 아마존의 책 소개 페이지, 상점 에 진열된 500달러짜리 제품도 마찬가지다.

대단한 제품이라고 해도 패키징이 뛰어나야 폭발적인 반응을 불 러일으킨다. 예를 들어, J. D. 샐린저의 《호밀판의 파수꾼》은 처음 양장본으로 출간됐을 때도 그럭저럭 잘 팔리긴 했지만 페이퍼백으 로 나오고 나서야 125만 부 이상 팔렸다. 이유가 뭘까? 아마도 제 임스 아바티James Avati가 디자인한 도발적인 표지 때문이 아니었을 까? 표지의 그림은 주인공 홀든 콜필드가 스트립 클럽이 있는 거리 를 걸어가는 장면인데 오른쪽 아래에 이런 홍보 문구가 적혀 있다. "이 독특한 책은 당신을 충격에 빠뜨릴지 모른다. 당신을 웃기고, 당 신을 비통하게 만들 것이다. 당신은 절대 이 책을 잊지 못한다!" 아 이러니하게도 이 책에 대한 오늘날의 문학적 평가는 당시의 엄청난 대중적 인기 덕분이기도 하다. 샐린저가 그 표지를 싫어해서 결국 자신이 직접 표지를 다시 디자인했다는 점도 재미있는 사실이다.

반면 잘못된 패키징은 훌륭한 프로젝트를 몰락시키거나 패키징이 잘 됐더라면 열광했을 팬들의 접근을 아예 차단해버릴 수 있다. 어떤 집단을 타깃으로 하면서 스타일과 외양 측면에서 당신의 브랜딩이 그들의 기대에 반한다면 어떨지 상상해보라. 이것이 바로 현재 10억 달러의 자금을 관리하는 스타트업 웰스프론트Wealthfront가 원래의 회사명이었던 '카칭KaChing'을 버린 이유다. 영화 〈프리티 우먼〉의 원래 제목은 〈3,000〉이었는데 사운드트랙에 있는 로이 오비슨Roy Orbison의 노래, '오, 프리티 우먼Oh, Pretty Woman'과 일치시키기 위해 제목을 변경했다. 톰 크루즈가 주연인 영화 〈엣지 오브 투모로우Edge of Tomorrow〉는 가정용 비디오로 출시되면서 〈살다. 죽다. 반복되다Live. Die. Repeat〉라는 제목으로 바뀌었다. 이 제목이 원래의 제목보다 영화 속에 담긴 메시지를 더 잘 반영한다는 사실을 제작사가 뒤늦게 발견했기 때문이었다.

프로젝트 도중에 이름을 변경하고 새로운 디자인 회사를 찾아 작업하는 일은 쉽지 않다. 하지만 나중에 후회하느니 지금 고통스러운 게 훨씬 낫다. 엄청난 노력을 기울인다고 해도 마케팅이 결코 순탄하지 않을 것이기 때문이다.

누군가 파티에서 당신의 책, 영화, 레스토랑, 캠페인, 선거 출마에 대해 어떻게 언급할지 상상해보라. 누군가가 단 140자로 다른 이에게 그것을 설명하려 한다고 가정해보라. 그 사람은 어떻게 말할까?

그 사람은 그런 말을 하며 혹시 스스로를 바보 같다고 여기진 않을까? '그것은 (　　)을 위해 (　　)을 하는 (　　)이다.' 당신은 가능한 한 쉽고 흥미를 불러일으키는 말로 이 빈칸들을 채워놓았는가? 빈칸의 말을 채우기 위해 얼마나 힘든 과정을 거쳤는가?

지금까지의 모든 것은 패키징과 포지셔닝에 이어 필수적인 단계, **피칭**으로 이어진다. 즉 '팔고자 하는 것은 무엇인가?' '그것은 어떤 것이고 왜 관심을 가져야 하는지 사람들에게 어떻게 이야기할 것인가?'라는 질문에 답하는 작업이다.

영화 〈펄프 픽션〉과 〈갱스 오브 뉴욕〉을 제작한 하비 와인스타인Harvey Weinstein이 〈전쟁의 안개The Fog of War〉 등 뛰어난 다큐멘터리 영화를 감독한 에롤 모리스Errol Morris에게 쓴 악명 높은 편지가 있다. 모리스는 한 인터뷰 자리에서 자신의 초기 영화 중 하나인 〈가늘고 푸른 선The Thin Blue Line〉을 제대로 설명하지 못했다. 이 영화의 배급사인 미라맥스의 대표였던 와인스타인은 모리스를 책망하는 편지를 썼다.

한 문장으로 짧게 답하게나. 법률용어처럼 난해한 말은 하지 말게. 영화라는 관점으로 이야기하고 감정적인 측면으로 관객들을 사로잡을 효과에 대해 이야기하게나. 그렇게 계속 지루하게 말할 거라면 나는 자네, 에롤 모리스를 연기할 배우를 고용할 생각이네. 짧게 말하고 영화를 홍보하게. 그러는 게 자네와 자네 경력, 회사에 도움이 될 테니까.

와인스타인의 말을 정리하면, 에롤 모리스가 훌륭한 작품을 만들었다고 해도 타인에게 그 훌륭한 점을 제대로 전달하지 못하면 영화는 성공하지 못할 거라는 뜻이다. 모리스는 미디어와 비평가들, 그리고 모든 '게이트 키퍼'들에게 왜 그들이 이 영화에 관심을 가져야 하는지 설명해야 했다. 그래야 대중이 이 영화에 대한 소식을 알게 될 테고 관심을 갖게 될 테니까. 와인스타인은 모리스를 돕기 위해 다음과 같이 제안했다.

Q: 무엇에 대한 영화입니까?

A: 이 영화는 부당함을 추적하는 미스터리입니다. 〈나이트메어〉보다 무서운 영화죠. 〈환상특급〉으로 떠나는 여행이기도 합니다. 사람들은 우스갯소리로 이 영화를 〈인 콜드 블러드〉에 비유하더군요.

내가 앞에서 '한 문장, 한 문단, 한 페이지'로 요약하라고 당신을 채근했던 이유는 당신 스스로 명확해지기를 바랐기 때문만은 아니다. 이 책의 3부에 이르면 당신은 흥미롭고 강렬한 방법으로 **이 프로젝트가 무엇인지**를 다른 사람들에게 설명해야 한다. 기자들, 장래의 바이어나 투자자들, 출판업자들 그리고 당신의 팬들에게 다음을 이야기할 수 있어야 한다.

• 이것은 누구를 위한 것인가?

- 이것이 그들에게 무엇을 해줄 것인가?

- 이것은 누구를 위한 것이 아닌가?

- 이것은 왜 특별한가?

- 사람들이 왜 이것에 관심을 가져야 하는가?

'한 문장, 한 문단' 요약은 사람들에게 알릴 목적으로 변형될 수 있다. 15초 동안 중요한 사람의 관심을 끌어내는, 문자 그대로 '엘리베이터 피칭elevator pitching'이 가능해진다. 이 요약을 항상 머리 속에 지니고 있으면 작품에 대해 대략적인 설명은 어느 정도 잘 해낼 수 있다. "그것은 (   )에 대한 책입니다." "나는 (   )에 대한 영화 시나리오를 쓰고 있습니다." 그런데 엘리베이터 안에서 실제로 누군가에게 피칭을 하게 된다면 (   )이 무엇인지, 그것을 위한 시장이 왜 존재하는지, 사람들이 왜 그것을 읽어야 하는지 설명해야 할 수도 있다. 예를 들어, '스토아 철학'에 관한 내 책의 경우라면 "마르쿠스 아우렐리우스Marcus Aurelius 황제가 사람들에게 장애물을 극복하고 **장애물을 통해 성장**하는 법을 가르치기 위한 고전적 접근방식에 관한 책"이라고 설명할 수 있다. 만약 누군가가 레스토랑을 개점한다면 그는 "미국의 관습에 대한 새로운 제안이고, 점심용 샌드위치든 늦은 저녁식사든, 숙취를 풀기 위한 친구들과의 아침식사든 너무 오랫동안 일상적인 식사를 즐길 장소가 부족했던 지역주민들을 위한 완벽한 레스토랑" 정도로 피칭할 수 있어야 한다.

이 다섯 가지 질문에 서둘러 답할 필요는 없지만 '이 정도면 충분히 좋아'라고 타협해서도 안 된다. 아마 당신도 직감에 따라 질문에 답하려고 할 것이다. 투자자, 출판관계자, 직원, 가족, 친구가 속히 작품 제작을 완료하고 세상에 내놓으라며 당신을 압박할지 모른다. 그들은 당신에게 단 한 번의 기회밖에 없다는 것을 알지 못한다. 지금 대충 타협하고 나중에 마케팅을 통해 바로잡겠다는 생각은 옳지 않다. 위의 다섯 가지 **질문 자체가 마케팅임**을 명심하라.

말하자면 당신은 기꺼이 완벽주의자가 돼야 한다. "아뇨, 저는 답이 무엇인지 알기 전에는 여기에서 한 발자국도 움직이지 않을 겁니다"라고 말해야 한다. 작품에 대한 전제와 피칭이 잘못되면, 제품의 품질과 마케팅의 강점 등은 아무런 소용이 없다.

● 왜 그것을 하는가?

당신에게 진정으로 동기를 불어넣는 것은 무엇인가? 이 프로젝트를 통해 당신이 달성하고자 하는 바는 무엇인가? 이제 그 답이 명확해져야 할 때다. "나는 (   ) 때문에 (   )을 위해 (   )을 하는 (   )을 만들고 있다."

그 '이유'를 공개할 필요는 없다. 하지만 당신이 목표를 스스로 정의할 수 없다면, 어떻게 그것을 달성했는지를 알 수 있을까? 목표 달성이 위협받거나 어려운 상황에서 어떻게 의사결정해야 하는지 알 수 있을까? 당신의 신경을 분산시키는 재밋거리를 거부할 방법을 당신은 어떻게 알까? 계획이 기대한 대로 실현되지 않는다고 해도 당신의 모든 노력이 가치 있고 숭고하다는 것을 어찌 알 수 있을까?

예를 들어 이런 식으로 '왜'를 설정해야 한다.

나는 무관심 속에서 매년 우울증으로 고통받는 수백만 미국인에 관한 책을 쓰고 있다. 내가 한 사람의 생명을 구할 수 있다면 이 모든 작업이 가치 있을 것이기 때문이다. / 나는 10대 청소년들이 창문을 닫고 라디오를 켜도록 만들 만한 여름 노래를 작곡하고 있다. 왜냐하면 나는 그런 노래를 통해 사람들이 어떤 감성을 함께 공유하기를 원하기 때문이다. / 나는 여성들이 임신 기간을 모니터할 수 있는 앱을 개발 중이다. 내가 임신했을 때는 그런 앱이 없었기 때문이고, 만약 있었더라면 비싸더라도 구매했을 것이기 때문이다. / 나는 이 세상이 진짜로 무엇을 좋아하는지 포착하고 있는 '포커poker 열풍'에 관한 영화 시나리오를 쓰고 있다. 왜냐하면 모든 사람들이 못 본 척했던 엄청난 현장이고, 나는 사람들이 그것을 좋아하리라는 것을 알기 때문이다.

화성에 도시 건설을 목표로 여러 가지 실험을 진행 중인 일론 머스크는 자신의 미션이 인류를 화성으로 보내는 것임을 잘 알고 있다. 그는 인류의 미래가 그곳에 있다고 믿는다. 당신에겐 그 정도로 확실한 믿음이 있는가?

'왜 그것을 하는가'에 대한 몇몇 답들은 진지하고, 또 몇몇은 이기적이거나 사소해 보인다. 이를테면 "아무도 예전엔 이것을 해내지 못했습니다. 그래서 저는 시도하고 싶습니다"라는 답처럼. 하지만 무엇이 됐든 목적과 **목표**를 분명하게 구체화하는 것은 필수다.

나 역시 내 첫 책《나를 믿어라, 나는 거짓을 말한다》를 위해 세웠던 명확한 미션이 있었다. 당시 나는 스스로에게 이렇게 말했다. '나는 뉴스기사를 믿거나 미디어를 통해 무엇인가를 마케팅하려는 사람들을 놀라게 만들고 오싹하게 할, 미디어 시스템의 어둠을 폭로하는 책을 쓰고 있다. 이 세상에 그런 책을 쓸 수 있는 사람은 내가 유일하고 세상 사람들은 장막 뒤에서 벌어지는 일을 알 필요가 있다.' 나는 나중이 아니라 바로 '지금' 그 책을 쓰고 있음을 의식적으로 나 자신에게 일깨웠다. 또한 작가로서의 경력을 시작하는 데 적합한 책이었기 때문이었다. 앞으로 더 많은 책을 쓰겠지만 그 책이야말로 바로 직전에 쌓은 전문성을 가장 잘 담아낼 수 있었고 상업적 성공의 기회도 가장 컸다. 그 세계에 대해 내가 아는 비밀들이 가슴을 짓눌렀기에 그런 압박을 해소해버리고도 싶었다. 마음의 부담을 털어내기에 가장 좋은 타이밍이라고 나는 믿었다.

목표는 사람마다 다르다. 그러나 당신의 목표가 무엇이든 간에 반드시 명확하게 표현되고 정의되고 수립돼야 한다. 그리고 그것이 명확해지면 마지막으로 당신이 해야 할 것이 하나 있다. 바로 다른 목표들을 의도적으로 던져버리는 것이다. 예를 들어 당신의 목표가 타깃이 명확한 영원불멸의 작품을 만들어내는 것이라면, 그 작품이

유행에 좌지우지되고 일시적인 것이기를 바라서는 안 된다. 당신의 목표가 학대받는 집단을 사심없이 돕고자 하는 데 있다면 엄청난 보상을 기대해서는 안 된다. 과거에 수많은 사람들이 실패를 거듭했던, 믿을 수 없을 정도로 난해한 일을 맡아 하기로 결심했다면, 저글링하듯이 동시에 5개의 프로젝트를 진행해서는 안 된다. 그 하나의 일에 당신의 자원 100퍼센트를 쏟아부어야 할 테니까.

내가 이렇게 말하는 이유는 그간의 경험과 연구를 통해 하나의 목표를 추구하는 동시에 기타 목표까지 달성하기를 기대하는 인간의 타고난 성향만큼 크리에이터를 몰락시키고 더 불행하게 만드는 것이 없다는 사실을 깨달았기 때문이다.

로마 시대의 유명한 철학자이자 극작가인 세네카Seneca의 작품은 매우 인기가 많아서 그의 희곡 《아가멤논》의 대사가 2,000년이나 된 폼페이의 폐허 속에 낙서로 남아있을 정도다. 그는 대단하고 신성한 무엇인가를 이뤄내려고 분투하는 크리에이터를 위해서도 철학적인 조언을 남겼다. "스스로에 대한 자신감과 옳은 길을 간다는 믿음이 있어야 한다. 진실에서 멀리 떨어지지 않은 곳에 있는데도 절망에 빠져 우왕좌왕대는 사람들이 갔던 길로 잘못 접어들지 말아야 한다."

오페라 가수는 자신의 음반 판매량을 팝 가수와 비교하거나 왜 MTV에서 자신을 불러주지 않는지 의아해 할 필요가 없다. 새롭게 재건 중인 스포츠팀은 리그 최고의 팀과 비교하여 스스로를 평가하지 않는다. 하나의 목표를 추구하는 사람은 산만해질 수 없다. 자신을 스치고 지나가는 모든 빛나는 풍선을 따라가서는 안 된다. 스스로 부여한 과제를 진정 달성하고 싶다면 자신의 모든 것을 쏟아부어야 한다. 당신의 목표가 영원불멸의 작품을 만들어내는 것이라면, 그런 목표를 가지지 않은 사람들과 비교하여 당신 자신을 평가하지 않기 바란다. 끊임없이 해당 산업의 차트와 순위를 확인하지 말고, 절망에 빠져 길 잃은 다른 크리에이터들의 흐름과 욕망에 흔들리지 마라.

잔디깎기를 만드는 회사인 스내퍼Snapper의 CEO는 몇 년 전에 저가 제품을 납품하라는 월마트의 요청을 거절했다. 거절의 이유는 자신들의 여러 가지 목표를 확고하게 이해하고 있고 그 목표를 브랜드와 고객과 연결시켰기 때문이었다. 단기적으로 수백만 달러의 매출을 포기해야 했고 해당 산업 내의 모든 업체들이 월마트와 사업을 하고 있었기에 그런 거절은 힘든 결정이었다. 월마트와 **한 팀이 되어 같이 게임을 하는 게** 누가 봐도 당연했다. 하지만 회사가 지역의 독립 소매업자들을 기반으로 하고 있고 그들로부터 품질에 대해 뛰어난 평판을 얻고 있다면 어떻게 해야 할까? 어느 쪽을 선택해야 할까? 사람들이 당신에게 무엇을 해야 한다고 말할 것 같은가? 어느 쪽이 진정성을 지키는 길인가? 스내퍼의 CEO는 자신이 추구하는 것이 무엇인지 알았고 무엇을 기준으로 결정을 내려야 하는지 알고 있었다.

마찬가지로 당신이 소셜미디어에서 활동하는 동료 크리에이터의 길을 따라가느라 갈팡질팡하거나 다른 사람들이 진행하는 프로젝트를 살피기 위해 매주 체크리스트를 들여다본다면, 당신의 목표를 달성하는 데 필요한 **당신만의 규율**은 약화된다. 오직 이상주의자나 마조히스트만이 모든 사람들에게 어필할 수 있고 모든 것에 이름을 올릴 수 있다고 생각하지 않을까? 오직 정신 나간 사람들만이 스스로를 완전히 다른 길을 가는 사람들과 비교한다.

영원불멸의 작품을 만드는 것이 당신의 목표라면 당신은 **영향력과 관련성을 오래 지속시키는 방향**으로 가야 한다.

이 길은 넓건 좁건 간에 당신의 수많은 결정에 도움이 된다. 두 개의 다른 일 중에서 하나를 선택하는 상황을 가정해보라. 하나는 많은 돈을 벌 수 있는 일이고, 다른 하나는 많은 돈보다는 당신이 성취하려는 바를 진정으로 이해하는 사람들과 함께하는 일이다. 착수일이 밝아오고 당신 곁의 모든 사람들이 '준비 완료' 상태에 돌입했지만 당신 자신은 아직 준비가 되지 않았다고 느낄 수 있다. 정말로 의심스럽다면, 어렵겠지만 그 압박감을 내려놓고 잠시 시간을 가지기 바란다. 만약 두 개의 이름, 트렌디하고 멋지며 안전한 하나와, 위험하지만 프로젝트를 통해 진실을 완전하게 표현할 수 있는 다른 하나를 놓고 고민하고 있다면 후자를 선택하라. 목표가 무엇인지 알면, 그리고 그것이 매우 명확하다면 언제 관습적인 지혜를 따라야 하는지, 언제 그 지혜를 무시해야 하는지 알 수 있다.

스티브 잡스의 유명한 일화들은 아주 많은데 그중 몇몇은 하나의 동일한 주제를 전한다. 바로 그가 '이 정도면 충분해'라는 말을 지독히도 싫어했다는 점이다. 그가 만든 제품들은 완벽해야 했다. 약속한 대로, 아니 그보다 훨씬 더 많이 이행돼야 했다. 마감일이 다가오고 직원들이 밤낮으로 일에 매달리고 있다고 해도 그는 직원들이 제품에 대해 생각하는 것보다 더 많은 것을 직원들에게 요구하곤 했다. 그 결과는 어떤가? 역사상 가장 성공적인 기업이 탄생했고, 개인용 컴퓨터나 휴대폰 같은 제품에 사람들이 열광하도록 만들지 않았는가?

잡스가 주는 또 하나의 교훈이 있다. 그는 '다른 사람들이 할 것'에 대해 관심이 없었다. 그는 '그 자신이 해야 하는 것'에도 아무런 관심이 없었다. 그는 '회사에 장기적으로 옳다고 느끼는 것'을 했다. 아무도 보지 않더라도 컴퓨터는 외양 뿐만 아니라 회로판까지 아름다워야 한다고 보았다. 당신의 목표를 상기하라. 10년 앞을 내다본 시릴 코놀리의 시각처럼 조금 더 장기적인 관점으로 각각의 결정을 숙고해보라. 지름길을 택하지 않으면 그 어려운 일을 해내지 못할 것 같은가?

● 상업주의와의 타협

아마도 지금 이 소제목을 보고 당신 머리 속에 이런 말들이 떠다니지 않을까? '상업주의와 타협이라니 듣기 거북한 걸? 나는 예술을 사랑하는 크리에이터라고! 내 작품의 의미를 알아차리는 것은 소비자들이 할 일이지. 그런 자본주의적이고 형편없는 생각과 내

작품을 타협해야 한다는 소리인가?'

이것이 **모든** 예술가들이 언젠가는 직면하는 '트레이드-오프trade-off'이다. 가수 브루스 스프링스틴에게도 돈을 벌 것이냐, 위대한 작품을 만드느냐의 내적 고민의 시간이 있었다. 이런 번민 끝에 그는 '본 투 런'을 작곡했다. 그는 나와의 인터뷰에서 이렇게 말했다.

나의 영웅 행크 윌리엄스, 프랭크 시나트라, 밥 딜런은 유명한 뮤지션들이죠. 히트송도 많고요. 많은 청중과 연결되는 가치가 그들 노래 속에 담겨 있습니다. 하지만 수많은 청중과 교감할 줄 아는 아티스트들은 항상 내적 고민에 빠져 있지요. 그 노래가 가치 있는지, 그에 따른 보상이 청중의 요구를 만족시키는 데 필요한 집념과 에너지, 그리고 자신을 노출시키는 것에 대한 부담을 충족시키는지….

작품을 만들고 나서 이렇게 말하기는 쉽다. "어찌 되든 순리에 맡기자." 하지만 이런 생각은 너무나 많은 것을 운에 맡기고 만다. 작품이 사람들에게 영향력을 발휘하고자 만들어졌다면 어떤 영향을 끼칠 것인지를 사람들에게 알려야 한다. 비평가 척 클로스터면Chuck Klosterman이 썼듯이 가식적이고 엘리트주의적인 예술가들조차 아무도 자신의 창작물을 거들떠보지 않는다면 실망할 것이다. "아무도 읽지 않을 글을 썼다고 어두운 방에 앉아 상상하곤 한다." 작가 중의 작가라 말할 수 있는 블라디미르 나보코프Vladimir Nabokov는 이렇게 말했다. "문학은 재미일 뿐만 아니라 비즈니스이기도 하다." 비즈니스에서 생존하려면 다른 사람들과 당신 자신이 돈을 가져다주도록 해야 한다. 즉 고객을 만족시켜야 한다. 그 반대를 믿는다면 비즈니스는 **망하고 만다.**

　너무도 많은 크리에이터들이 비평가, 각종 시상식, 미디어의 관심, 주변 친구의 의견에 갈팡질팡하느라 이런 사실을 망각한다. 즉 목표 대상, 고객, 팬을 잊어버린다. 패션디자이너 마크 엑코Marc Ecko 의 조언을 되새겨보라. "우리는 골키퍼(목표 대상, 고객, 팬)를 게이트키퍼(미디어)보다 우선해야 합니다. 그렇지 않는다면 어리석게도 근시안적인 위험에 빠지죠."

　당신은 사람들에게 당신의 작품을 도달시킬 목적으로 '창작 비즈니스'에 뛰어들었다. 일부러 스스로에게 제약을 두는 이유가 있을까? 목표 대상을 확대하거나 도달 범위를 확장하는 것을 경멸의 시선으로 보는 단 하나의 이유는 바로 '두려움'이다. 잘난 척하며 "나는 그런 것엔 관심이 없어"라고 말하기는 쉽다. 노력하지 않기란 정말 쉽다. 이미 핑계거리가 준비돼 있으니까.

　내 친구이자 작가 제프 고인즈Jeff Goins는 배고픈 예술가와 **잘나가는** 예술가를 분명하게 구분한다. 전자는 온갖 보헤미안적인 비유와 상투적인 말로 가난을 합리화하고, 후자는 어려움을 이겨낼 줄 알고 야망이 가득하며 열린 마음으로 '고객을 지향'한다. 당신은 어떤 사람이 되고 싶은가? 어떤 사람이어야 당신의 작품을 궁극적인 방향으로 나아가게 할까?

　내가 힙합 음악을 좋아하는 한 가지 이유는 어떠한 거리낌도 없기 때문이다. 래퍼들은 음악을 그냥 만들지 않는다. 성공하기를 '희망'한다. 유명 뮤지션들은 수백만 장의 음반을 판매하고 수백만 명의 사람들에게 알려지려면 이미지와 브랜딩이 음악만큼이나 중요하다는 사실을 잘 알고 있다. 카니예 웨스트Kanye West는 자신이 피처링한 곡 '런 디스 타운Run this town'에서 사람들에게 왜 자기가 랩을 하는지 아느냐고 묻는다. "빌어먹을 RAV4(도요타의 SUV 중 하나—옮긴이)를 몰려고?" 그는 그보다 더 큰 것을 바란다. 랩을 하며 먹고 사는 것 이상을 원한다. 바람직한 생각이다.

많은 크리에이터들이 '매진'이라는 꼬리표를 두려워한다. 마치 '예술적 신뢰성이란 이런 것이고 청중은 이래야 한다'라는 표준이 있는 것처럼 행동하기 때문이다. 당신만이 판단의 주체다. 당신 내면에 존재하는 '박식한' 비평가가 당신을 저지하지 못하도록 하라. 성공에 매진하지 않는다면 당신의 작품이 팔릴 거라 기대하지 마라. 다음에 올 것에 대비해야 한다. 진짜 마라톤은 바로 **마케팅**이다.

● 이 장을 마치며

윈스턴 처칠Winston Churchill이 정치가라는 사실은 잘 알려져 있다. 하지만 그가 작가로서 뛰어난 실력을 발휘했고 그림에도 열정이 있었다는 사실을 아는 사람은 많지 않다. 처칠은 스물세 살 때 첫 번째 책을, 스물네 살 때 두 번째 책을 출간했는데 두 작품 모두 젊은 나이에 그를 국제적인 유명인사로 만들어줬다. 60대일 때 처칠은 《영어 사용 민족의 역사A History of the English-Speaking Peoples》라는 제목의 시리즈를 쓰기 시작했는데, 집필을 끝내고 출간할 때까지 20년이 걸렸다(집필 중에 그는 세계전쟁을 겪었다). 그는 나중에 노벨문학상을 수상했다. 화가로서 재능은 없었지만 개인적인 만족과 표현에 그림만큼 좋은 도구가 없음을 발견한 뒤로 어디든지 붓과 물감을 가지고 다녔다.

처칠이야말로 무엇인가를 창조하는 것이 얼마나 어려운 일인지, 위대한 작품을 만들어 세상에 내놓으려면 어떤 능력이 필요한지 알았던 사람이다. 창작 과정에 대해 그는 이렇게 말했다. "처음에 그 일은 장난거리이자 오락이다. 그 다음에는 엄한 교사와 달인이 됐다가 폭군이 되기에 이른다. 마지막 단계에서는 노예 상태에 있던 당신이 풀려나 괴물을 죽이고 그것은 대중 속으로 날아간다."

이것이 지금 당신의 상황이지 않을까? 아마 당신은 창작이라는 작업을 다 끝냈을 수 있다. 이미 편집과 검토 과정을 거쳐 재작업을 하고 있을지도 모르겠다. 그리고 마침내 당신의 목표 대상에 맞게 미세한 조정과 개선 작업을 거치고 난 후, 피할 수 없는 출시일에 맞춰 준비하기 시작할 것이다. 이 프로젝트를 어떻게 묘사할 것인가? 특별히 무엇을 말해야 할까? 어떻게 피칭해야 할까? 그것은 누구를 위한 것인가? 이 모든 질문은 당신이 언젠가 언론과 소매업자들 그리고 고객으로부터 받게 될 질문들을 예상하며 만들어진다.

자, 이제 그 날이 가까이 다가왔다. 펜을 내려놓고, 노트북을 덮고, 수정하거나 만지작거리는 작업을 멈추고 세상에 당신의 작품을 날려보낼 시간이다.

나는 이제 이 책의 나머지 절반을 할애하여 어떻게 해야 가능한 한 많은 사람들에게 당신의 결과물을 도달시킬 수 있을지 이야기하려고 한다. 그렇게 하지 않으면 아무런 소용이 없다. 당신의 작품은 곧 당신의 손을 떠날 것이고, 저 바깥에는 당신 작품을 평가할 사람들이 있다. 모두가 당신 작품을 좋아하지는 않는다. 누군가는 싫어할 수도 있다. 당신은 이런 반응에 미리 마음을 단단히 먹어야 한다. 크리에이터의 삶은 힘들고, 영원불멸의 작품을 만드는 길은 멀다. 때때로 잘못된 방향으로 접어들어 당신에게 적대적인 사람들이 줄지어 선 모습을 목격할지 모른다. 뭐, 그래도 어쩔 수 없다.

지금까지 앞에서 다룬 것, 크리에이터로서 당신이 들인 노력은 고결하고 숭고하며 본질적으로 아주 가치가 높다. 세상이 작품의 진가를 즉각 알아보느냐 그렇지 않으냐를 가지고 당신 노력의 가치를 판단하지 말기를 바란다. 당신 자신에게 자부심을 가져라. 다만 잠시만 자랑스럽게 여겨라. 이제 다음에 할 일이 시작됐다.

고객은 당신이 그걸 만들었다고 해서 오지 않는다.
그들이 오도록 만들어야 하는데, 그건 생각보다 쉽지 않다.
– 피터 틸

3

마케팅의 기술

고객의 마음을 얻는 것부터

범위를 확대하는 것까지

당신은 이제 창조라는 여정의 반환점에 도착했다. 아이디어 자체에 그치지 않고 많은 것을 실행에 옮겼고, **희생을 감수하며** 현실로 이뤄냈다. 당신의 작품을 특별하게 만드는 것과 사람들이 그것에 관심을 가져야 하는 이유를 규명하느라 시간을 투자했다. 몇 년 동안 이런 날이 오기를 꿈꿨고 이제 그 순간 속에 당신이 서 있다. 잘 포장되고(패키징) 포지셔닝 된 무엇인가를 만들어 낸, 일종의 '엘리트 클럽'에 당신은 가입됐다. 하지만 나쁜 소식이 기다리고 있다. 바로 저 밖에 수많은 경쟁자들이 기다리고 있다는 사실이다.

크리에이터들은 인정받기 위해 동시대의 다른 크리에이터들과 경쟁할 뿐만 아니라 위대한 예술의 역사와 싸운다. 새로운 작품들은 각기 그 전에 나온, 그리고 앞으로 나올 모든 것들과 동일한 고객을 놓고 경쟁한다. 얼마나 많은 신곡들이 스포티파이의 '뉴 뮤직 프라이데이New Music Friday' 목록에 올라가 있을까? 그 노래들 중 사람들이 다시 듣는 노래는 몇 곡이나 될까? 얼마나 많은 영화가 매년 선댄스영화제에 출품될까? 그 영화들 중 몇 편이나 본선에 오를까? 수상작이면 꽃길만 걷는 행운이 바로 찾아올까? 당연히 그럴 리 없다. 기꺼이 배급해줄 바이어를 찾아야 하고, 그 바이어는 수많은 작품이 쏟아지는 상황에서 자신이 선택한 작품을 홍보할 방법을 찾아내야 한다. 선댄스영화제가 1978년에 시작된 이래 문자 그대로 수백 편의 영화가 수상작으로 선정됐지만 고작 몇 퍼센트만이 어느 정도 인기를 끌었을 뿐이다. 좋은 작품들 중 상당수가 사람들로부터 외면받았다.

늘 그래왔다. 1842년 발자크Balzac의 소설에 저널리스트로 등장하는 인물은 이렇게 말했다. "예술가가 해결해야 할 중대한 문제는 사람들이 자신을 볼 수 있는 곳으로 본인을 어떻게 데려다 놓느냐이다." 만약 예술가가 이런 문제를 해결하지 못하면 그와 마찬가지로 그의 작품도 함께 죽는다. 크리에이터가 소음에 둘러쌓여 좌절하고 방황하는 일은 발자크가 살던 시절보다 지금이 더 잦다.

그렇다고 해서 벌써 숨 막혀해서는 안 된다. 할 일이 아직 너무 많이 남아 있다. 당신이 해야 할 일은 이제 마케팅이다.

마케팅이란 당신이 설정한 목표 대상에게 당신의 작품을 팔고 홍보하는 기술이다. '그로스 해킹growth hacking(창의적이고 분석적인 방법으로 SNS를 통해 제품을 노출시키는 마케팅 기법—옮긴이)'에 관한 책에서 내가 정의했듯이 **고객을 얻고 잡아두는 모든 것**이 마케팅이다.

모든 크리에이터들은 '내가 만든 것을 누가 즐기고 소비할 것인가?'라는 문제에 봉착한다. 이 문제의 해결책도 마케팅에 있다. 마케팅은 당신의 작품이 출시 후에 고객에게 도달되도록 보장하는 방법일 뿐만 아니라, 시간이 지나도 계속해서 고객을 찾아내는 방법이기도 하다. 자신의 작품이 고객에게 매력적이기를 희망하는 크리에이터라면 모두 통달해야 하는, 일종의 예술이자 과학이다. 마케팅 없이 당신이 만든 것을 어떻게 세상에 알릴까? 왜 사람들이 쟁쟁한 다른 작품들을 놔두고 당신 것을 선택해야 할까? 만약 그 작품들의 제작자들이 재빨리 입소문 내기 시작했다면 당신은 어쩔 텐가?

나는 앞에서 작품 제작보다 마케팅과 판매에 더 많은 시간을 들여야 한다는 인식에 대해 비판을 가하면서 이야기를 시작했다. 지금에 와서 마케팅에 우선순위를 두어야 한다는 모순된 말을 하는 것이 아니다. 내가 말하고자 하는 바는 일을 진행하는 순서가 중요하다는 점이다. 마케팅은 작품을 만들어낸 다음에 당신이 해야 할 필수적인 단계다.

세계에서 가장 위대한 협상가 중 한 사람으로 인정받는 허브 코헨Herb Cohen은 유명한 말을 남겼다. "걸작을 파는 멍청이보다 평범한 제품을 파는 훌륭한 세일즈맨이 더 낫다." 나라면 내 머리에 누가 총을 겨눈다고 해도 후자를 택한다. 그런 딜레마적인 상황을 피하는 게 상책이겠지만 말이다.

오래 살아남는 작품이 되려면 평범한 작품을 만들거나 우둔한 세일즈맨이 돼서는 안 된다. 당신은 창작과 세일즈맨십 모두에 뛰어나야 한다.

● 마케팅도 당신의 일이다

최근 인터뷰에서 소설가 이안 맥이완Ian McEwan은 작품 집필에 많은 시간을 쏟아부었는데 이제는 밖으로 나가 책을 마케팅해야 한다며 가벼운 불평을 털어놓았다. "저는 마치 불쌍한 직원이 된 듯한 기분입니다. 얼마 전까지 즐겁게 집필에 몰두하는 소설가였는데, 이제는 칫솔이나 이중 유리창을 파는 세일즈맨처럼 거리로 내몰려 이 책을 팔러 다니니 말입니다. 얼마 전의 나는 책을 쓰는 게 아주 재미있었지만 지금의 나는 이 책을 팔아야 하는 불쌍한 놈이 됐네요."

작품을 만들어 생계를 유지하는 사람이 얼마나 적은지, 세일즈라는 고된 일이 거의 모든 산업과 직업에 얼마나 많이 관여돼 있는지 생각해본다면 맥이완의 말은 조금은 당연한 불평인 듯하다. 하지만 결국 당신이 아니라면 누가 당신이 만든 영화, 앱, 책, 음악을 팔겠는가? 누군가에게 많은 돈을 지불하고 세일즈를 대행시킨다고 해도 일을 얼마나 제대로 해내겠는가?

피터 틸은 자신의 책《제로 투 원Zero to One》을 통해 스타트업 창업자들에게 "세일즈할 사람이 보이지 않는다면 바로 당신이 세일즈맨이다"라고 말했다. 세일즈맨을 고용했다고 하더라도 당신이 보스가 되어 그들을 이끌어야 한다.

당신이 아니라면 누가 시간을 만들까? 당신이 기꺼이 소매를 걷어붙이고 직접 일할 의지가 없다면 그것은 무엇을 의미할까? 당신보다 이 프로젝트의 잠재적인 성공 가능성에 더 많이 투자해야 하는 사람이 있다면 한 명만 지목해보라. 만일 누군가를 지명할 수 있다면 그 사람을 당장 데려와 파트너 자리에 앉혀라!

세상이 숨죽이며 새로운 영화, 새로운 책, 새로운 앱을 고대한다고 생각하는가? 사람들은 예나 지금이나 '고전'을 좋아한다. 그 사실은 압도적인 통계로도 알 수 있다. 예를 들어, 출판사 하퍼콜린스HarperCollins가 하퍼페레니얼Harper Perennial이라는 자회사를 설립했다는 것, 카탈로그 앨범들이 최신 앨범의 판매량을 압도한다는 것에서도 그 사실을 확인할 수 있다.

사람들이 **당신의** 작품을 좋아하도록 만드는 것은 쉬운 일이 아니다. 이런 상황에 당신이 제품 판매에 나설 필요가 없다고 생각한다면 어리석다고 말할밖에.

"'당신이 만들면 사람들이 **찾아올 수도**' 있겠지만, 그걸 기대한다면 순진해빠진 것이다"라고 제이슨 프라이드Jason Fried는 말했다. 그에게 지금은 베이스캠프Basecamp로 이름이 바뀐 '37시그널즈37signals'를 웹디자인 회사에서 웹어플리케이션 개발 회사로 전환한 후에 어떻게 수백만 명의 사용자들을 확보한 플랫폼으로 만들었는지 묻자 그는 이렇게 답했다. "제품이 스스로를 알리려면 그렇게 말해줄 사람이 필요합니다." 저작권 대리인인 비어드 리벨Byrd Leavell은 자신의 의뢰인들에게 이렇게 말한다. "책이 출간됐는데 사람들의 관심을 끌 방법이 없다면 어떤 일이 벌어지는지 아시나요? **아무도 그 책을 사지 않을 겁니다.**"

최고의 마케터라고 말할 수 있는 알 리즈Al Ries와 잭 트라우트Jack Trout는 CEO들이 아주 바쁘다는 점을 인정한다. CEO는 각종 회의와 사업상의 미팅, 통화 등 셀 수 없이 많은 일상적인 책임을 소화해야 한다. 그래서 자연스레 다른 사람들에게 마케팅을 위임하지만 이것은 아주 큰 실수다. 리즈와 트라우트는 이렇게 지적한다. "어떤 것이든 위임을 한다면, 다음 번 투자 유치 활동을 위한 이사회 의장 역할을 위임해야 한다. (미국은 대통령이 아니라 부통령이 국장國葬에 참석한다.)" 당신은 리더로서 많은 업무를 줄일 수 있지만 절대 놓지 말아야 할 마지막 업무는 마케팅이다. 제품에는 대변자가 있어야 한다. 피터 드러커Peter Drucker의 말처럼 "각 프로젝트에는 '나는 이것을 성공시킬 거야'라고 말하며 그 일에 매진하는 사람이 필요하다."

그리고 그 사람은 바로 크리에이터인 당신이어야 한다. 마케팅도 당신의 일이다. 다른 사람에게 위임해서는 안 된다. 당신의 부담을 완전히 덜어줄 능수능란한 대행사는 존재하지 않는다. 당신이 유명할지라도, 트위터 팔로어 수가 100만 명이 넘을지라도, 10억 달러를 쓸 수 있거나 화려한 경력을 가지고 있을지라도 마케팅은 당신의 책임일 뿐만 아니라 여전히 쉽지 않은 일이다. 당신이 만든 훌륭한 작품을 가능한 한 많은 사람들에게 도달시키는 일은 다른 누구도 아닌 당신의 책임이다.

작품을 **만드는** 데 들였던 창의력과 에너지, 그만큼의 노력을 이제 마케팅에 쏟아부어야 한다. 당신이 일찍부터 겁먹을까 봐 희망적인 이야기를 하자면, 당신도 마케팅을 해보면 곧 이 일을 즐기게 될 거라는 사실이다. 훌륭한 작품을 만들 능력이 있는 사람들은 세상에 많다. 하지만 모두가 진짜로 자신의 작품을 만들어내고 그것이 '시장에 먹히도록' 하는 데 몰두하지 않는다. 마케팅은 당신 자신을 차별화함으로써 '재능이 있지만 자만하거나 게으른 다른 크리에이터들'을 제칠 수 있는 기회다.

그런데 그러려면 어떻게 해야 할까? 당신에겐 누군가를 고용할 자금이 충분하지 않고 시간이나 기술은 부족하다. 나는 의뢰인, 동료, 회의 참석자들로부터 이러한 불평을 수백 번도 넘게 들었다.

당신이 시간을 낼 수 있다면 나는 마케팅 기술이 무엇인지 알려줄 수 있다. 장담하건대, 그건 당신이 생각하는 것보다 쉽다. 그리고 비록 **마케팅이 당신의 일**이지만, 마케팅은 충분히 재미있고 가치있는 일이다. 당신은 당신이 심혈을 기울여 만든, 그리고 사람들이 좋아할 만한 무엇인가를 판매하고자 한다. 만약 마케팅이 아무도 원하지 않고 필요하지 않은 물건을 밀어내기 위한 것이라면 누군가에게 그 책임을 넘기는 것이 이치에 맞을지 모른다. 하지만 마케팅의 즐거움을 남이 누리도록 허용할 이유가 있을까?

● 사람들은 당신 작품에 큰 관심이 없다

나는 의뢰인들과 프로젝트를 진행할 때 중요한 진실 하나, '아무도 내가 만든 것에 관심을 두지 않는다'라는 점을 기정사실로 받아들이면서 작업을 시작한다. 책을 쓸 때는 특별히 그렇다. 사람들이 내 글에 관심을 가질 이유가 있을까? **그들은 대부분 그 글이 무엇인지 알지 못한다.** 설령 안다고 해도 내가 바라는 수준보다 덜 관심을 가질 뿐이다. 이것 역시 부인할 수 없는 사실이다. 당신이 만든 것이 어떤 혜택을 주는지 경험해보지 않았는데 어떻게 깊은 관심을 가질 수 있단 말인가? 당신은 당신의 작품과 오랫동안 함께 숨 쉬었지만 사람들은 그렇지 않다.

'작품의 무가치함을 받아들이는 것'이 마케팅 활동 초기에 반복적으로 되새겨야 할 마음 자세다. 그것을 받아들이느냐 받아들이지 않느냐가 큰 차이를 만들어낸다. 나는 항상 예측이나 선호도에 근거하여 시작하기보다 현실을 있는 그대로 직시하기를 좋아한다. 겸손은 자존심보다 더 냉철하고 작업에 더 많은 도움이 된다. 겸손은 언제나 중요하다.

나는 스스로에게 이렇게 상기시킨다. '사람들은 바쁘다. 그들은 내 작품에 왜 관심을 가져야 하는지 알지 못한다. 블록버스터 영화의 속편을 기다리듯 내 작품을 간절하게 기다리는 사람은 없다. 그리고 설령 내 작품이 그런 속편이라고 해도 속편이 아닌 척하고 똑같이 열심히 작업하는 것이 더 낫다. 비슷비슷한 작품들에 사람들은 이미 너무 많이 노출돼 있다. 크리에이터이자 마케터로서 나는 사람들이 관심을 갖도록 만들어야 한다. 성공에 대한 근거 없는 환상과 확신을 가지고 시작한다면 사람들의 관심을 확보할 가능성은 거의 없다. 나는 한 번에 한 명씩 계속해서 독자와 고객을 확보하고 처음으로 팬을 얻을 것이다.'

당신의 작품을 성공시키는 유일한 방법은 속도와 에너지, 그리고 면밀한 계획을 조합시키는 데 있다. **사람들이 당신 작품에 관심을 갖도록** 하는 유일한 방법은 당신이 '그 일을 하느냐 마느냐'에 달렸다.

이것이 내가 억만장자들, 유명인사들, 베스트셀러 작가들, 수백만 명의 구독자를 거느린 유튜버들에게 말해온 바다. 내가 만난 의뢰인들 중에서 자신에게는 방문자 수가 어마어마한 블로그, (   )에서 일하는 친구, (   )와의 친밀한 인맥, 수백만 명의 팬 등과 같은 '마법의 해결책'이 있으니 모든 준비가 끝났다고 장담하는 사람들이 너무 많았다. 그래서 그들은 좋은 기회를 날려버리고 훌륭한 아이디어를 묵살하고는 했다. 그들은 너무 바쁘고 자만에 빠져 마케팅에 우선순위를 두지 않았다. 그리고 몇 개월 후에 나쁜 소식을 들고 나를 찾아오곤 했다. 자신들의 놀라운 '게임 체인저/파괴적 기술/일생일대의 확실한 것(여기에 자기중심의 과장적 표현을 아무 것이나 넣어보라)'이 세상에 첫발을 내디뎠다고 말이다. 그 모두가 매우 부질없는 것인데도.

자가용 제트기로 여행을 즐길 만큼 부유한 어느 의뢰인은 자신의 첫 번째 작품을 홍보할 목적으로 아주 영향력 있는 몇몇 팟캐스트에 출연하기를 원했다. 나는 적절한 팟캐스트 몇 곳을 섭외한 후에 그에게 녹음 일정을 설명했는데 그는 이의를 제기했다. "저는 바빠요. 그들이 한꺼번에 와서 인터뷰를 같이 녹음할 순 없나요?" 나는 곧바로 "안 됩니다"라고 답했다. "그들은 당신이 던지는 말이라면 무엇이든 주워담으려고 이곳에 오지는 않을 겁니다. 당신은 당신 세계에서는 중요한 사람이겠지만 그들의 세계에서는 그렇지 않죠. 그 사람들을 정중하게 대해야 합니다. 당신이 당신의 고객을 존중하듯이 우리는 그들의 청취자를 존중해야 해요." 다행히 그는 내 말이 옳다고 동의했고 몇 시간을 투자해 많은 사람들에게 자기 자신을 알렸다.

또 다른 의뢰인은 자신의 직원들을 동원해 출판기념회를 열겠다는, 스케일이 크고 공격적인 마케팅 아이디어를 생각해내고는 그 생각에 푹 빠져 있었다. 그는 자신의 말처럼 직원들을 동원하지 못했음에도 불구하고 모든 일이 원활하게 돌아가는 것 같다고 생각했고, 그런 이유로 사전 마케팅에 필요한 경비 지출이나 시간 내기를 거부했다. 결국 그의 책은 그가 원했던 최고의 자리 대신 베스트셀러 2위로 시장에 데뷔했다. 사전에 완벽한 조치를 취할 수 있었지만 아슬아슬한 차이로 1위를 놓쳤다는 사실은 그를 낙담시켰다.

그가 재빨리 했어야 하는 일은 무엇이었을까? 좀 더 많은 사람들이 관심을 갖도록 했어야 하지 않았을까? 이메일, 블로그 포스트, 트윗, 공유 링크 등 매일 쏟아지는 디지털 정보를 통해 좀 더 많은 사람들이 자신의 책을 알도록 해야 하지 않았을까?

최근 연구에 따르면 페이스북 뉴스피드에 접속할 경우 1,500개 이상의 콘텐츠가 사용자의 관심을 놓고 서로 경쟁한다. 다시 말해, 목표 대상인 고객이 당신의 작품을 클릭할 확률이 1,500분의 1이라는 소리다.

불멸의 작품을 만들어낼 사람은 자신이 '신의 선물'임을 믿는 크리에이터가 아니라, 가치 있는 것을 창조해내고 그것을 세상에 알리는 데 열성적이고 헌신적인 크리에이터다. '당연히 사람들이 알아줄 거야'라는 생각으로는 대중에게 도달할 수 없다. 갈망과 겸손이 중요한 차이를 만들어낸다.

● 무엇이든 마케팅이 된다

아무도 관심을 주지 않는다는 게 나쁜 뉴스라면, 좋은 소식은 사람들의 **관심을 끌** 방법이 아주 많다는 사실이다. 벤처 캐피탈리스트인 벤 호로비츠Ben Horowitz의 유명한 말이 있다. "실버 블릿silver bullet(묘책)은 없다. 그러니 리드 블릿lead bullet(납탄, 차선책을 말함—옮긴이)을 많이 사용해야 한다."

'리드 블릿'은 미래지향적으로 보이지 않을지 모르지만 제법 잘 작동한다. 작가 스티븐 프레스필드Steven Pressfield가 2011년에 자신의 책 《전사 에토스The Warrior Ethos》를 위해 벌인 판촉 활동이 아주 좋은 사례다. 당시 스티븐은 20년 동안 수백만 권의 책이 팔렸을 만큼 이미 세계적으로 성공한 작가였다. 하지만 《전사 에토스》는 그가 자비출판한 것이어서 처음에 기존의 거대 출판계로부터 아무런 도움을 받을 수 없었다.

스티븐은 어떻게 했을까? 그는 비매품으로 '군납 버전'의 《전사 에토스》약 1만 8,000부를 자기 돈을 들여 제작했고, 군에 있는 지인을 통해 납품했다. 1만 8,000부를 모두! 이 정도 수량의 책을 파는 것은 생각보다 어렵다. 사람들을 찾아 다니며 초기 독자가 돼달라고 설득해야 하고 그들에게 책을 배달해야 한다. 배송하는 일도 엄청나게 끔찍한 문제다.

첫 달에 신간 견본이 군인들에게 전달됐을 때 유료 판매량은 고작 종이책이 21부, 전자책이 37부였다. 책이 한 달에 500부 팔리기까지 그 후 5개월의 시간이 걸렸다. 하지만 판매는 의도한 방향으로 가고 있었다. 출판된 지 5년 안에 그 책은 대략 6만부가 팔렸으며 아마존 순위는 1만 등 수준을 꾸준히 유지하고 있고(여러 카테고리에서 잠깐씩 1등을 차지하기도 한다), 350개 가량의 리뷰가 달려 있다. 마치 연금처럼 그 책은 매달 1,000부 이상 팔려나가며 1년에 평균 1만 2,000부에서 1만 5,000부 가량 판매되고 있다. '린디 효과'대로라면 앞으로 5년 동안 우리는 《전사 에토스》가 여전히 제법 팔리는 모습을 보게 될 것이다.

군에 무료로 책을 기부하는 것이 정말로 마케팅일 수 있을까? 물론 그렇다. 그 방법이 수많은 제품을 움직이게 만들기 때문이다. 최고급 바지를 판매하는 의류업체 보노보스Bonobos는 초기에 말 그대로 '손수' 바지를 판매했는데, 창업자가 여러 벌의 바지를 잔뜩 넣은 더플백을 매고 어디든지 가지고 다녔다. 친구의 결혼식이든 풀장 옆의 브런치 자리든 장소를 가리지 않았다. 이 방법은 적중했고 여러 고객을 확보했다.

자신의 첫 책을 600만부나 판매한 웨인 다이어^{Wayne Dyer}도 자동차 트렁크에 책을 넣고 판매하러 다니는 비슷한 방법을 썼다. 존 파커 주니어^{John Parker Jr.}가 달리기에 관해 쓴 특이한 소설 《원스 어 러너^{Once a Runner}》는 파커가 참가했던 육상 대회와 달리기 행사가 벌어지는 곳의 주차장에서 판매가 이뤄졌다. 사실 나이키도 그런 방법으로 시작했는데, 창업자 필 나이트^{Phil Knight}는 자동차 뒷자리에 신발을 싣고서 이곳저곳에서 열리는 육상 대회를 찾아가 신발을 팔았다. 그는 지역 상점들로부터 입점을 거부당했지만 육상선수와 코치들로부터는 쏟아지는 주문을 받느라 정신이 없었다. 힙합 뮤지션 제이 지^{Jay Z} 역시 음반 계약을 맺기 전에는 자동차에 CD를 싣고 다니며 팔았다. 캐시머니 레코즈^{Cash Money Records}의 창업자들도 그랬다. 만약 이 방법이 통한다면 그것 역시 마케팅이다.

● 입소문이 중요하다

수백 번도 더 들었던 앨범, 특별한 일이 있을 때마다 찾는 레스토랑, 똑같은 디자인이지만 낡으면 10번이나 계속 사 신는 신발. 당신은 인생에서 이러한 제품에 어떻게 처음 열광하게 됐는가? 당신이 좋아하고 정기적으로 소비하는 대부분의 것들을 어떻게 발견했는가? 당신만의 인생 도서를 어떻게 찾았는가?

만약 당신이 대부분의 사람들과 같다면 광고나 홍보 때문은 아닐 것이다. 당신이 신뢰하거나 존경하는 사람이 당신에게 추천해주지 않았을까? 친구는 "이건 사야 돼!"라고 말하고, 멘토는 자신의 인생에 영향을 가장 많이 끼친 책이나 영화를 당신에게 소개한다. 다시 말해 우리는 이런 것들을 **입소문**을 통해 알게 된다.

시릴 코놀리가 사망한 지 40년이 되고 《약속의 적들》이 나온 지 78년쯤 됐을 때 내가 그의 이름을 어떻게 알게 됐을까? 분명 그 책을 낸 출판사가 사전에 기획했던 광고 때문은 아니었다. 내가 신뢰하는 누군가가 그 책이 좋다고 말해줬기 때문이다. 아마도 지금 당신도 이 책을 읽어봐야겠다고 마음먹었을지 모른다. "일은 이런 식으로 진행된다And so it goes."(나는 이 문구를 커트 보니것의 《제5도살장》에서 인용했다. 이 책도 역시 좋은 책이다).

입소문은 모두 작품이나 아이디어에 대한 자연스러운 마케팅이 된다. 의문의 여지없이 작품의 생애에 있어 가장 강력하고 유일한 동력이다. 그 누구도 오랫동안 적극적으로 마케팅할 수 있는 힘과 자원을 가지고 있지 않다. 때문에 만약 작품의 시장성을 오래 유지하고자 한다면 강력한 입소문은 필수적인 요소다. 장기간에 걸쳐 제품이 지속되는 유일한 힘은 여기에서 나온다.

맥킨지 연구에 따르면 구매 결정의 20퍼센트에서 **50퍼센트**가 입소문으로부터 이뤄진다. 또한 이 연구는 신뢰하는 친구의 확실한 보증처럼 파급효과가 큰 추천이 파급효과가 적은 입소문의 속도를 50배 증가시킨다는 사실을 발견했다.

다시 말하지만 입소문은 마케팅에 필수적인 요소다. 작품이 시장에서 충분히 오래 살아남기 위한 방법으로서 광고는 경제적 측면에서 현실성이 떨어진다. '바이럴 셰어링viral sharing'에 관한 선구자적 과학자인 조나 버거Jonah Berger가 말했듯이 "(회사)는 입소문에 살고 입소문에 죽는다."(조나의 책《컨테이저스 전략적 입소문》을 참조하라.) 그는 피부 관리나 휴대폰과 같은 몇몇 산업에서 입소문이 유료 광고에 비해 두 배나 효과적이라는 사실을 발견했다.

그렇기 때문에 마케팅 활동은 입소문을 위한 '촉매'가 돼야 한다. 마케터의 일은 큰 화재로 번질 불꽃을 일으키고자 애쓰는 것과도 같은데 불멸의 작품을 가지고 고작 캠프용 모닥불을 피울 수는 없잖은가? 1962년 이래로 계속 타고 있고 앞으로 250년은 거뜬히 지속될 것으로 보이는 센트렐리아(미국 일리노이주 중남부의 도시) 석탄 광산의 불을 일으켜야 한다.

앞으로 이 장에서 나올 모든 내용은 그런 전략을 따르기 위한 전술들이다. 세스 고딘이 썼듯이 성공적인 입소문을 만들어내는 것은 한 명의 고객에서부터 시작한다. 그는 "일단 하나를 팔아라"라고 말한다. "당신을 신뢰하는 한 명을 찾아서 그에게 제품 하나를 팔아라. 그가 그 제품을 좋아하는가? 그것에 열광하는가? 유용한 제품이라고 판단하면 그는 10명의 친구에게 알릴 것이고, 그렇지 않은 제품이면 입을 닫는다. 또 다른 사람들을 모아야 '열성 고객'의 규모가 성장한다. 그에 따라 아이디어가 확산된다. 그들은 당신을 위해서가 아니라 서로를 위해서 그렇게 한다."

그렇다면 어떻게 그 첫 번째 사람을 찾을 수 있을까? 당신은 그를 어떻게 데리고 올 수 있을까? 그런 것이 바로 마케팅이다. 그 첫 번째 고객을 찾아 데리고 와야 한다. 그렇지 않으면 입소문을 낼 친구들은 없다.

● 출시

입소문을 타게 되면 당신이 생각하는 마케팅 시간표는 약간 달라진다. 판매량은 첫 주나 첫 달보다 늘어나 더 많은 매출을 올린다. 마케팅 활동을 평가하면서 장기적으로 생각할 수 있게 된다. 사실 많은 불멸의 작품들은 진짜로 잘 팔리기까지 수십 년의 시간을 기다려야 했다. 그걸 만들어낸 크리에이터가 죽고 나서야 사람들이 그 업적에 감사를 표하는 경우도 있지 않은가?

신화 창작의 관점에서 이런 궁극적인 성공 스토리들은 '그러게, 내가 뭐랬어'라고 말하게 만드는 매력을 어느 정도 가지고 있지만 현실의 크리에이터에게 무명으로 잊힌다는 것은 그리 유쾌한 일은 아니다. 한번은 어떤 사람이 작가 파제트 파웰Padgett Powell에게 상업적인 작가로 활동하지 않았다는 점을 칭찬한 적이 있었다. 그에 대한 파웰의 답변은 짧고 정직했다. "저에게는 칭찬할 만한 게 없는데요."

나는 파웰의 말이 '출시하자마자 거대한 돌파를 보여주지 못하는 작품에서 어떠한 감명도 받을 수 없다'라는 의미라고 생각한다. 시장에서 큰 규모의 고객을 구축하는 일은 몹시 어렵다. 모두가 그 일을 해내지는 못한다. 오래 지속될 성공을 위한 전략은 장기적으로 팔려나갈 작품을 창조하려고 노력하는 데 있지만, 크리에이터들은 그걸 단기적으로도 잘 팔기를 원한다. 영원히 지속되는 판매와 출시하자마자 이뤄지는 엄청난 판매는 서로 배타적이지 않다.

역사는 결국 좋은 작품이 고객을 확보한다는 사실을 보여주지만 경제학자 존 메이너드 케인스John Maynard Keynes가 정확히 표현했듯이 "시장은 당신이 지불능력을 유지할 수 있는 것보다 더 오랫동안 비이성적으로 남을 수 있다." 만약 세상이 한 예술가의 천재성을 알아차리기 전에 그가 굶어 죽는다면 그건 좋은 일일까? 만약 작가가 생계를 위한 직업을 가져야 하고 그 일을 하느라 글을 쓰지 못한다면 이는 분명 긍정적인 발전은 아니다. 하지만 드문 일도 아니다. 크리에이터들은 대부분 오랫동안 무명인 채 살아가는 것을 버티지 못한다.

즉각적으로 고객을 찾기 위한 마케팅은 크리에이터의 생존법이자 크리에이터로서 경력을 구축하고 성장할 수 있는 방법이다. 대단한 작품을 만든다면 언젠가는 고객을 찾을지 모른다. 하지만 언제까지 앉아서 그들을 기다려야 하는가?

애플의 신제품들이 출시될 때마다 애플 스토어는 사람들로 장사진을 이룬다. 명예의 전당에 오른 사람들을 보면 첫 시즌에 기록을 수립하거나 데뷔하자마자 기록을 세우곤 한다. 많은 고전 도서들이 출간 즉시 베스트셀러 목록에 올랐다. 당신이라고 지금 바로 홈런을 치지 **말란** 법은 없다.

"아, 저는 장기전을 치르고 있어요. 그래서 저 자신을 마케팅하는 방법은 중요하지 않아요." 이렇게 말하며 어리석게 굴지 마라. 작가 윌리엄 서머셋 모옴W. Somerset Maugham은 '후대'까지 알려지는 자가 사람들을 놀라게 만들 수 있다고 지적했다. 시장과 역사가 당대에 유명한 자들 중 몇 사람을 선택한다는 말이었다. 그는 이렇게 말했다. "불멸의 지위를 얻을 만한 몇몇 위대한 걸작들은 미디어로부터 사산 선고를 받는데, 그러면 후세의 사람들은 그 작품을 절대 알 수 없다." 이것이 트루먼 카포티가 "자신의 책을 강매라도 해야 한다"라고 말한 이유다. 당신이 무엇을 만들게 되든 마찬가지다. 당신은 당신 작품을 사람들에게 서둘러 알려야 한다.

"사람들은 다른 사람들이 좋아하는 것을 좋아하는 경향이 있다." 캐스 선스타인Cass Sunstein은 〈스타워즈〉가 센세이션을 어떻게 일으켰는지에 관한 흥미로운 연구를 통해 이렇게 주장했다. "야단법석이 벌어질 때마다 사람들은 대부분 어찌된 일인지 알고 싶어한다." **바로 이것이** 마케팅으로 만들어내야 하는 반응이다.

호들갑스러운 상황은 천천히 발생할 수도 있지만 빠르고 집중적일 때 더욱 강력한 힘을 발휘한다. 그렇기 때문에 소란스럽게 마케팅 하지 말아야 할 이유는 전혀 없다. 출시의 적절성 여부는 얼마든지 통제가 가능하다. 홍보 회사가 없어도, 대규모 광고 예산이 없어도 당신은 마케팅이라는 해안포 사격, 즉 미디어, 인터뷰, 뉴스 기사, 소셜미디어 상의 공유, 열렬한 팬들의 사전 주문, 상점 배치 등을 시작할 수 있다. 내가 직접 해봤고 다른 사람들을 도와줘봐서 이것이 충분히 가능하다는 걸 잘 안다. 트루먼 카포티의 《인 콜드 블러드》를 출간할 때 출판사는 질주하는 기차와 같은 작가의 마케팅 활동에 '카포티 스페셜'이란 말을 붙였다. 그리고 다른 사람들을 모두 객석에 태우고 카포티가 기차를 모는 식이었다고 털어놨다.

제임스 알투처는 내 회사인 브라스 체크와 함께 작업하기 전에 11권의 책을 썼다. 모두 뛰어난 책이었지만 어느 것도 특별히 잘 팔리지는 않았다. 과거에 그는 특별한 계획 없이 책을 내놓기만 하는 식이었는데, 《과감한 선택》을 시작으로 철저한 편집을 수용했을 뿐만 아니라 '적절한 출시'에 관한 우리 회사의 아이디어를 받아들였다. 제임스와 우리는 이 책에서 앞으로 자세히 언급될 거의 모든 전략을 따르기로 결정했다. 하지만 우리가 이룬 가장 큰 변화는 모든 노력을 '발사 가능 시간대^launch window •'에 집중시켰다는 점이다. 많은 크리에이터들이 세상에 그저 자기 작품을 내보내기만을 원하는

● 로켓 또는 우주선을 발사하여 궤도에 올려놓을 수 있는 시간대를 말한다. 여기에서는 제품을 목표로 하는 판매 궤도에 올려놓기 위해 최대한 집중적으로 사전 마케팅 활동을 하는 시점을 의미한다.

것 같다. 작가의 경우 자비출판을 할 때는 특히 더 그렇다. 기다리고 싶어하지 않는다. 그저 앞으로 나아가길 원한다.

우리는 '임계 속도'에 빨리 도달할수록 장기적인 판매 가능성이 더 높아진다는 것을 알고 있었다. 이는 기다릴 줄 알아야 하고 조정이 필요하다는 의미였다. 출간을 준비하던 중에 나는 제임스가 원하는 신문기사나 인터뷰에 대해 그와 몇 번 이야기를 나눴던 것을 기억한다. 나는 그때 그에게 기다리자고 말했다. "출간일에 모든 것을 내놓자고요."

예전에는 여러 제품들이 출시일을 정해놓곤 했다. 출시일은 말 그대로 상점에서 제품을 구매할 수 있는 첫날이고, 길고 힘든 생산, 배송, 보관 등 온갖 종류의 장애물을 넘었다는 일종의 기념일이기도 했다. 하지만 요즘에는 5초만에 새로운 상품을 온라인에 올릴 수 있다. 이제는 출시일이 선택사항이 됐다. 당신은 이런 상황 때문에 언제 출시할 것인가에 대한 부분이 덜 중요해졌다고 생각할지 모르지만 그렇지 않다.

마케팅 관점에서 볼 때 제대로 된 출시 시점을 결정하는 것은 필수적이다. 그냥 아무 날을 골라잡아서는 안 된다. 그렇다. '발사 가능 시간대'란 말은 인위적인 개념이지만 그렇다고 해서 그것이 중요하지 않다는 뜻은 아니다. 사실 출시 시점을 결정하는 일은 과거 어느 때보다 지금 더 중요해졌다. 사람들에게는 너무 많은 선택지가 있고 그들은 잘 팔리는 제품을 선택하려고 한다. 즉 선스타인의 말처럼 사람들은 다른 사람들이 선택하는 제품을 선택한다.

제임스의 책은 조회수가 높은 신간 소개 동영상 채널부터 수많은 도발적인 신문기사들, 상당수의 아마존 리뷰, 여러 팟캐스트의 소개, 미디어의 주목 등 여러 가지 면에서 성공을 거뒀다. 이 모두는 서로 다른 고객들의 마음을 두드렸고, 동시에 모든 커뮤니티로 입소문이 퍼지게 만들었다. 이것은 곧 커다란 불을 일으키는 불꽃이 됐다.

나는 마케팅 기간 중에 '@SteveCronk'란 아이디의 트위터 팔로어가 올린 글을 저장해뒀다. 왜 출시가 중요한지를 함축하는 글이었기 때문이다.

좋아요, @jamesaltucher 당신의 책을 구매하겠습니다. 지난 2주처럼 '인터넷상의 모든 곳'에 노출시키려는 노력을 이제는 중단하세요.

'해안포 사격'은 효과적이었다. 우리는 계속적인 공격으로 팬들을 쓰러뜨렸고, 마케팅 전략대로 약속한 시기에 맞춰 책을 내보냈다. 입소문은 이 과정에서 다음을 위한 연결고리였다.

물론 다른 방식으로 전개했어도 《과감한 선택》은 잘 팔렸을 거라고 생각한다. 하지만 지금처럼 50만부 이상 팔리지는 못했을 것이고, 그렇게 빨리 그 정도의 판매량에 도달하지 못했을 것이다. 제임스가 출간을 위해서 했던 모든 일들, 즉 신문기사부터 인터뷰에 이르는 모든 일들은 다른 방식으로 진행했어도 어쨌든 행해질 일들이었다. 중요한 점은 우리가 그런 활동을 짧은 시기에 집중했다는 점이다.

어떤 노래든 사람들에게 더 자주 들릴수록 히트할 가능성이 높다. 음반회사들은 이 사실을 잘 알고 있다. 그래서 노래를 틀어주기로 약속한 방송국의 수를 임계치까지 확보하고 나서야 음반을 출시하려고 애쓴다. 이것은 어떤 제품을 마케팅하든 간에 마찬가지다. 그런 사전 마케팅 작업을 미리 해둬야 당신의 제품이 갑자기 모든 곳에 나타난 듯한 느낌을 줄 수 있다.

그렇게 하려면 당신은 적절한 출시 시점뿐만 아니라 히트하기 위한 충분한 '활주로'가 있는지 파악해야 한다. 출시의 구성요소들, 즉 미디어, 인맥, 인플루언서, 광고, 창의적 콘텐츠 등은 활용하는 데 모두 시간이 걸리고 노력을 필요로 한다. 그것들을 올바르게 행하는 것, 올바른 순서대로 계획하는 것, 적절히 조율하는 것은 마치 군사작전과 같다. 도박하지 마라. 서두르지 마라!

● 협업할 때 해야 할 것들

출시에 있어 '언제' 외에 가장 중요한 부분은 바로 '무엇'이다. 다시 말해, **'무엇을 함께 할 것인가?'**이다. 출시를 계획하는 사람은 첫 번째로 자리에 앉아 이 제품을 다른 사람 손에 전달하기 위해 사용됐을 법한 모든 방법들을 일람표로 정리해야 한다. 이를테면 이렇게.

- 개인적, 직업적으로 관계 맺은 사람들, 가족 관계 등의 인맥
- 미디어 연락처
- 비슷한 제품을 출시했던 과거 사례에서 얻은 연구 결과나 정보. 무엇이 효과적이었고 그렇지 않았는지, 해야 할 일과 하지 말아야 할 일 등을 적어보라.
- 신세 진 사람들
- 잠재적인 광고 예산
- 자원이나 협력자. 예를 들면 "이 블로거는 (　　) 것에 정말로 열성적이야"처럼 말할 수 있는 대상. 괄호 속에 당신이 출시하려는 것과 연관된 주제나 연결고리를 넣어보라.

에너지를 쏟아붓고자 하는 모든 마케팅 활동들을 목록으로 정리하는 일은 필수적이다. 생각만 해도 머리가 지끈거리지만 이 과정을 위해 내가 가장 좋아하는 전략은 그저 '나의 세상에 부탁하기'이다. 팬과 친구들에게 움직일 준비를 하라고 말하는 것이다(이 책의 4장 '플랫폼'을 참조하라). 나는 이 방법을 '군대 동원하기'라고 부른다. 나는 재빨리 온라인 양식을 만들어 내 블로그뿐만 아니라 페이스북 페이지와 기타 소셜미디어 계정에 올린다. 과거에는 롤로덱스Rolodex 같은 다른 도구들이 사용되곤 했고 미래에는 당연히 더욱 새롭고 더욱 색다른 도구가 생겨날 테지만 어떤 도구를 사용하든 당신이 말해야 할 내용은 동일하다.

"여러분은 제가 (　　)에 오랫동안 몰두했다는 걸 잘 알 겁니다.

그것은 (　　)을 위해 (　　)을 하는 (　　)이죠. 저는 정말로 여러분의 도움이 필요합니다. 혹시 미디어 종사자이거나 목표 대상이 되는 한 사람을 알고 있다면, 아니면 제가 이 물건을 출시할 때 도움이 될 만한 아이디어나 인맥, '자산'을 가지고 있다면, 당신이 누구인지, 무엇을 알려줄 수 있는지, 무엇이 도움이 될 만 한지, 어떻게 연락해야 하는지를 저에게 간단하게 알려주세요."

당신이 가진 플랫폼의 규모에 따라 다르겠지만, 당신이 받는 메시지의 수는 수십 개에서 수천 개에 이를 것이고, 당신은 그 메시지 속에서 도움이 되는 것들을 찾을 수 있다.

사람들은 보통 자산을 가지고 있으면서도 누가 물어봐야 자신이 뭘 가지고 있는지 생각해내곤 한다. "저는 (여기에 중요인물을 넣어보라)와 함께 대학에 다녔어요." "아, 맞아요. (여기에 기자 이름을 넣어라)는 몇 년 전에 우리 회사에 대한 기사를 썼습니다." 아마도 당신은 어떤 소셜미디어든지 간에 영향력 있는 계정을 하나쯤은 가지고 있을 것이다. 당신이 지난 수년 간 쌓아놓은 이메일 연락처들은 또 어떤가? 당신이 자란 도시의 신문은 지역의 성공 스토리를 기사로 즐겨 쓸지 모른다. 전에는 들어본 적 없겠지만 이것 역시 자산이다.

하지만 당신이 얼마나 많은 관계를 가지고 있든, 당신이 느끼기에 그 관계가 미약하고 보잘것없든 그 모두를 스프레드시트에 기록하라. 사람들의 이름, 당신과의 연결고리, 약속, 신세졌던 내용 등을 모두 펼쳐놓고서 각각의 사람들과 협업해야 할 것이 무엇인지 살펴보라. 스프레드시트 크기가 작아도 상관없다. 하지만 나는 그 크기가 얼마 되지 않는다면 그게 무엇을 말해주는지 잠시 생각하곤 한다. 나 혼자 진행하면서 그러한 자원의 부족함을 과감한 시도와 다른 방법으로 벌충해야 한다는 뜻인가? 아니면 자원을 좀 더 확보하고 준비할 때까지 기다리는 것이 좋다는 뜻인가?

군 지휘관은 얼마나 많은 병사, 무기와 보급품을 보유하고 있는지 모르는 상태로 전투에 임하지 않는다. 그리고 어느 하나를 충분히 갖추지 못했다는 판단이 서면 전투를 보류한다. 흔히 말하듯 신중함이 진정한 용기다.

당신이 가진 다른 자산은 바로 작품 자체다. 만약 그것이 어떤 문제를 해결하는 데 실제로 성공했다면, 당신이 지금 손에 쥔 것은 상당수의 서로 다른 사람들만큼의 가치를 지닌다. 이렇게 되면 그 작품은 내가 이제껏 본 가장 강력하고 반직관적인 마케팅 전략의 중심에서 두 가지 임무를 수행할 수 있다.

● 공짜로, 공짜로, 공짜로!

힙합 뮤지션 50센트50Cent는 세계에서 가장 유명하고 가장 많은 음반 판매량을 기록하는 래퍼가 되기 전에 자메이카 퀸즈 거리에서 마약을 팔았다. 당시 그의 전략 중 하나는 자신의 라이벌 마약 판매상을 털어 물건을 가져오는 사람에게 샘플 마약을 공짜로 주는 것이었다. 이렇게 상당수의 의뢰인들이 그의 계략에 걸려들었고 그는 일대 마약 시장을 장악했다.

이런 방식은 법에 어긋나긴 하지만 도덕성을 잠시 제쳐두면 뛰어난 마케팅이자 판매 전략이라고 말할 수 있다. 한번은 어느 똑똑한 친구가 내게 마케팅 기술은 '중독자를 찾는' 문제라고 표현한 적이 있다. 그게 50센트가 했던 방식이었고 모든 크리에이터들이 작품을 출시할 때 시도하는 바를 상징적으로 보여주는 말이었다. 아이폰 새 모델이 출시되는 날에 애플 스토어 바깥으로 길게 선 줄을 **본적**이 있는가? 혹은 〈스타워즈〉 시리즈가 개봉되기 전에 멀티플렉스 극장 밖으로 장사진이 펼쳐진 모습은? 아니면 새로운 르브론 제임스^{LeBron James} 농구화가 출시되는 날 나이키타운 매장에 몰려든 군중은? 이런 사람들은 알뜰 소비자도 아니고 태평스러운 팬도 아니다. 그들은 **중독자**다.

이 책의 처음 두 장에서 다룬 내용은 당신의 작품을 어떻게 중독성 있고 매혹적으로 만들 것인가에 관한 이야기였다. 품질은 더 이상 이슈가 아니다. 당신의 문제는 대부분의 사람들이 **당신 작품이 존재하는지조차 모른다**는 점이다. 들어본 적도 없고 먹어본 적도 없는 음식의 맛을 어찌 알겠는가?

출판업자이자 최신 기술 전문가인 팀 오릴리^{Tim O'Reilly}는 이를 잘 표현한다. "대부분의 아티스트들이 가진 문제는 저작권 침해가 아닙니다. 무명이라는 점이죠." 다시 말해 아티스트는 자신의 작품을 누가 훔치거나 공짜로 이용하지 못하도록 많은 시간을 할애하지만, 적은 보수를 받는 것보다 **무명**이라는 점이 아티스트에게 훨씬 가혹한 운명이라는 사실을 잊곤 한다.

당신이 판매하는 것을 구매자가 사용하려면 얼마의 돈이 들까? 20달러? 50달러? 아니면 1,000달러? 가격을 얼마로 설정하든 간에 고객은 선불로 그 값을 지불해야 한다. 하지만 이게 전부가 아니다. 실제 비용 외에도 구매자에게는 그 제품을 소비하느라 들인 시간 역시 비용이다. 즉 당신의 제품을 소비하기로 선택하는 바람에 놓치고 만 모든 것들이 비용이란 뜻이다. 경제학자들은 이를 '기회비용'이라고 부른다. 어떤 영화가 별로라고 해도 내 인생이 그 영화를 보기 두 시간 전으로 돌아갈 수 없다. 변변찮은 앨범을 듣느라 버린 시간을 보상받지 못한다. 인생은 짧다. 많은 책들 중에서 하나를 선택한다는 것은 다른 책을 읽지 않기로 선택하는 것과 같다. 이것이 소비자들에게는 마음의 부담이 된다.

크리에이터들이 놓치는 또 다른 비용이 있다. 사람들이 당신의 작품을 찾는 데 얼마나 많은 비용이 들까? 작품에 관한 리뷰를 읽거나 기사를 찾아 읽는 비용은? 다운로드하는 데 드는 시간, 물건이 도착할 때까지 기다리는 시간, 혹은 설치하는 데 걸리는 시간은? 이러한 비용은 당신 작품이 공짜라고 해도 존재한다! 공짜 콘서트인데도 관람하지 않고 길거리에서 공짜로 나눠주는 샘플을 받지 않으려고 했던 경우를 생각해보라. 어떤 고장이라도 100퍼센트 보장해주고 마음에 들지 않으면 전액 환불해준다고 해도 제품을 사지 않았던 경험도 떠올려보라. 이렇게 생각해보면 사람들이 무엇인가를 구매해서 사용하는 행위가 정말로 놀라운 일임을 알 수 있다!

"이걸 구입하세요"라는 말은 사실 사람들로부터 **많은 것**을 요구하는 셈이다. 크리에이터로서 처음 데뷔한다면 더욱 그렇다. 왜 사람들이 왜 당신의 부탁을 들어줘야 할까? 왜 그들이 당신을 신뢰해야 할까? 왜 리스크를 부담해야 할까? 매우 인기있는 〈울Wool〉 시리즈의 작가이자 자비출판 시대의 첫 번째 거물급 크리에이터 중 한 사람인 휴 하우이Hugh Howey는 잠깐이라도 최소한 본인의 저작 일부를 무료로 공개하는 것이 이제 막 데뷔하려는 작가들에게 필수적이라고 말했다. "공개한 내용은 고객을 모으는 데 한몫한다. 공짜로 혹은 아주 싸게 공개하는 것이 도움이 된다"라고 그는 지적한다. 발견, 구매, 사용, 폐기의 모든 과정을 가능한 한 쉽고 철저하게 만드는 것도 마찬가지다. 당신 작품을 소비하는 데 드는 비용을 많이 줄여줄수록 더 많은 사람들이 그것을 찾아 쓸 것이다. 가격, 유통, 기타 변수들은 비즈니스에 필수적인 의사결정일 뿐만 아니라 **마케팅**에도 필수적인 의사결정이다.

팀 페리스는 이와 관련하여 흥미로운 질문을 던졌다. "만약 TED가 처음부터 동영상 구독료를 부과했다면 TED는 지금 어떤 모습일까?" 첫 번째 동영상이 올라온 이래 수십억 조회수를 달성할 정도로 확산되기보다 '이름없는 사이트'에 가깝지 않았을까? 알다시피 TED 동영상들은 공짜로 온라인에 배포되어 있다. 실제로 강연에 참석하려면 1만 달러에 가까운 비용이 든다. '하나는 다른 하나를 끌어들인다'라는 아이디어가 TED에 숨어있다.

물론 공짜 전략은 몇몇 작품에 적용하기 용이한 방법이다. 프리티 라이츠Pretty Lights라는 이름으로 활동하는 인디 뮤지션 데렉 빈센트 스미스Derek Vincent Smith는 이 전략을 아주 자주 사용해서 라이브 쇼에 엄청난 관객을 동원했을 뿐만 아니라 그래미상 후보에 오르기까지 했다. 2006년에 첫 앨범을 시작으로 프리티 라이츠는 모든 앨범을 자신의 웹사이트에 공짜로 올려놓았다. 그는 〈패스트 컴퍼니Fast Company〉와의 인터뷰에서 "저는 라이브 공연으로 제 자신과 제 음악을 지탱해야 한다고 생각했습니다. 그래서 가능한 한 많은 스피커를 통해 음악이 알려지길 바랐죠"라고 말했다.

2008년부터 프리티 라이츠의 음악은 아이튠즈와 아마존을 통해 유료로 다운로드 받을 수 있었지만 그가 운영하는 웹사이트를 통하면 누구나 무료로 다운로드 받을 수 있었다. 덕분에 그의 팬들은 금전적으로도 그를 계속 응원할 수 있었고, 동시에 그는 무료 다운로드를 통해 청취자를 계속 늘려갔다. 2014년까지 스미스는 한 달 평균 3,000건의 유료 앨범 다운로드, 2만 1,500건의 유료 싱글 다운로드를 달성했으며, 스포티파이 같은 플랫폼을 통해 300만 건의 유료 스트리밍을 기록했다. 발매 첫 주에 수십만 건의 무료 다운로드 수를 기록했던 그의 앨범 〈어 컬러 맵 오브 더 썬A Color Map of the Sun〉은 2014년에 그래미상 후보에 올랐다.

음악을 무료로 배포하는 것은 판매를 저해하지 않는다. 나는 내 음악 라이브러리를 들춰보다가 몇 년 동안 적어도 100번은 들었던 두 개의 앨범을 우연히 발견한 적이 있다. 내가 평소에 듣는 밴드가 아니었기 때문에 두 앨범을 어떻게 처음 듣게 됐는지 기억을 되짚어보았다. 두 앨범은 발매된 첫 주 동안 MTV.com에서 흘러나오던 것이었다. 당시 고등학생이었던 나는 그 음악을 듣고 CD를 구매했었는데, 지금 두 앨범은 노트북을 바꿔도 아이폰을 바꿔도 계속 나를 따라다니고 있다.

책의 경우 공짜 전략은 다양한 방식으로 적용 가능하다. 저자는 일부 챕터나 발췌한 내용, 아니면 미리보기를 제공할 수 있다. 혹은 일부 독자들에게 모든 내용을 무료로 풀거나, 저자의 유료 강의를 신청하면 책을 증정하는 식으로 무료로 책을 사는 이벤트를 열수도 있다. 나 역시 내 책을 다양한 방식으로 온라인에서 무료로 배포하고 있다. 보통 책 내용 중 좋은 부분을 발췌해 온라인상에 올리는데, 이것이 내게는 최상의 마케팅 방법이다. 심지어 내 책이 해적사이트에 업로드되기도 하는데 나 역시 과거에 그런 무료 책을 받아 보기도 했다. 터커 맥스의 《지옥에도 맥주가 있으면 좋겠어》에 나오는 이야기들은 모두 온라인에서 구할 수 있었지만 150만 부 이상 '유료'로 팔리는 기세를 꺾지 못했다. 오히려 공짜 이야기는 유료 판매를 크게 촉진시켰다. 영화로 만들어져 큰 흥행을 일으킨 소설 《비치스Beaches》는 1985년에 〈로스엔젤레스 타임스Los Angeles Times〉를 통해 선착순 2,000명에게 책을 무료로 제공하는 캠페인을 열었다. 이 캠페인에는 '한 부는 친구에게'는 행사도 포함되어 있었다.

작가 파울로 코엘료는 나조차 말문이 막힐 정도로 공짜 전략을 적극적으로 구사했다. 그는 저작권 침해 따위는 아랑곳하지 않았다. 심지어 **자발적으로 자신의 책을** 러시아와 같은 국가의 토렌트 사이트에 올려놓았다. 왜 그랬을까? 그에겐 마케팅 예산이 없었고, 접근하기 어려운 국가에서 적법한 판매를 촉진시킬 가장 빠르고 가장 효과적인 방법이 그것이라고 생각했기 때문이다. 코엘료는 러시아에서 1년에 자신의 소설을 1만 부 가량 판매했다. 토렌트 사이트에 몽땅 공개한 다음 해에 그는 10만 부를 팔았다. 코엘료는 인도 거리에서 본인 책의 해적판을 판매하는 어린 소년의 사진을 페이스북에 올린 적이 있는데 소년을 탓하기 위해서가 아니라 감사하기 위해 사진을 올렸다고 했다. "사람들이 이걸 해적판이라고 부른다는 걸 알아요. 하지만 이 해적판은 저에겐 명예로운 것이고 이 어린 소년이 돈을 벌 수 있는 정직한 수단입니다." 코엘료는 거의 전례가 없는 수준인 1억 6,500만 부의 책을 팔았다. 공짜 전략이 정말로 효과가 있다는 증거 아니겠는가? 하지만 이런 전략에 대해 의뢰인들을 설득한다는 게 항상 쉽지는 않다. 하지만 이런 속담도 있지 않은가? "허락을 구하는 것보다 용서를 구하는 것이 더 낫다."

이런 공짜 전략을 전통적인 출판업 혹은 진짜 전통적인 비즈니스가 운영되는 방식과 비교해보라. 그들은 모든 돈을 아껴 쓰며 무엇을 하든지 한 방울의 수익이라도 쥐어짜려고 애쓴다. 그 과정에서 장기적인 매출과 성장 가능성을 저해하면서도 그렇게 한다.

메탈리카는 파일 공유 사이트가 자기네 음악을 불법 복제한다고 소송을 걸었다. 라디오 방송국이 그들이 연주하는 헤비메탈 장르 '스래시 메탈thrash metal'은 틀지 않겠다고 했을 때 친구끼리 테이프를 교환하는 방식으로 팬을 구축했으면서 말이다. 요즘 영리한 크리에이터들은 자신들의 음악을 더 많은 청취자에게 들려줄수록 더 좋다는 사실을 알고 있다. 과거에 나는 세계에서 가장 큰 불법 공유 사이트 중 하나인 비트토렌트BitTorrent와 파트너십을 맺어 마케팅을 진행한 적이 있는데 정확히 그런 이유로 음악과 책을 무료로 배포했었다.

공짜로 퍼주면 잠재 매출을 잃을까 염려되는가? 물론 리스크가 있긴 하다. 하지만 다른 대안들보다는 낫다. 유명한 SF작가이자 블로그 편집자인 코리 닥터로우Cory Doctorow는 이렇게 설명한 바 있다. "예술 분야에서 명성을 돈으로 바꾸기 어렵긴 하지만 무명을 돈으로 바꾸는 것은 불가능하다. 책을 팔고 광고를 하고 후원을 얻고, 크라우드 펀딩을 받고 수수료를 취하고 돈을 벌 방법을 찾아낸 사람에게 라이센스를 주는 등, 돈을 벌기 위한 계획을 어떻게 세우는가 하는 것은 중요하지 않다. 사람들이 당신의 작품을 들어본 적이 없다면 당신에겐 기회가 없다."

엄청 저렴한데도 당신이 구매하지 않은 것들이 얼마나 많은지 떠올려보라. 소비자 입장에서 선택지는 풍부하다. 세상에는 살면서 한 번도 소비하지 않을 물건들이 너무 많고, 그래서 사람들은 많은 제품들을 그냥 쓱 보고 넘어간다. 특히 비싸 보이는 물건에는 더욱 그렇다.

이것이 크리에이터로서 우리가 우리의 작품을 사람들에게 맛보기로 내주는 것에 좀 더 편안해져야 하는 이유다. 로버트 그린은 《마스터리의 법칙》 집필을 위해 유명 장인들과 나눴던 약 1,000페이지 분량의 인터뷰를 정리해 전자책으로 만들어 무료로 배포했다. 그 파일은 2만 번 넘게 다운로드 되어 아마존에서 115위에 올랐으며,《마스터리의 법칙》을 뉴욕타임스 베스트셀러 1위에 랭크시키는 데 큰 기여를 했다. 이것이 목표 대상을 구축함으로써 판매의 가속도를 얻는 방법이다. 당신이 공짜 전략을 염두에 둔다면 생각보다 사람들이 그런 아이디어를 이미 편안하게 생각한다는 사실을 알게 된다. 기자가 기사를 쓰기 위해 당신 작품을 보거나 써보고자 한다면 그에게 비용을 청구할 것인가? 수백만 명의 팔로어를 가진 소셜 미디어 스타가 당신의 작품을 좋아하더라는 말을 전해 들으면 그에게 작품 몇 개를 보내줄까 말까 망설이겠는가?

기존 고객도 마찬가지다. 어느 정도 그들을 유혹해야 하는데 공짜 전략이 최고의 방법이 되곤 한다. 이익을 지향하는 거대 기업들 역시 이처럼 유쾌하지 않은 사실을 받아들여야 한다. 얼마나 많은 사람들이 친구가 지불하는 HBO GO와 넷플릭스 계정을 공유해서 사용하고 있는지 아는가?

이와 같은 부정행위들은 사실 쉽게 차단될 수 있지만 콘텐츠 제공자들은 일부러 부정행위를 허용하며 소위 **프리미엄**freemium을 제공한다. 일단 제품을 무료로 제공한 다음 기막히게 좋은 기능을 얹은 '프리미엄premium 버전'에는 돈을 지불하도록 만든다는 개념이다. 이것이 일정 금액을 내야 추가적으로 고급 콘텐츠를 볼 수 있게 하는 '페이월paywall'의 핵심이다. 사람들은 매달 〈뉴욕타임스〉의 기사 10편을 공짜로 읽을 수 있지만 더 많은 기사를 보고 싶으면 이 신문사에 자신의 신용카드 번호를 알려줘야 한다.

이와 비슷한 방식으로 나를 유혹했던 서비스들이 몇 가지 있다. 스포티파이, 드롭캠, 베이스캠프, 아마존 프라임 등이 그런 서비스들이다. 이들 중 몇몇은 30일 혹은 40일 무료 체험 기간을 제공했다. 다른 서비스들은 고급 버전에서 일부 기능을 삭제한 입문 버전이었다. 나는 처음에 공짜로 이용할 수 있었다는 것 때문에 눈에 뻔히 보이는 그 유혹에 넘어갔고 지금은 돈을 내고 그 서비스들을 이용한다.

그렇다고 해서 불법 공유에 대한 반사적인 반응이 나쁘다는 뜻은 아니다. 메탈리카의 소송은 법적 측면에서 분명 정당한 대응이었다. 단지 그들은 그저 근시안적이었을 뿐이다.

유머 작가이자 'TheBestPageintheUniverse.com' 출신의 매독스Maddox라고 알려진 조지 오조유니언George Ouzounian은 자신의 글을 20년 동안 온라인에 거의 100퍼센트 무료(광고도 없이)로 배포했다. 지난 15년 동안 그의 글들은 약 5억 번이나 읽혔다. 그는 나와 이야기를 나누던 중에 자신의 '무료 콘텐츠'를 언급했고 내 생각을 바로잡아 줬다. "공짜이면서 공유 가능한 콘텐츠를 만든다는 것이 저에겐 핵심입니다. 제 글들을 유지 관리하려면 상당한 노력이 요구됩니다. 광고를 붙여 돈을 벌지 않기 때문인데, 저는 제 웹사이트에서 이 점을 분명하게 이야기합니다. 그래서 독자들에게 두 가지를 전달하죠. 첫째, 글 때문에 제가 희생하는 면이 있다는 것, 다시 말해 말할 것이 있기 때문에 글을 쓸 수밖에 없음을 이야기하죠. 둘째,

저는 제 메시지에 진실을 담는다는 것을 분명히 전달합니다. 광고를 달지 않는다는 약속을 이행함으로써 저는 제 팬들과 신뢰를 쌓아가고 있어요. 그 신뢰는 너무 모자라지도 않고 너무 지나치지도 않은 적정선에서 제 작품을 홍보할 때 아주 큰 가치를 지니죠. 이것이 바로 제가 작품과 서비스, 혹은 사람을 홍보할 때 큰 성공을 거두는 이유입니다."

그는 웹사이트로 티셔츠를 판매하여 수백만 달러를 벌어들였을 뿐만 아니라, 〈뉴욕타임스〉 베스트셀러에 오른 자신의 책을 본인의 웹사이트를 통해 마케팅했다. 그 책은 지금도 판매되고 있다.

● 공짜가 안 된다면 저렴하게

로스엔젤레스에서 내가 가장 좋아하는 레스토랑 중 하나인 클립톤스 카페테리아는 유서 깊은 곳으로, 중앙에 나무 한 그루가 높이 서 있고 프랭클린 루스벨트가 대통령이던 시절부터 불을 밝혀온 네온사인이 있는 다운타운에 위치해 있다. 브룩데일이라는 이 지역은 폭포와 박제 전시관, 신비스러운 예배당으로 잘 알려진 곳이다. 잭 케루악의 소설 《길 위에서》에 언급된 내용이므로 이 소설을 읽었다면 친숙하게 들릴 수도 있다. 문을 연 지 75년이 흘렀지만 여전히 이곳에서 영업 중인 클립톤스는 새로운 세대를 위해 2015년에 리모델링을 감행했다. 새로운 소유주 앤드루 마이어런은 문화적 명소로서 클럽톤스가 이룬 성공이 '영원함' 속에 있음을 보여준다. 하지만 나는 그 70년의 성공을 '좀 더 단순한 가치'를 내세운 비즈니스로 표현할 수 있다고 생각한다. 그것은 바로 그들이 음식값을 '싸게 유지했다'는 점이다. 클럽톤스의 음식값은 대공황 때에도 '당신이 지불할 수 있는 만큼 지불하시오'라는 정책을 가지고 있을 정도로 저렴했다. 마이어런의 설명에 따르면 "그런 정책이 공동체라는 일체감을 자아냈고 세대가 바뀌어도 계속 사람들을 끌어당기는 충성스러운 고객 베이스를 만들었다." 레이 브래드버리Ray Bradbury, 찰스 부코브스키Charles Bukowski와 같은 작가도 이 공동체의 일원이었다. 둘은 가난했지만 이곳에서 공짜 레모네이드와 저렴한 음식을 즐겼고, 성공한 후 이곳에 돌아와 돈을 지불했다. 브래드버리는 자신의 89번째 생일을 이곳에서 자축했다.

공짜 전략은 좋은 전략이지만 모든 상황에 항상 효과적인 것은 아니다. 예를 들어 이 책은 내가 공짜 전략을 옹호한다고 해도 무료로 출판되기는 힘들다. 내가 독자들을 통해 다양한 방식으로 수익을 내기 위해 무료로 책을 많이 뿌리고 싶어도 출판사가 내 의견에 동의하기는 쉽지 않다. 출판사의 비즈니스는 책을 파는 것이기 때문이다. 홍보 노출을 위해 많은 책을 무료로 배포하고 나서도 어떤 시점이 되면 유료로 전환할 때가 오거나, 노출 효과가 별로 도움이 안 될 수도 있다. 공짜 전략이 무한정 효과를 발휘하는 분야는 아주 드물다. 결국 비즈니스는 비즈니스다.

클럽톤스 역시 이를 깨달았다. 소유주는 사람들에게 서빙하는 일

을 아주 좋아했고 흔쾌히 음식을 공짜로 제공했다. '마음에 들지 않는
다면 식사는 공짜! 여러분은 파티를 열기만 하세요. 우리가 케이크를 쏩니다!'
라는 슬로건까지 있었다. 그러다가 그는 거듭되는 손실을 메울 수
없었고 거의 파산할 지경으로 몰리고 말았다. 요즘 클립톤스의 음
식은 공짜가 아니다. 새로운 소유주는 음식과 실내 인테리어를 개
선하는 데 수백만 달러를 투자했는데, 공정하고 유지 가능한 음식
가격을 책정함으로써 비즈니스가 다음 세기에도 계속되도록 애쓰
고 있다. 모든 게 그렇듯이 '균형'이 필요하다.

그렇다면 다음에 던질 질문은 이렇다. "적절한 가격이란 어느 정
도일까?" 논란을 불러일으킬지 모르지만 나의 대답은 이렇다. "제품
에 대한 인식을 저해하지 않는 선에서 가능한 한 저렴하게." 물론 최고 위
치의 프리미엄 브랜드는 예외다. 이 경우에는 가격이 제품에 대한
인식에 영향을 미치지 않는다고 생각한다.

어떤 분야든 간에 고전적인 것(클래식)은 두 가지 특징을 가지
고 있다. 첫째, 그것은 말 그대로 '좋다.' 둘째, 많은 사람들이 소비
해왔다는 점이다. 독자층, 청취자층, 사용자 기반, 혹은 고객 기반을
초기에 구축하는 가장 좋은 방법 중 하나는 '저렴하게 만드는 것'
이다.

뤼글리Wrigley의 5개 들이 껌이 35센트인 이유가 있다. 뤼글리의 홍
보 담당자는 1986년에 가격을 25센트에서 35센트로 올린다고 발표
하면서 이렇게 말했다. "우리는 시장에서 제품 가격을 선도하는 쪽
은 아닙니다. 하지만 뤼글리가 가격을 올리면 주목을 끌죠." 빅Bic 볼

펜이 처음 나올 때 가격은 19센트였다. 50년이 흐른 지금, 인플레이션을 감안하면 그때와 거의 같은 가격을 유지하고 있다. 가격을 낮게 유지함으로써 수백만 명의 사람들이 그 펜을 기본으로 여기게 됐다. 빅의 마케팅 전략은 유명인사가 등장하는 값비싼 광고 캠페인을 진행하는 대신 그저 가격을 낮게 유지하는 것이었다. 물론 쉽지 않은 일이다.

아마존은 책에 대한 가격 책정 및 판매 데이터를 꽤 많이 보유하고 있다. 아마존에 따르면, 책 가격이 저렴할수록 더 많은 사람들이 책을 구매한다. 결국 책 값이 비싼 경우보다 돈을 더 많이 번다. 경제학자들은 이것을 '가격 탄력성price elasticity'이라고 부른다. 가격 탄력성은 거의 모든 제품들에서 찾아볼 수 있는데, 특히 출시 시점에 더 확실하게 다가온다. 가격이 쌀수록 좀 더 많은 사람들이 구매에 나서고 좀 더 쉽게 시장에 퍼진다. 그렇다. 가격이 비쌀수록 많은 사람들이 갖고 싶어하는, 소위 '베블런재Veblen good(가격 상승과 함께 수요가 증가하는 상품)'에 해당하는 제품들이 있긴 하지만 가격이 낮을수록 수요가 증가하는 것이 일반적이다.

하지만 이렇게 증거를 제시한다고 해도 크리에이터로서는 오랜 시간을 들여 만들어낸 작품을 싼 가격에 판다는 것은 여전히 감정적으로 받아들이기 어렵다. 가격을 깎아 작품을 파는 일은 아티스트의 DNA에 반한다. 자신의 일을 진정으로 사랑하는 사람들, 자신의 작품에 높은 가치를 매기는 사람들이 상거래의 현실을 받아들이기란 쉽지 않다. 값싼 존재라는 모욕감을 느끼기 때문이다. 최근에 한 작가는 아마존에 본인의 책을 올리기를 거절했다고 말했다. 도서 판매 매출의 70퍼센트가 아마존에서 나오는데도 그가 납품을 거절한 이유는 본인의 홈페이지에서 판매하는 게 한 권당 이익이 더 높았기 때문이었다. 판매 한 건당 좀 더 많은 수익을 남기겠다는 계산이었겠지만, 그는 단기적으로 생각하는 오류를 범하고 말았다. 잠재 독자들 중 일부에게만 책을 노출시키는 것이 어떤 면에서 볼 때 사실상 '비용'이라는 점을 알지 못했다. 자기 분야에서 본인의 책을 확실히 자리매김할 수 있는 기회를 스스로 물리고 말았다.

저가 전략에 맞선 전투는 출판 역사에서 오래된 싸움이다. 레이몬드 챈들러Raymond Chandler라는 이름에 '대표적인 탐정소설가'라는 타이틀이 붙는 이유는 단 하나다. 다른 작가들과 출판사들이 페이퍼백은 종말을 맞을 거라고 생각했을 때 그는 기꺼이 페이퍼백을 수용했기 때문이다. 그가 쓴 처음 몇 권의 책들은 각각 몇 천 부 밖에 팔리지 않았지만 동일한 책들이 펄프로 만든, 값이 25센트밖에 안 되는 페이퍼백으로 **몇십만 부가** 팔리는 모습을 목격했다. 그의 첫 번째 소설《깊은 잠The Big Sleep》은 30만 부 가량이 팔렸다. 미국에서 책 1종 당 평균 판매량이 2,500부 미만이었을 때였다. 그 후 몇십 년 간 그의 책들은 페이퍼백으로 수백만 부 이상 팔려나갔다. 그는 책값 때문에 책에서 배제됐던 수많은 팬들을 새로이 확보했다. 주변에 서점이 없는 경우도 많았는데, 새로운 페이퍼백 책들은 담배가게나 주유소, 터미널 매점 등에 진열하기 충분할 정도로 저렴했다.

하지만 여전히 출판계의 많은 사람들은 그런 상황이 잘못된 것이라고 치부했다. 마치 오늘날 저렴한 전자책을 반대하듯이 페이퍼백을 거부했고 페이퍼백이 출판산업의 격을 떨어뜨리고 책의 가치를 저하시킬 거라고 생각했다. 반면 챈들러는 그런 생각이 근시안적이고 자아도취적이라고 비판했다. 어떤 편지에서 그는 세상의 모든 예술에 적용되는 논리를 펼쳐 보였다.

(출판계에 있는) 사람들에게 문학은 거의 삶의 중심입니다. 반면 꽤 학식 있는 상당수의 사람들에게 문학은 부업이나 휴식거리, 현실 도피의 수단이고 그저 가끔 영감의 원천이 되기도 하죠. 문학이 없다 해도 그들은 커피나 위스키가 없을 때보다 훨씬 잘 지낼 수 있습니다.

오늘날에도 거대 출판사들은 아마존에서 팔리는 전자책 가격을 그들 스스로 그리고 더 높게 결정할 수 있는 권한을 확보하려고 일전을 벌여왔다. 그러고는 종이책의 판매치가 올라가면 기쁨을 감추지 못했다. 챈들러의 페이퍼백은 마치 파티 테이블 한가운데에 놓인, 크고 고기가 많이 든 새로운 음식 같았다. 특히 책값이 담배 한 갑보다 싸다는 사실로 사람들의 구미를 당겼다. 챈들러는 사람들의 주목을 얻기 위한 효과적 전략이 기존의 물건들보다 좀 더 싸고 좀 더 쉽게 만드는 것임을 간파했다.

당신이 만들어낸 작품이 당신에게는 삶의 중심이겠지만 타인들에게는 하나의 옵션일 뿐이다. 더 냉정하게 말하면 그들은 당신의 작품 없이도 잘 지낼 수 있다. 영리한 크리에이터라면 이런 현실을 받아들이고 고객에게 가능한 한 쉽고 불편함 없도록 만들고 다가가는 데 집중할 줄 안다.

나는 수년 동안 여러 번의 멋진 마케팅 캠페인을 벌였는데 몇 가지는 역대 가장 뛰어난 마케팅 및 홍보 활동 리스트에 올라가 있다. 별것 아니라고 생각할지 모르지만 그중에서 내가 했던 가장 효과적인 캠페인은 바로 내 책《돌파력The Obstacle Is the Way》의 가격을 할인한 것이었다. 출판사는 전자책 가격을 9.99달러에서 3.99달러로 낮추고 저렴한 전자책을 집중 소개하는 뉴스레터를 통해 판촉을 벌였다. 판매량이 일주일만에 세 배 이상 늘고 계속 그 상태를 유지하자, 아마존은 1년 이상 내 전자책 값을 그 할인가격으로 고정했고 보조금까지 지급하며 자기네 고객들을 위한 미끼상품으로 내 책을 활용했다. 결과적으로 할인 기간이 끝나도 판매는 계속 유지됐다. 나는 이런 홍보 방식을 다른 책들에 몇 번이고 적용해서 큰 성공을 거뒀다. 노동절 때 24시간 동안 5,000부에 가까운 책을 판 적도 있다. 이런 판촉 외에 강연이나 컨설팅을 진행하면 할인에 따른 손실을 효과적으로 보상받을 수 있다. 가격은 곧 마케팅이다.

이 법칙에 예외는 있냐고? 물론이다. 이 글을 쓰는 지금, 나는 설립된 지 110년이 된 레드 윙RedWing의 300달러 짜리 부츠를 신고 있다. 내 아내가 매일 아침 사용하는 찻주전자 '소라포트'는 285달러짜리이다. 제품 가격을 할인하거나 저가 상품을 취급하는 소매업자에게 잘못 유통하는 바람에 몰락한 패션 브랜드들은 상당히 많다.

어떤 브랜드는 자기네들이 고가의 고급 브랜드라는 메시지를 보내기 위해서, 혹은 낮은 비용으로는 그런 높은 품질에 도달할 수 없기 때문에 비싸다. 하지만 이런 산업에서조차 CEO들은 개인적인 차원이겠지만 위조품과 라이센싱 생산에 대해 열린 태도를 보인다. 그들은 그런 위조품과 라이센싱 제품들이 자신들의 제품으로 고객을 입문하게 만들고 브랜드를 마케팅하는 수단이 될 수 있다는 사실을 잘 알고 있다.

하지만 일반적으로 고객들이 제품에 좀 더 쉽게 접근할수록 마케팅은 더 용이해진다. 가격은 나중에 언제든 올릴 수 있다. **먼저 목표 대상을 구축해야 한다.**

● 대변인이 필요하다

존 팬트의 이야기는 가슴을 미어지게 만든다. 히틀러 때문에 소설가로서 그의 경력은 엉망이 됐고 세상은 위대한 작품을 만날 기회를 빼앗겼다. 하지만 팬트의 이야기에는 어느 정도 해피엔딩적인 면이 존재한다. 50년 동안 아무에게도 알려지지 않았던 소설 《애스크 더 더스트》는 작가 찰스 부코브스키에 의해 로스엔젤레스 공공도서관에서 발견됐다. 부코브스키는 그 책에 압도당했고 그가 아는 모든 이들에게 팬트에 대해 열심히 이야기하고 다녔다. 팬트의 작품은 화려하게 부활했다. 존 팬트는 죽어가면서도 이 마지막 소설을 완성했고, 현재 로스엔젤레스 다운타운에는 역사에서 완전히 잊혔던 그의 이름을 딴 광장이 있다.

나는 팬트의 대변인 중 한 사람인 닐 스트라우스로부터 그의 이름을 들었다. 스트라우스는 나와의 인터뷰에서 《애스크 더 더스트》가 가장 좋아하는 소설이라고 밝혔다. 나는 그의 추천으로 그 소설을 찾아 읽었고 나 역시 곧 팬트의 대변자가 되어 내 팬들에게 그의 작품을 추천함으로써 책이 판매되는 데 일조했다. 나는 이것이 대변인의 힘을 제대로 보여주는 사례라고 생각한다. 때로는 대변인이 예술을 되살아나게 만들 수 있다. 또한 도달 범위가 아주 넓은 미디어조차 할 수 없는 방법으로 무엇인가에 '첫 번째 생명의 숨'을 불어넣을 수 있다. 나는 영향력 있는 인사가 인스타그램에 올린 포스팅이 어떤 책을 아마존 베스트셀러에 올려놓은 사례를 본 적이 있다. 하지만 그 책을 소개하는 〈뉴욕타임스〉의 기사는 판매에 별로 영향을 끼치지 못했다. 누구나 신뢰하는 사람이 "이것은 좋습니다"라고 말하면 그 말은 어떤 브랜드, 어떤 광고, 어떤 기관에도 비할 수 없는 효과를 지닌다.

꼭 맞는 시기에 꼭 맞는 사람이 전하는 말이나 긍정 혹은 공개적인 지지는 작품에 엄청난 영향력을 발휘한다. 거의 20년 동안 스탠드업 코미디계에서 단 한 명의 강력한 대변인을 꼽으라면 나는 자니 카슨Jonny Carson이라고 생각한다. 그가 1970년대 후반에서 1990년대 초반까지 진행했던 〈투나잇 쇼The Tonight Show〉에는 가끔 스탠드업 코미디언들이 나와 연기를 펼쳤는데, 그중 카슨이 OK 사인을 보내거나 한술 더 떠 소파에 앉으라고 부르는 코미디언은 그날로 경력이 뒤바뀌었다.

이곳저곳을 옮겨다니며 공연하는 평범한 스탠드업 코미디언 드루 캐리Drew Carey는 카슨이 은퇴하기 6개월 전인 1991년 11월에 〈투나잇 쇼〉에 출연했다. 그는 소파에 앉으라는 카슨의 부름을 받았고 그후 캐리의 인생은 예전과 완전히 달라졌다. 캐리는 이렇게 말했다. "모든 에이전시들은 나와 만나기를 원했죠. 제 매니저는 쇄도하는 전화 때문에 쓰러질 지경이었습니다. 사무실 비서는 일주일 동안 나와 관련된 전화만을 응대해야 했고요. 그리고 그해 연말에 저는 디즈니와 계약을 맺었죠." 그 후 25년 동안 캐리는 자신의 이름을 딴 시트콤에 아홉 시즌 동안 출연했고, 영국의 코미디 TV쇼 〈후즈 라인 이즈 잇 애니웨이Whose Line Is It Anyway?〉의 미국 버전을 아홉 시즌 동안 진행했으며, 현재는 〈더 프라이스 이즈 라이트The Price Is Right〉라는 퀴즈쇼를 9년 간 진행하고 있다. 이 모든 것이 자니 카슨의 OK 사인과 '소파 초대'에서 시작됐다.

이렇듯 유명한 사례들은 자연스럽게 이뤄졌거나, 부코브스키와 팬트의 예처럼 완전히 우연하게 발생했다. 여기서 궁금한 점은 이것이다. "어떻게 인플루언서들을 나의 작품으로 끌어당기고 그런 지지와 옹호를 받을 가능성을 높일 수 있을까?"

첫 번째 단계가 가장 어렵다. 정말 끝내주는 작품을 만들어서 까다로운 입맛을 지닌 데다 몹시 바쁜 인플루언서들의 기대 수준을 뛰어넘어야 한다. 우리는 이 책의 전반부에서 이에 대해 이야기했지만 다시 한 번 강조해도 부족하지 않다. 인플루언서들의 주목을 끌기 위한 것보다 더 치열한 전투는 없다. 존 팬트의 작품이 별로 놀랍지 않았다면 찰스 부코브스키는 자신의 평판을 팬트에게 걸었을 리 없다. 자니 카슨도 캐리가 그냥 잘했다고 해서 고개를 끄덕이지는 않았을 것이다. 기대 수준을 뛰어넘을 무엇인가를 지니지 못했다면 원천적으로 인플루언서를 활용한다는 전략을 구사할 방법이 없다.

일단 첫 번째 단계를 만족시켰다고 가정하자. 다음 단계는 당신의 생각보다 쉽다. 당신이 유리한 위치에 있기 때문이다. 자니 카슨은 이타심 때문에 드루 캐리의 경력을 띄워준 것이 아니다. 카슨은 코미디언이었고 코미디를 사랑했다. 그는 참신하고 뛰어난 코미디언을 발견하길 원했을 뿐이다. 자신의 쇼가 가장 인기있고 가장 뛰어난 인재가 찾아와 스스로를 대중에 인식시키는 장이 되길 바랐다. 크리에이터들은 인플루언서들이 대표적인 광팬임을 자주 잊곤 한다. 그리고 인플루언서들이 성공적인 위치를 지속할 수 있는가의 여부는 자신이 유행을 이끌어가는 선도자로서 남들에게 어떻게 인식되는지에 달려있다는 사실을 잘 알지 못한다. 오프라 윈프리는 '내가 가장 좋아하는 것들'이라는 자신의 유명한 목록을 통해 돈을 번다. 블로거들은 자신들이 좋아하는 제품 링크를 자기 블로그에 올리는 조건으로 제휴 수입을 얻는다. 만약 당신이 그들이 좋게 평가할 만한 것을 만들 수 있다면 무슨 일이든 일어날 가능성이 크다.

유명 프로그래머이자 게임 개발자인 캐시 시에라Kathy Sierra는 제품을 디자인하고 마케팅할 때 '고객의 고객'을 고려할 필요가 있다고 말했다. 그는 크리에이터들이 피칭하거나 제작할 때 "이것이 나에게 좋게 보이는가?"라고 생각하지 말아야 한다고 지적한다. '고객이 좋게 보도록 만드는 데' 초점을 맞춰야 한다. 그리고 '좋게 보도록 만드는 것'에 그치지 않고 실제로 고객을 '좋게 만드는 것'이라면 더 좋다. 아니면 시에라의 말처럼 고객을 완전히 '광팬'으로 만들어야 한다.

다음 단계는 바로 '연구'다. 나는 크리에이터들이 자기 분야에서 누가 인플루언서인지 모른다는 사실을 이해하기 어렵다. 당신이 당신의 작품을 불멸의 작품으로 성공시키고 싶다면 인플루언서 찾기는 당연히 당신의 몫이다. 보다 이상적으로는 그들이 **당신에게도 영향을 끼치는** 사람이어야 한다. 만약 인플루언서를 모른다면 웹을 이 잡듯 뒤져서라도 자료를 모아보라. 누가 많은 팬을 가지고 있을까? 누가 유행 이끌고 트렌드 세터라는 평을 듣고 있는가? 누가 인맥이 화려하고 당신이 속한 산업에서 명성이 자자한가? 누가 당신의 작품과 비슷한 영화, 앱, 음식, 서비스를 항상 갈구하는 것처럼 보이는가?

다시 말하지만 인플루언서라고 해서 유명인일 필요는 없다. 하지만 그들은 당신 작품의 잠재적 고객에게 매우 중요한 사람이어야 한다. 이 단계가 끝나면 어려운 단계가 뒤를 잇는다. 바로 '부탁하기'다.

● 부탁하기, '예스'라는 답을 들을 때 해야 할 것들

당신의 작품을 지지하거나 공유하도록 누군가에게 부탁하기 위한 최고의 방법은 무엇일까? 아, 질문이 잘못됐다. 가장 좋은 방법은 **부탁하지 않는 것이다.**

레이밴Ray-Ban 관계자들 중 그 누구도 가수 돈 헨리Don Henley에게 노래 가사에 레이밴 선글라스인 웨이퍼러스Way fares를 언급해달라고 부탁하지 않았다. 그저 우연이었다. 아메리칸 어패럴 사람들 중 누구도 카니예 웨스트에게 랩 가사에 아메리칸 어패럴을 넣어달라고 부탁하지 않았다.● 이것은 아름답지만 갑작스러운 '사고'와 같은 일이다. 당신이 이런 상황을 바람직하다고 여기지 않기를 바란다.

마크 엑코는 엑코 언리미티트Ecko Unltd.라는 자신의 의류 브랜드를 설립해 10억 달러 가치의 회사로 성장시켰고, 엑코 본인이 '스웨그 밤swag bomb'이라고 부르는 것, 즉 깊은 인상을 주고자 하는 사람들을 겨냥해 철저하게 맞춤 패키지를 제공함으로써 거리의 패션과 음악을 석권했다. 그의 첫 번째 인플루언서는 '쿨 디제이 레드 알러트Kool DJ Red Alert'라는 이름의 유명 DJ였다. 마크는 매주 힙합 최신 트렌드를 소개하는 쇼에 거의 중독돼 있었다. 마크는 자신의 회사로

● 돈 헨리의 곡 '더 보이즈 서머(The boys of summer)'의 'You got your hair slicked back and those Wayfarers on, baby' 부분에 레이밴 선글라스 웨이퍼러스가, 카니예 웨스트의 곡 '고저스(Gorgeous)'의 "And that American Apparel girl in just tights" 부분에 아메리칸 어패럴이 언급되었다.

그들의 관심을 끌어모으기 위해 킨코스Kinko's에 진을 치고 레드 알러트의 방송국으로 자신이 만든 특별한 그림을 **팩스로 보냈다.** 그런 다음 에어브러시로 그림을 그려 넣은 모자와 재킷, 티셔츠를 보내기 시작했다. 그는 절대 아무것도 부탁하지 않았다. 그는 그저 좋은 제품을 만들고 그 진가를 알아볼 것 같은 인플루언서들을 선택해 제품을 보냈을 뿐이다. 결국 그의 첫 인사는 방송을 탔고, 그 후 브랜드의 상황은 예전과 사뭇 달라졌다.

마크는 아무에게나 제품을 마구 뿌리지 않았다. 그는 누가 중요한 사람인지 잘 알았고 그 사람이 좋아하는 것이 무엇인지도 잘 알고 있었다. 스파이크 리Spike Lee가 영화 〈말콤 X〉를 감독할 때, 마크는 그에게 말콤 X의 초상화가 세밀하게 그려진 스웨터를 보냈다. 그 스웨터를 제작하느라 꼬박 이틀의 시간을 쏟아부었다. 스파이크가 그걸 본다는 보장이 없었는데도 그렇게 했다. 다행히 스파이크는 그 선물을 좋아했고 마크에게 사인이 포함된 편지를 답장으로 보냈다. 그 후 20년이 흘렀지만 스파이크 리와 마크 엑코는 함께 작업하고 있다.

물론 대통령이 여름 휴가지에서 읽을 도서목록에 당신의 책을 포함시킨다든지, 오프라가 당신을 인정한다든지 하면 정말 좋은 일이다. 그런 일은 크리에이터로서 인생이 바뀔 수 있는 뜻밖의 행운이다. 그래서인지 많은 사람들이 그런 행운을 좇는다. 하지만 그러한 목록이 중요한 이유는 간청이 필요없기 때문이다.

상황을 변화시켜줄 인플루언서들에게 접근하기 위한 방법들은 아주 많다. 물론 아메리칸 어패럴을 가사에 언급한 카니예 웨스트 같은 스타와 관계를 쌓기는 쉽지 않다. 나는 아메리칸 어패럴에서 일했을 때 유행을 선도하는 사람들과의 관계를 구축하는 데 수천 시간과 수만 달러의 돈을 썼다. 사람들과 연결되기 위해 내가 찾은 가장 좋은 방법은 사실 아주 간단했다. 나는 이미 우리의 옷을 입고 있거나 비슷한 옷을 입은 사람들을 주목했다. 나는 그들에게 이메일로 인사를 전하면서 개인별로 공장을 견학하는 프로그램에 초대했고 우리 제품을 선물로 보냈다. 만약 유명인사 한 명이 견학을 하겠다는 의사를 전해오면 맞춤 견학 프로그램을 무료로 제공했다. 나는 그들에게 아무것도 **부탁**하지 않았다. 그저 제안을 했을 뿐이다.

유행을 이끄는 그들이 금전적으로 어려움을 겪는다는 소식을 들으면 그들이 운영하는 웹사이트의 광고를 구입했다. '우리에게 새로운 무엇인가가 있으면 그것을 그들에게 보낸다. 그들은 그것이 좋으면 자신들의 고객들과 그것을 공유한다.' 이렇게 구축된 관계는 아직까지도 이어지고 있고, 내가 더 이상 그들과 교류하지 않아도, 몇 년 동안 잊어버리고 있었어도 제품 판매에 기여하고 있다.

유행을 이끄는 사람들 대부분이 당신이 들어본 적 없었을 블로거들이었고, 인터넷 상의 유명인사들이었다. 만약 내가 패션산업에서 일한 적이 없고 그 일에 몰두한 적이 없었다면 나 역시 그들의 이름을 알 수 없었다. 하지만 그들은 회사에 엄청난 매출을 안겨줬다. 나는 그들 모두가 아니라 우리의 제품을 좋아할 성향을 지닌, 선택된 소수의 사람들을 대상으로 삼았다. 그들의 기여가 분명하게 드러나면, 그리고 그들의 고객이 그들의 소개에 반응한다는 것을 파악하고 나면 나는 점점 더 많은 자원을 제공했다. 그러니 당신의 제품을 좋아하는 인플루언서 한 명을 찾게 된다면 '죽어라고' 매달려라. 그들이 필요로 하는 양보다 더 많은 물건을 그들에게 보내라. 그들에게는 다른 인플루언서 친구들이 있을 가능성이 높다.

항상 그들의 입장에서 생각하라. 모든 사람들이 당신의 영향력을 원한다면 어떤 기분이 들까? 낯선 사람들로부터 하루에 수십 통의 이메일을 받는다면 어떤 기분일까? 제품을 공짜로 제공하겠다는 제안이 속임수 같다면? 당신은 어찌할 바를 몰라 당황하거나 질려버리지 않을까? 대기업들은 보통 홍보 에이전시를 고용해 자신들을 대신해 피칭하도록 하는데, 스스로 모든 걸 해내야 하는 크리에이터들에게는 이 사실이 기회가 된다. 사람 대 사람으로 만나라. 친절하게 대하라. 관계를 먼저 생각하고 거래는 그 다음에 고려하라.

내가 인플루언서에게 무엇인가를 분명하게 부탁했던 적은 "저를 위해 이 글을 올려주시겠어요?" 아니면 "그 책은 다음 주에 나올 겁니다. 그 책에 대한 정보를 공유해줄 수 있을까요?"라고 말할 때뿐이었다. 나는 누군가에게 내가 집을 비운 사이에 내 화초에 물을 뿌려달라고 부탁할 때와 같은 방식으로 그렇게 말했다. 서로 친구가 되었고 서로를 위해 그런 부탁을 주고 받았기 때문이었다.

나는 인플루언서를 끌어당기는 데 가장 중요한 포인트는 많은 요청과 부탁에 둘러싸이지 않은 사람들을 찾는 것임을 경험하곤 한다. 작가들에게는 추천사를 써달라는 부탁이 쇄도하지만 학자나 군의 장성들, CEO들에게는 그런 요청이 별로 없다. 그렇다면 누구를 접촉하는 게 더 좋을까? 인플루언서 중에서도 누군가로부터 부탁받을 일이 적을 만한 사람들을 찾아라. 용기를 가지고 그들에게 다가가라. 당신은 작품을 만드는 방법뿐만 아니라 그것을 마케팅하기 위해 누구를 이용해야 하는지를 '반직관적'으로 생각해봐야 한다.

몇 년 전에 스타트업 창업자들은 벤처 캐피탈리스트들이 잠재력 있는 투자에 몰두하고 있을 때 스타급 영화배우, 운동선수, 뮤지션들이 누구 못지 않은 많은 재산을 가지고 있고, 벤처 캐피탈리스트와 달리 매너리즘에 빠져 있지 않으며, 스타트업의 피칭에 마음을 빼앗기곤 한다는 사실을 깨달았다. 배우 애쉬튼 커쳐, 래퍼 나스[Nas], 야구선수 카멜로 앤소니[Carmelo Anthony]와 보노[Bono], 스타일리스트 레이첼 조[Rachel Zoe] 등과 같은 사람들이 그러했다. 농구선수 코비 브라이언트[Kobe Bryant]는 2016년 은퇴 후에 1억 달러의 펀드를 조성했다. 유명인사라는 새로운 유형의 엔젤 투자자들은 크리에이터들이 접근하기가 훨씬 용이했을 뿐만 아니라 엄청난 인지도와 영향력을 가져다줬다.

마지막으로 인플루언서 활용이 성공하느냐 마느냐는 당신이 그들을 어떻게 이용하느냐에 달렸다. 팬과 지지자를 확보하는 게 중요하다. 인플루언서들이 자신들의 고객에게 당신의 제품을 기꺼이 알린다면 당신에게 엄청난 이득을 가져다준다. 하지만 그게 전부가 아니다.

내 경험에 의하면 가장 효과적으로 인플루언서를 이용하는 방법은 그저 사람들이 당신의 제품을 구매하도록 유도하는 데 있는 것이 아니라, 인플루언서의 추천을 사회적 인증의 표시로 사람들에게 인식시키는 데 있다. 책 뒤표지의 추천사는 그 책에 새로운 팬을 데려다주지 않는다. 그것은 이미 흥미를 가진 독자에게 "이봐요. 이 책, 괜찮아요"라고 설득하기 위한 것일 뿐이다. 캇츠 델리Katz's Deli라는 레스토랑의 주인은 그곳에서 식사한 모든 유명인사들과 사진을 찍어 벽에 걸어둔다. 그 사진들은 레스토랑 내부에 걸려 손님들에게 **"당신은 특별한 곳에 있습니다. 특별한 사람들이 이곳에서 식사를 합니다"**라는 걸 재차 확인시켜준다. 그 레스토랑 중앙 천정에는 이렇게 적인 표지판이 걸려 있다. **"해리가 셀리를 만났을 때 셀리가 먹었던 음식을 당신도 즐기기를 바랍니다!"**

사회적 인증은 효과가 있다. 불멸의 제품은 합법적인 방법으로 사회적 인증을 획득하고 이익을 위해 그것을 사용할 흥미로운 방법을 제시한다.

창의적인 프로젝트와 아무런 관련이 없는 사회적 인증에 관해 덧붙여 이야기할까 한다. 하지만 당신에게 영감을 줄 것이다. 나는 여러 명의 대학 농구팀 감독들로부터 그들 모두 켄터키 대학교의 존 칼리파리John Calipari 감독의 연설을 경탄해 마지않는다는 이야기를 들었다. 보통 어떤 감독이 대학 농구 명예의 전당에 자신의 이름을 올리면 자리에서 일어나 친구, 가족, 동료에게 감사하며 몇 분 간 소감을 밝힌다. 하지만 2015년에 칼리파리가 명예의 전당에 헌액될 때, 뛰어난 스카우터이기도 한 그는 연설 기회를 어떤 팀에서 뛸 것인지 고심하는 고등학교 선수들에게 본인의 의견을 밝히는 자리로 삼았다. 그는 상당수가 프로 농구단에 입단한, 60명이 넘는 제자 선수들을 자비를 들여 초대해 자신과 함께 무대 위에 나란히 서게 했다. 그는 자신의 성과에 대해 말하기보다 제자 선수들에게 감사를 전하고 그들에 관해 연설을 했다. 다른 감독들은 은근하지만 예리한 칼리파리의 메시지에 감탄을 금치 못했다. 그 메시지는 "나를 위해 경기하라. 그러면 이 친구들처럼 될 수 있다"였다.

이것이야말로 목표 대상에게 보내고 싶은 메시지다.

● 미디어로 홍보한다는 것

거의 모든 크리에이터들은 미디어의 관심을 좋아한다. 소수의 진정한 은둔자들을 제외하면 대부분의 크리에이터들은 보통 미디어와 접촉할 기회를 흔쾌히 받아들인다. 짐작컨대, 미디어가 싫다고 외치는 사람들조차 '너무 쿨해서 관심이 없는 아웃사이더'라는 이미지로 비치는 것을 은근히 즐긴다. 자신의 이름이 종이에 인쇄되고 방송 전파를 타며 구글 알러트Google Alert에 팝업되는 모습을 보면 자신을 중요한 사람이라고 느낄 것이다. 그걸로 부족하다면 '미디어 투어(방송 또는 팟캐스트 출연, 기자와의 인터뷰 등 미디어와 만나는 여러 홍보 활동—옮긴이)'가 마케팅의 필수적인 부분임을 강조하며 본인의 자부심이 올라가는 걸 합리화할 수도 있다. 잡지와 라디오 같은 전통적인 매체, 아니면 인기 팟캐스트와 온라인 플랫폼에 노출되려는 이유는 대중성이 제품 판매에 기여한다고 생각하기 때문이다. 이것이 바로 홍보 담당자를 고용하고, 인터뷰를 위해 본인의 시간을 무료로 제공하며, 관심을 얻을 수 있다면 뭐든지 마다하지 않는 이유이기도 하다. 스스로에게 이렇게 말하지 않을까? "미디어는 일종의 투자다"라고.

하지만 정말 그럴까?

내 경험으로 볼 때 브랜드부터 아티스트에 이르기까지 거의 모든 기업과 사람들이 전통적인 홍보 방법의 가치를 과대평가한다. 사람들이 다퉈 읽는 뉴스 기사의 상당수는 수명이 짧을 뿐더러 별로 효과가 없다. 그럼에도 기사를 내보내려고 비용과 시간을 소모한다. 홍보 담당자를 고용하느라 한 달에 1~2만 달러를 지출하고, 출시 때문에 가뜩이나 바쁜 사람들이 신문사나 방송사의 마감일에 맞추려고 동동거리는 모습을 보면 내 마음이 아플 지경이다. 심지어 잡지와 같은 매체는 몇 개월 전부터 미리 내용을 알려달라고 요청한다. 나는 책을 소개하는 3분짜리 코너를 줄 테니 전화를 끊지 말고 90분 전부터 기다려달라는 라디오 쇼에 출연한 적이 있다. 이런 식의 인터뷰로 어떤 효과가 나올까? 아무것도 없다. 그런 인터뷰는 불꽃놀이와 같다. 예뻐 보이지만 소음과 연기로 변해 사라져버릴 뿐이다.

나는 〈뉴욕타임스〉의 "가장 많이 이메일로 공유된 기사"에 의뢰인의 책이 언급됐음에도 그 책의 아마존 순위는 전혀 미동조차 하지 않는 모습을 목격했다. 의뢰인들이 심야 TV쇼와 CNN 방송에 출연했는데도 판매 측면에서는 별 효과가 없던 경우도 많이 봐왔다. 〈20/20〉이라는 TV쇼에 출연했을 때 내 책의 아마존 순위가 기대와 달리 **엉뚱한 방향으로 가는 걸** 목격하기도 했다. 이렇게 생각해보라. 대중매체는 사람들이 자신들의 프로그램을 유료로 구매하도록 만드는 데조차 어려움을 겪고 있다. 이런 상황에 그들이 자신들의 독자와 시청자들에게 당신의 제품을 구매하라고 설득할 수 있다는 확신이 드는가?

과거에 비해 많은 것이 엄청나게 달라졌다. 미디어의 지형은 너무나 달라져서 신문사나 방송사가 책 내용을 발췌해 기사로 싣는 대가로 출판사에 돈을 **지불**하는 일도 이제는 상상하기 어렵다. 한때 관련된 모든 사람들에게 수익의 상당한 원천이었던 '연재권serial right'은 사라진 지 오래다.

로버트 루이스 스티븐슨Robert Louis Stevenson의 《파괴자》는 1890년대 당시 1만 5,000달러를 받고 〈스크라이브너스 매거진Scribner's Magazine〉에 12개월 이상 연재됐다. 〈스크라이브너스 매거진〉은 스콧 피츠제럴드가 쓴 《밤은 부드러워》의 연재권을 1만 달러에 사들였고, 〈메트로폴리탄 매거진〉은 《아름답고도 저주받은 사람들》을 7,000달러에 샀다. 〈콜리어스Collier's〉란 잡지는 싱클레어 루이스Sinclair Lewis의 《함정》을 4만 2,500달러에 사들였다. 흥미롭게도 〈플레이보이〉는 창간호부터 3호까지 레이 브레드버리Ray Bradbury의 《화씨 451》에서 발췌한 내용을 3부에 걸쳐 싣는 데 400달러를 지불했다. 1980년대에 톰 울프Tom Wolf가 쓴 《허영의 불꽃》의 출판 전 버전이 〈롤링 스톤〉에 27회로 나뉘어 실렸는데, 연재권의 가격은 무려 20만 달러였다.

아폴로 계획이 진행되는 동안 잡지 〈라이프〉는 향후 몇 년 동안 기사를 작성할 수 있는 권리에 대한 대가로 우주비행사 전원과 그 가족에게 1960년대 당시 금액으로 50만 달러를 지급했다. 요즘 대중매체로부터 이런 식으로 돈을 받는 사람들은 별로 없다. 앞으로도 매체가 당신이나 나에게 지면 게재나 방송 출연을 대가로 돈을 주는 일은 없을 것이다. 하지만 그래도 기회는 있다. 다른 크리에이터들이 효과도 없는 미디어를 쫓아다니느라 시간을 허비하는 동안 당신이 실행할 수 있는 효과적 홍보 전략은 아주 풍부하다. 게다가 더 쉬울 뿐만 아니라 때로는 비용이 한푼도 들지 않는다.

사람들은 성공을 위해 미디어를 통한 홍보가 필수적이라고 생각하는 경향이 있다. 정말 좋고 인기가 있는 것들이 미디어의 주목을 끌기 때문이다. 이 지점에서 궁금한 것은 미디어의 관심이 인기의 원인인지 결과인지 알 수 없다는 점이다. 실제로 많은 개봉관을 점유하고도 흥행에 실패하는 영화들이 있지 않은가? 전통적인 매체는 분명히 과대평가된 면이 있다. 다만 '신뢰성'과 '지위'라는 측면에서는 과소평가된 부분도 있다.

나는 〈20/20〉에 출연했지만 책 판매에 별로 도움을 얻지는 못했다. 그러나 그 일은 분명 내 경력에 요긴하게 작용했다. 내 웹사이트에는 지금도 그 프로그램 로고가 단정하게 걸려 있는데, 지금껏 그걸 보고 내가 몇 분짜리 꼭지에 출연했는지 묻는 사람은 없었다. 사람들은 그 방송이 긍정적이었는지 부정적이었는지, 출연 분량이 어느 정도였는지 신경 쓰지 않는다. 단지 그 프로그램에 출연했다는 사실만이 중요하다. 나는 미디어 클리핑media clipping(책을 발췌해 소개하는 것. 나는 독자의 관심을 끄는 방법으로 이것을 과대평가 했었다) 덕분에 아파트 입주권을 얻었다. 게다가 〈뉴욕타임스〉에 결혼 발표를 해서 내 아내를 행복하게 했다. 이런 측면에서 미디어는 '좋다'. 대부분의 매체들이 그렇다. 요즘은 고객을 설득하는 데 힘이 부치기는 하지만, 미디어는 투자자를 모으고 직원을 채용하고 중요한 이해관계자들에게 깊은 인상을 심어주는 데는 분명 큰 도움을 준다.

당신이나 당신의 제품이 미디어에 소개되지 못한다면 사람들은 당신을 별 볼 일 없는 사람이라고 생각할 수도 있다. 완전히 새로 등장하지 않았다면, 어떤 사람 혹은 어떤 제품이 엄청나게 훌륭하면서 동시에 '무명'이기는 어렵다. 이것이 바로 미디어가 중요한 이유이고 대부분의 성공적인 마케팅 계획에 미디어 홍보가 들어가는 이유다.

하지만 미디어가 줄 수 있는 이러한 시그널의 가치는 제한적이다. 할인이나 개인화된 지원 같은 효과적인 마케팅 기법들보다 가치가 더 크다고 할 수는 없다. 시간과 돈이 많이 든다는 것 또한 문제다. 당신은 당신 분야에 속한 인플루언서들을 일일이 만나 '구애'하는 것이 좋을까? 당신이 홍보 담당자를 고용하는 데 쓴 비용이면 얼마나 많은 책을 무료로 배포할 수 있을까? 당신의 이야기를 다룬 〈뉴욕타임스〉의 기사를 꿈꾸느라 정신이 팔려 있지 않다면, 당신이 추구할 수 있는 다른 기회들은 무엇이 있을까? 나는 정말 당신에게 이런 것들을 묻고 싶다.

● 그래도 미디어를 원한다면

나는 당신이 이런 생각을 왜 가지게 됐는지 잘 안다. 대중성이라는 유혹에 지지 말라고 설득하기란 어렵다. 이것은 오직 경험으로만 알 수 있는 모양이다. '미디어 중심의 전략'을 추구할 거라면, 이런 나의 조언을 경청하기 바란다. "작게 시작하라."

NBC방송의 〈나이틀리 뉴스Nightly News〉가 제품을 피칭하기 위한 첫 번째 기회인 경우는 별로 없겠지만, 그걸 통한다고 해도 성공할 가능성이 높아지는 것은 아니다. 그 대신 작품을 만들 때 명심한 방법, 즉 '핵심 목표 대상을 규명하고 항상 염두에 두라'는 방법을 똑같이 홍보에 적용한다면 홍보에서도 보다 큰 성공을 거둘 수 있다.

2014년에 나는 프로 스포츠단의 몇몇 감독들로부터 이메일을 받았다. 그들은 내 책《돌파력》을 읽고 팀을 승리시키는 데 도움을 얻었다고 했다. 나는 이것이 언젠가 의미있을 거라는 생각을 어렴풋이 가졌다. '만약 〈스포츠 일러스트레이티드Sports Illustrated〉나 ESPN이 어떻게 내 책이 미식축구, 농구, 야구에서 센세이션을 일으켰는지에 관한 이야기를 다룬다면 놀랍지 않을까?' 나는 다른 사람들의 작품이 그런 행운을 잡는 경우를 본 적이 있기에 나 역시 가능할 것 같았다. 하지만 그때는 아직 나도 준비가 덜 된 상태였다. 내가 그 다음에 한 행동이 중요했는데, 그보다 먼저 '내가 하지 않은 것'을 말하고자 한다. 나는 바로 즉시 그 매체(《스포츠 일러스트레이트》나 ESPN)에 전화를 걸어 트렌드 기삿거리로 다뤄달라고 **간청하지는 않았다.**

그 대신 나는 그 감독들에게 원하는 만큼 무료로 책을 보내주겠다고 답장을 보냈다. 내 답신을 전해 들은 다른 감독들에게도 연락을 취해서 책을 보내주겠다고 제의했다. 책에 관해 트윗을 올리는 선수가 눈에 띄면 그에게 쪽지를 보내 팀 동료들이 읽을 책을 보내주겠다고 제안했다. 나는 출판사와 함께 다음 해까지 운동선수, 감독, 매니저들에게 수백 부의 책을 발송했고, 마침내 내 책을 원한다면 언제든지 요청해도 된다는 사실이 스포츠 업계의 입소문을 타고 퍼져나갔다. 그때 스포츠 방송국에서 일하던 내 친구가 자기가 진행하는 팟캐스트에 게스트로 나와줄 수 있느냐고 물었다. 나는 그 제안을 승락했고 팟캐스트 방송에서 친구와 나는 내게 이메일을 보냈던 여러 팀 중 하나인 '뉴 잉글랜드 패트리어츠New England Partiots'에 내 책이 미친 영향에 대해 이야기했다. 이 팟캐스트 에피소드는 패트리어츠 소식을 다루는 소규모 팬 블로그에 전해졌고, 그 블로그는 곧 방송 내용을 포스팅했다. 그 사이 나는 내 인맥의 사람들이 그 글을 SNS에 공유하고 코멘트 달도록 유도했다. 그렇게 2년이 흐른 뒤에야 이 이야기를 〈스포츠 일러스트레이티드〉에 전달했다. 그들은 기삿거리를 덥석 물었다. 〈스포츠 일러스트레이티드〉의 "어떻게 스토아 철학에 관한 책이 NFL^{National Football League}의 모든 이에게 인기를 끌게 됐나?"라는 기사는 책 재고를 한 달만에 소진시킬 만큼 판매에 크게 기여했다.

이 과정을 나는 '사슬 타고 오르기^{trading up the chain}'라고 표현한다. 상호연결된 미디어 시대에 여러 매체들은 서로의 기사를 읽고, 선택하고, 자신들의 언어로 다시 보도한다. 나는 나만의 용어로 이야기를 전할 수 있는 작은 팟캐스트에 출연해 틈새를 다루는 작은 사이트(뉴 잉글랜드 패트리어츠의 팬 블로그)에 선택될 수 있었고, 그 기사를 SNS에 공유하고 확산시킴으로써 적합한 사람들이 읽도록 했으며, 결국 작은 매체 밖으로 나와 가장 크고 영향력 있는 매체로 진출할 수 있었다. 큰 비용을 들이지 않고서도 엄청난 성공을 거둔 셈이다. 충성도 높은 팟캐스트의 팬들로부터 배타적인 패트리어츠 팬들로 이어지는 사슬을 타고 오르면서 책이 판매됐기 때문이다.

내 회사는 뮤지션들과 함께 작업할 때면 별로 이름이 없지만 아주 특화된 매체를 찾기 시작한다. 이것이 우리가 입소문을 퍼뜨리는 방법이다. 관심이 자연스럽게 끓어올라 외부에 드러나기를 바란다. 우리는 작은 사이트들이 좀 더 큰 사이트로 이어지고 계속해서 더 큰 사이트로 연결된다는 것을 잘 알고 있다. 이 과정에서 무엇보다 '인플루언서들의 인플루언서'을 찾는 일이 가장 어렵다. 이 일은 침투하고자 하는 시장에 대해 정말로 깊은 관심을 가진 사람들이 누구인지 진정성을 가지고 탐색할 때 가능하다.

이 작업은 당신이 아주 똑똑하고 멋져서 〈베너티페어^{Vanity Fair}〉 잡지가 당신에 대한 특집 기사를 쓸 거라고 헛된 희망을 품는 것과 달리 아주 차별적이고 훨씬 접근 가능한 전략이다. 이 전략을 실행하려면 미디어에 보도자료를 보내고 행운을 기대하는 것보다 좀 더 많은 헌신과 인내심이 필요하지만 분명히 효과가 있다.

'사슬 타고 오르기'의 또 다른 장점은 당신의 설명에 듬직한 **추진력**을 더한다는 점이다. 너무나 많은 프로젝트들이 반짝하고 사라지는 미디어의 주목과 인기를 경험하다가 그 관심의 압력과 기대 속에 사라져버리는 것이 현실이다. 차라리 작지만 꾸준하게 울리는 '드럼 소리'가 더 낫다. 당신이 원하는 마지막 단계는 홈런을 치는 것이겠지만 그러기 위해서는 관중들이 계속해서 지켜볼 마음이 들도록 단타를 꾸준히 날려야 한다.

엔젤 투자자이자 전직 〈테크크런치TechCrunch〉 기자이고 구글 벤처스의 파트너인 M. G. 시글러M. G. Siegler는 이러한 이유로 스타트업들에게 앱스토어에서 애플이 강조 표시를 해주거나 '추천 앱'으로 배치해주는 것을 경계하라고 충고한다. 애플의 추천을 얻으면 환상적인 미래가 올 것 같지만 항상 그런 것은 아니다.

당신은 그 이면에 대해서는 별로 들어본 적이 없을 것이다. 애플이 당신이 만든 앱에 추천 표시를 붙이면 여기저기에서 당신의 앱을 다운 받는다고 울려대는 알람 소리에 당신의 기분 역시 고조되겠지만, 그것은 사용자가 되려는 사람들이 내는 소리일 뿐이다. 그들은 실제 사용자가 아니고 그렇게 떠들썩하게 반응해놓고 바로 변덕을 부릴 수도 있다.

시글러는 더 작은 미디어, 더 작은 기능(특징)으로 시작하고 그런 다음에 점점 위로 올라가 성공을 이루는 것이 더 낫다고 말한다. 나 역시 그의 말에 동의한다.

● 관심은 얻는 게 아니라 끄는 것이다

당신은 주요 미디어의 관심을 얻어낼 준비가 됐고 이 모든 걸 그저 재미삼아 해볼 요량은 아니라고 하자. 사실 이런 전략은 생각보다 실제로 실행하기 쉽다. 오랫동안 많은 기자들과 이야기를 나누고서야 분명히 깨닫게 되는 사실은 미디어가 소재를 간절히 **원한다**는 점이다. 기자들은 좋은 기삿거리를 경쟁자보다 먼저 찾아내고자 애쓴다. 이런 측면에서 현대의 미디어 업계는 진정한 '판매자 시장Seller's market'이라고 할 수 있다. 기삿거리를 제공하는 쪽이 우위에 있다는 의미다. 취재 책임자들은 기자들이 어떤 단서가 발견되면 그것이 무엇이든 뛰어들어 취재하기를 기대한다. 전보다 많은 내용을 발행해야 하기 때문이다. 그들은 '페이지뷰'에 목숨을 건다. 페이지뷰를 충분히 달성하지 못하면 직업을 잃게 될지도 모른다. 그래서 만일 당신에 대한 글, 당신의 작품을 다룬 기사가 어떤 식으로든 그들이 원하는 페이지뷰를 달성하게 되면 결국 당신이 그들의 부탁을 들어준 셈이다.

기자들은 신선한 이야기에 굶주려 있을 뿐만 아니라 엄청나게 바

쓰고 박봉에 시달리며 미디어의 주목을 받으려는 사람들에 둘러싸여 있다. 기자들 중 누구도 "이봐, 그곳에 가면 엄청나게 큰 기삿거리가 있어. 하지만 난 그걸 전부 취재하지는 못 해"라고 말하지는 않는다. 하지만 '(　　)업계의 우버'라는 별칭이 붙는 어떤 회사가 기존 시장을 붕괴시킬 것이 확실한 혁명적인 제품을 출시한다는 기사를 400만 개쯤 발행하고 나면 진절머리칠 수밖에 없다. 끝내주는 걸작과 당신에 관한 이야기가 페이지뷰를 올려줄 수도 있지만 기자들은 이를 아직 알지 못한다. 그들에게 '왜'를 설명하거나 **보여줄** 책임은 당신에게 있다.

　가장 기초적인 수준의 미디어의 관심을 얻기 위해서 나는 정공법을 택한다. 그것이 내 유일한 전략이다. 내 작품이 해당하는 분야를 담당하는 기자의 이름을 구글로 검색해서 그들의 이메일 주소와 전화번호를 알아낸다. 그런 다음 그들에게 연락을 취해 내가 하고 있는 것이나 과거에 했던 것을 이야기한다. 최대한 나에 대해 많은 것을 알려주는 방향으로 내 작품과 그에 관련된 사실들을 설명한다. 이것 말고 진짜 트릭은 없다. 필요하지도 않다. 만약 미디어에 통하는 비법이 있다면 그것은 당신이 만들어낸 작품 속에 있다. 당신이 수용한 리스크와 당신이 하는 일 속에 있다.

　이렇게 이해하면 미디어의 관심 얻기는 당신의 생각보다 훨씬 쉽고 돈이 덜 든다는 사실을 알게 된다. 나는 내 의뢰인이자 28년 간 오순절 교회에서 성직자로 일한 제리 드위트Jerry DeWitt를 기억한다. 리차드 도킨스Richard Dawkins의 책을 읽은 그는 돌연 무신론자가 되었고, 그 결과 모든 것을 잃었으며 가족과 친구에게 배척당했다. 그는 자신의 경험을 담아《신앙 후의 희망Hope After Faith》이라는 책을 썼다. 우리는 책뿐만 아니라 그의 의견에 대해 사람들의 관심을 끌기 위해 이런저런 방법을 고안했는데, 어느 날 제리는 무신론자를 위한 하루짜리 '교회'를 운영하자는 아이디어를 제안했다. 우리는 책 출간 첫 주에 딥사우스에서 그 이벤트를 열기로 했고 제리가 직접 진행하기로 결정했다. 필요한 작업들이 조율되던 중에 나는 〈뉴욕타임스〉 프리랜서 기자로 일하던 친구를 만났다. 그와 함께 점심을 먹으면서 그간 일어난 일을 이야기했는데, 다음 날 그 친구는 이렇게 이메일을 보내왔다. "내가 제리 드위트를 만나서 〈뉴욕타임스〉에 그 이벤트에 관한 기사를 써도 되는지 부탁해도 될까?" CNN도 똑같은 요청을 해왔다.

준비 과정 중에 관계(인맥)를 만나고 그 관계가 기회를 만나면 이런 일이 벌어진다. 뉴욕 시에 있는 어떤 기자에게 새로 나올 책에 대해 혹은 점차 확산되고 있는 무신론 트렌드에 대해 글을 써달라고 단순히 부탁했다면 효과가 없었을 것이다. 하지만 책을 썼고 그 트렌드의 대표적인 사람이 '바이블 벨트Bible Belt(신앙심이 두터운 미국 남부 지역—옮긴이)'에서 무신론자들을 위한 교회를 운영한다는 것은 굉장히 도발적이고 특이한 사건이다. 세계에서 가장 권위 있는 매체가 기사를 써도 되는지 **물을** 정도로 말이다.

당신은 이보다 더 좋은 상황을 경험할 수도 있다. 때때로 그런 매체들이 **당신에게** 스스로에 대해 써달라고 부탁하기도 한다. 내 회사는 캐나다의 일렉트로닉 댄스 뮤직 듀엣인 '제즈 데드Zeds Dead'를 위해 멋진 아이디어를 구상해냈는데, 콘서트가 진행되는 동안 몇 명의 팬들에게 심박수 측정기를 착용하게 하는 아이디어였다. 섹스하는 동안 핏비트Fitbit를 착용하고 그 데이터를 인터넷에 올려 엄청난 공유로 이어지게 만든 한 여성의 이야기를 듣고 이 아이디어를 생각해냈다. 우리는 미디어가 핏비트와 관련된 이야기들을 흥미로워한다는 사실을 알고 있었기 때문에 데이터를 이미지로 시각화하는 아티스트에게 이벤트에 참여한 여러 팬들의 심박수를 멋있게 만들어달라고 부탁했다. 팬들의 심박수는 음악에 따라 어떻게 오르내렸을까? 어떤 노래가 가장 큰 반응을 일으켰을까? 같은 곡인데 왜 어떤 사람의 심박수는 다른 사람들에 비해 높았을까? 나는 세계에서 가장 큰 블로그 중 하나인 〈보잉 보잉Boing Boing〉에 있는 친구에게 이 이벤트를 1면에 올려달라고 부탁했다. 하지만 그는 별로 흥미를 보이지 않았다. 그 대신 제즈 데드가 직접 1인칭 시점으로 자신들의 경험을 직접 써보면 어떻겠느냐고 물었다. 결과적으로 그게 훨씬 효과적이었다.

내 의뢰인들 중 한 사람은 자신의 책을 우주 공간으로 쏘아 올려버렸다. 우리는 작가 제임스 페터슨James Patterson이 팬을 도와 자신의 책 한 부를 폭발시킨 사례를 보고 이 아이디어를 생각해냈다. 또 다른 뮤지션은 크레이그스리스트의 '미스드 커넥션스Missed Connections' 섹션에 매우 기대되던 곡들을 일부러 유출시켰다. 또 어떤 뮤지션은 '사우스바이사우스웨스트South by Southwest' 기간 동안 강아지들을 위해 어느 동물 보호소 병동에서 어쿠스틱 콘서트를 열었다. 그때 사람들은 뒤에 앉아 조용히 눈물을 흘리며 콘서트를 관람했다. 또한 우리는 누군가가 앨범 전체를 마약, 기관총, 기타 끔찍한 물건들을 온라인으로 거래하는 '다크넷dark net'에 관한 곡으로 채운 앨범 출시를 도운 적도 있다.

이 사람들의 공통점은 스스로 기자들이 보도할 가치가 있는 기삿거리를 만들어냈다는 것이다. 이런저런 소란을 일으킬 만한 행사를 감행했고 성명을 밝혔으며, 자리를 잡기 위해 상당히 발품을 팔았다. 지글지글거리는 소리를 내면 스테이크가 잘 팔리는 법이다. 작가가 할 일의 전부는 글쓰기이고, 말하는 일을 업으로 삼은 사람들이 할 일은 말하기다. 하지만 어떻게 해야 무엇인가를 흥미로운 것으로 만들 수 있을까? 어떻게 준비해야 기삿거리를 만들 수 있을까? 이 필수적인 질문에 대한 답은 이렇다. 보통 당신이 가장 두려워하는 것을 해야 기삿거리가 잘 된다. 농담이라고 생각하고 "하지만 그렇게 할 수는 없어요."라고 말하며 가버릴지도 모르지만 적어도 나는 진심으로 하는 이야기다. 당신은 정말로 그렇게 해야 한다.

케이시 나이스탯은 크리에이터를 꿈꾸는 이들에게 아이디어는 실행에 비해 가치가 없고, '무엇인가를 해낼 수 있을지 모른다는 **생각**'을 기사로 다루는 사람은 아무도 없다고 따끔하게 충고한다. 꿋꿋이 리스크를 감수하고 전에는 없던 곳으로 나아가 새로운 것을 창조해야 기삿거리가 될 수 있다. 그러한 믿음을 가지고 밀고 나아가야 한다.

2016년 미국 대선 기간에 나는 그냥 집에 앉아 '미디어 쪽의 누군가가 나에게 후보자들에 대한 의견을 요청하겠지'라며 마냥 기다리지는 않았다. 나는 아버지에게 '사랑하는 아버지에게. 제발 도널드 트럼프를 찍지 마세요'라는 제목의 공개 편지를 썼다. 그러자 트럼프 선거운동 캠프는 한 매체에 내 편지를 **싣지 않도록** 압력을 넣었고, 이 일은 결국 논란이 됐다. 그 덕에 100만 명 이상의 사람들이 내 편지를 읽었고, 내가 미처 알지 못했던 수많은 인플루언서들이 내 편지를 읽었다는 이메일을 보내왔다. 가장 좋았던 일은 미국 공영 라디오National Public Radio, NPR 관계자가 나에게 전화를 걸어왔다는 사실이다. 내가 당시에 출간한 책을 홍보하려고 연락했지만 아무런 답을 주지 않았던, 바로 그 NPR이! 즉 그들은 편지를 읽고 나서야 나에 대해 흥미가 생겼다는 의미다.

내가 이런 이야기를 하는 이유는 자랑하려는 게 아니라 당신을 격려하기 위함이다. 그리고 당신이 느낄 수도 있을 두려움을 누그러뜨리기 위함이다. 당신은 잘할 수 있다. 사람들을 화나게 만들 거라고 두려워하지 마라. 나는 오랫동안 많은 사람들을 '열 받게' 만들었다. 나 역시 쏟아지는 비난을 꿋꿋이 참아냈는데 당신이 생각하는 것만큼 나쁜 경험은 아니었다. 작품의 원칙에 위배되지 않는 것이라면 무엇이든 실행하라. 정말 재미있을 것이다. 그러니 논란을 일으켜라. 소란스럽게 만들어라. 시간이 흐르면 무엇 때문에 '기분 나빴다'라고 기억할 사람은 아무도 없다. 세상은 그것을 알게 됐다는 것만 기억할 테니까.

물론 당신이 확보한 미디어가 이제 출시한 당신의 제품을 판매하는 데에 도움이 될 것인가는 다른 문제다. 그럴 때도 있지만 그렇지 않을 때도 있다. 물론 미디어 탓만은 아니겠지만 말이다. 미디어 상에서 히트를 친다고 해도 그것만으로는 가치가 별로 없지만 대규모 마케팅 활동에는 도움이 될 수도 있다. 하지만 그것이 미디어를 통해 홍보를 하려는 핵심적인 이유는 절대 아니다. 존재감을 내보이거나 평판과 인지도를 구축하는 것이 진짜 목표다. 미디어의 관심은 일시적으로 길을 열어주고, 제품이 성공하는 데 필요한 입소문 형성에 잠시 기여할 뿐이다.

● 뉴스재킹의 기술

이목을 끌기 위한 흥미로운 방법이 떠오르지 않는다면 어떻게 해야 할까? 무료로 뉴스 기사를 낼 수 있는 또 하나의 방법이 있다. 그것은 '뉴스재킹'이라고 불리는 기술로서 마케팅 사상가인 데이비스 미어만 스코트David Meerman Scott에 의해 알려졌다. 그는 이 개념을 '당신과 당신의 비즈니스에 관한 뉴스거리를 만들어내기 위해 당신의 아이디어나 시각을 실시간으로 뉴스 기사에 주입하는 과정'이라고 정의한다.

내 경험에 의하면 미디어에 편승하는 데 있어 뉴스 기사는 중요한 요소지만 그렇다고 필수적이지는 않다. 트렌드와 인기있는 테마 역시 미디어의 관심에 편승할 수 있는 강력한 힘이다. '뉴스재킹'을 보다 넓게 정의하면 이렇다. '사람들과 미디어가 특정 주제에 대해 이야기할 때, 당신이 하는 것과 그들이 이야기하고 있는 것을 연결시킴으로써 당신 자신을 그 대화에 삽입시키는 것'.

영리한 사례 하나를 들어보자. 드론은 빠르게 미디어를 잠식한 거대한 트렌드가 되었다. 드론이 택배 배송에 있어 황금 같은 존재라는 뉴스가 여러 곳에서 쏟아졌다. 이는 분명 사이버 먼데이Cyber Monday(1년 중 가장 큰 온라인 쇼핑일) 전날 아마존이 자사의 '드론 택배 시스템'을 TV광고로 내보낼 때 아마존이 가졌던 전략적 의도였다. 하지만 현실은 달랐다. 당시 광고에서처럼 드론이 상품박스를 고객의 집까지 배달해주는 드론 택배 시스템은 존재하지 않았다. 이 글을 쓰고 있는 **지금도 존재하지 않는다.** 하지만 요점은 그게 아니다. 아마존이 자사 이익을 위해 뉴스를 이용했다는 것이 중요한 점이다. 광고가 처음 방송된 〈60분60 Minutes〉이라는 프로그램을 포함해 모든 사람들은 드론 택배 시스템에 기대감을 보냈다. 아마존이 그것을 아주 잘 포장했기 때문이다.

모든 뉴스재킹 시도가 그렇게 대규모로 이뤄질 필요는 없다. 제임스 알투처가 《과감한 선택》을 출간할 때 우리가 시도했던 것들 중 하나는 제임스가 책값으로 비트코인을 받겠다고 알리는 것이었다. 당시 미디어와 대중은 비트코인 뉴스에 관심이 많았고 그는 그렇게 하기로 한 최초의 저자였으므로 미디어의 주목을 받았다. 제임스는 실제로 약 10명의 독자로부터 비트코인을 책값으로 받았으며 덕분에 CNBC에 출연해 이런 사실과 책 자체에 관해 이야기할 수 있었다. 결과적으로 '비트코인 전략'은 굉장히 효과가 좋았다. 나중에 50센트도 자신의 앨범값을 비트코인으로 받았다. 둘 다 미디어의 관심을 받는 데 성공했고, 그렇게 하지 않았더라면 매체가 그들의 음악이나 책에 그다지 관심갖지 않았을 것이다.

로버트 그린과 나는 '랩 지니어스Rap Genius(많은 블로거들에게 인기 있는 '자료 공급처'로서 논란을 많이 일으키는 사이트)'에 우리 책의 내용을 발췌해 올린 첫 번째 저자가 됐다. 당시 미디어의 관심은 별로 받지 못했지만 그 사이트는 규모를 점점 확대했고 이름을 '지니어스닷컴genius.com'으로 바꾸었으며, 급기야 수백만 명의 방문객을 끌어들였다. 2년 후에 〈애드위크Adweek〉가 운영하는 출판업 관련 사이트가 다른 저자를 지니어스닷컴에 자기 글을 발췌해 올린 첫 번째 사람이라고 잘못 보도하자, 누군가가 그 기자에게 재빠르게 이메일을 보낸 덕에 우리의 이름은 다시 언급됐다. 이것도 일종의 뉴스재킹인 셈이다.

좋은 사례를 또 하나 들어보자. 구글은 홈페이지에 매일 새로운 장식용 두들doodle을 자사 로고 위에 올려놓는데, 현재 진행 중인 행사, 기념일, 유명인사 등을 두들로 표현한다. 어떤 두들은 다른 것들보다 인기가 있지만 거의 모든 두들이 미디어의 관심을 어느 정도 받는다. 그때마다 몇몇 그룹의 사람들이 관심 있는 주제와 '연결'되기 때문이다. 구글은 이런 방식으로 넬슨 만델라의 생일이나 최초 우주 유영 기념일, 성 패트릭의 날St. Patrick's Day 등을 곧잘 '뉴스재킹'

해서 미디어의 관심을 쉽게 받곤 한다. 수십 억 달러짜리 기업에도 뉴스재킹은 가치가 있다. 이는 또한 누구나 언제든지 뉴스재킹할 거리가 존재한다는 사실을 보여준다. 당신이 누구든 당신이 무엇을 만들든 상관없다.

'오픈 로드Open Road'의 창립자 제인 프리드먼Jane Friedman은 자신의 마케팅팀이 '무엇무엇의 달'을 즐겨 사용한다고 내게 말해줬다. 만약 우울증에 관한 고전적인 소설을 출간할 때면 사람들의 관심을 얻고 미디어에 다뤄질 수 있도록 '전국 우울증의 달'을 활용한다. 시민 평등권에 앞장섰던 지도자의 회고록을 낸다면, '흑인 역사의 달'을 활용하기 위해 즉시 행동한다. 그들은 언제나 그런 식이다. 오픈 로드는 온라인에서 많이 공유됐던 〈민 트위츠Mean Tweets〉라는 동영상 시리즈의 인기를 접하고 자기들만의 패러디인 〈민 리뷰스Mean Reviews〉를 만들어서 〈민 트위츠〉의 인기에 편승하기도 했다. 〈민 리뷰스〉는 소속 저자들이 나와서 온라인을 통해 받은 가장 모질고 가혹한 리뷰 몇 가지를 솔직하게 소개하는 동영상이었다. 당신의 고객은 '국제 여성의 날'은 모를 수도 있지만 CNN에서 엄마들을 대상으로 제작한 프로젝트에 사람들의 관심을 끌어당기기에는 좋은 '낚시'가 된다. 전국 부리토britto의 날, 전국 립스틱의 날, 파이의 날, 국제 커피의 날, 에이브러햄 링컨 탄생일, 자전거 발명 150주년 등 당신이 생각해낼 수 있는 모든 '가짜 기념일' 역시 마찬가지다.

근본적으로 뉴스재킹은 미디어와 고객들의 관심을 끈다. "아, 나도 (   )을 들어본 적이 있어. 이 물건이 그것과 **관련 있다고** 하니

하나 사볼까"라는 식으로 생각하게 한다. 어떤 작품이 뉴스 매체에서 이미 다룬 기사 내용과 관련이 있거나, 혹은 그 기사로부터 영감을 받았거나, 아니면 그 기사에 대한 일종의 응답이라면 매체들이 그 작품을 다시 기사로 다룰 구실이 된다. 매일 보는 것들과 다르거나 유별난 것이라면 기사로 다뤄도 이상할 게 없다. 어떤 고객이 뉴스를 시청하다가 당신의 프로젝트에 관한 기사를 접한다면, 게다가 그 주제를 둘러싼 메시지가 쇄도하고 있다면 아마도 그는 곧 당신의 물건을 집어들 것이다.

● 페이드 미디어를 이용하는 기술

마케팅 전문가들은 사람들의 이목 끌기와 뉴스재킹을 '언드 미디어earned media'라고 부른다. 예를 들어 영화를 관람한 후에 관객이 자발적으로 블로그에 후기를 올리는 것 등을 말한다. 돈이 들지는 않지만 '무엇인가가 일어나도록 열심히 일한다'는 식의 방법으로 생겨나기 때문에 '무료 미디어'라고도 불린다. 반대로 광고, 스폰서십, 인증과 같은 유형의 미디어는 '페이드 미디어paid media, 유료 미디어'라고 불린다. 알다시피 돈이 들기 때문이다.

페이드 미디어는 몇 가지 이유 때문에 모든 프로젝트에 적용 가능하지는 않다. 가장 흔한 이유는 광고 예산이 많지 않다는 데 있다. 광고는 매우 당연한 것처럼 보인다. 뼈빠지게 작업해서 멋진 작품을 만들어냈다면 광고에 돈을 들여야 판매에 도움이 될 거라고 생각하기 십상이다.

하지만 이런 논리에 허점은 없는 걸까?

먼저 성공을 거둔 몇몇 역대 제품들은 거의 아무런 광고나 '매장 내 유료 판촉 활동' 없이도 잘 팔려나갔다. 그 제품들의 성공은 자연스러웠고 입소문에 의해 이뤄졌다. 알다시피 입소문은 공짜다. 둘째, 당신은 광고 **덕분에** 가장 좋아하는 제품을 구매했다고 솔직히 말할 수 있는가? 만약 광고 덕분이라면 이런 질문은 어떤가? 당신은 광고를 통해 그 제품을 **발견**한 것인가? 그렇지 않다면 광고는 그저 당신이 이미 좋아하거나 필요한 제품을 잊지 않게 해주는 것에 불과한 것이 아닌가?

나 역시 광고를 좋아한다. 수년 동안 많은 비용을 들여 수많은 광고를 해왔지만 제품 출시 시점에 시행되는 광고는 전혀 의미가 없다. 광고는 이미 상당한 고객이나 매출 기록을 가지고 있을 때 훨씬 큰 효과를 발휘한다.

'코스 코퍼레이션Koss Corporation'은 1958년부터 최고급 오디오 기기와 헤드폰을 생산하고 있는 업체다. 위스콘신주 밀워키 북쪽 끝에 위치한 이 회사의 본사 빌딩으로 이어지는 고속도로 출구 바로 앞에는 커다란 광고판이 있다. 이 회사는 1972년부터 45년 동안 그 광고판에 유료 광고를 게시해왔다. 하지만 중요한 것은 따로 있다. 코스의 주된 목표는 고객이 그 광고를 보고 고속도로를 빠져나와 아울렛 매장으로 곧장 달려가서 자사 헤드폰을 구매하도록 만드는 것이 아니다. 2010년에 코스의 홍보 담당자는 지역 매체의 기자에게 이렇게 말했다. "우리는 우리의 제품을 바로 여기에서 팝니다. 광고는 우리가 여기에 있다는 걸 상기시켜줄 뿐입니다." 광고는 지역사회에 대한 일종의 메시지이고, 코스 코퍼레이션의 경우 다른 전자기기 회사와 달리 비용을 절감하려고 공장을 제3세계로 옮기지 않았음을 알리는 것이 목적이다. 이 회사의 광고판 광고가 절대 제품 가격을 보여주지 않는 이유도 분명하다. 그들이 전하고자 하는 메시지에서 가격은 중요하지 않다.

스콧 피츠제럴드와 어니스트 헤밍웨이 등의 작품을 편집했던 뛰어난 편집자 맥스웰 퍼킨스Maxwell Perkins는 어떤 작가와 편지를 주고받은 적이 있다. 그 작가는 출판사에서 자신의 책을 충분히 광고하지 않는다며 불평했다. 지금으로부터 80년 전에 퍼킨스가 쓴 답장은 모든 분야의 크리에이터들에게 여전히 유효하다. 퍼킨스는 제품 광고에 대해 차를 손수 밀어서 움직이려는 사람에 비유하며 이렇게 썼다.

"만약 그가 차를 움직일 수 있다면 세게 밀수록 차는 더 빨리, 더 쉽게 움직일 겁니다. 하지만 그가 차를 움직이게 하지 못한다면, 그는 죽을 때까지 민다고 해도 차는 꿈쩍도 안 하겠죠."

작가 헨리 루이스 멩켄H. L. Mencken과 출판사 사이에서도 광고에 관한 서신 교환이 있었다. 멩켄은 광고 문구에 서평 대신 판매 수치를 넣어달라고 요청했다. 그 편이 마케팅 효과를 더 잘 드러낸다고 보았다. 그는 이렇게 말했다. "미국인들은 항상 다른 사람들이 하는 것을 자신들도 하길 원해요. 책이 성공적이라는 인식을 퍼뜨릴 수 있다면 정말로 모든 사람이 바라는 하나가 될지도 모르죠."

'매장 내 유료 판촉 활동'도 마찬가지다. 소매업에서는 이를 '코 업co-op'이라고 부르는데, 더 좋은 위치에 진열하려면 돈을 지불해야 하는 것을 말한다. 이를테면 미국 최대 서점 체인인 반스 앤 노블Barnes and Noble의 정면 매대, 월마트의 특별 진열대, 혹은 아마존닷컴의 '추천 코너'나 잘 팔리는 다른 제품들과의 묶음 판매, 코스트코에서 샘플을 나눠주거나 제품을 시연하는 여성 점원 등이 대표적인 예다. 그런 활동들은 의심할 여지없이 고객의 눈길을 끌고 판매에 **악영향**을 끼치지 않는다. 하지만 상당한 흥미와 인식의 기반이 없으면 제품을 **출시**하거나 판매를 가속하는 데 그런 유료 판촉 활동이 효과를 발휘하기는 거의 불가능하다. 그게 현실이다.

1985년의 〈뉴욕타임스〉 기사는 출판사들이 어떻게 베스트셀러를 만드는지에 관해서 비슷한 현상을 묘사한다. "어떤 책이 실패작이면 출판사들은 어떤 행운이 찾아와도 그것을 베스트셀러로 만들 수 없다고 말한다." 그 기사는 계속해서 한 사업가가 '페니토인Phenytoin' 이라는 획기적인 약에 관해 쓴 책을 홍보하기 위해 자비로 200만 달러를 쏟아부었던 이야기를 충고 조로 전한다. 그 책이 출판되고 30년 이상 흘렀는데 아마존에는 11개의 리뷰만 덩그러니 올라가 있고 그의 이상한 홍보 활동은 완전히 잊히고 말았다. 이 책 외에도 그는 우울증 치료체라며 페니토인을 홍보하는 데 총 7,000만 달러 상당의 물품을 쏟아부었다. 결론만 말하자면 성공적이지 못했다.

광고는 불에 기름을 부을 수 있지만 처음에 불을 일으키는 일은 광고만으로는 가능하지 않다.

합리적이고 효율적인 광고 캠페인이 되려면 두 개의 핵심요소를 기억해야 한다. 고객의 '생애 가치Lifetime value, LTV'를 알아야 하고 '행동당 비용Cost per Acquisition, CPA'을 파악해야 한다. 고객 생애 가치란 결국 고객이 당신의 고객으로 남아 있는 동안 발생하는 수익이 얼마나 되는 가이고, 행동당 비용은 클릭시 비용, 반응제 광고 등으로도 불리는데 간단히 말하면 광고를 통해 고객을 확보하는 데 들어가는 비용을 의미한다. 이 두 가지 요소가 포함된 방정식에서 크리에이터로서의 자의식(예를 들어 "매일 아침 신문 광고에 내 작품이 나오는 걸 보는 것이 너무 좋아!"라는 생각)을 없애면 남는 것은 그런 방정식의 작동 여부가 전부다. '이 페이스북 광고가 판매를 증진시키는가?' '이 TV 광고가 매출을 진작시킨다는 게 확실한가?' '무엇을 희생하고 그런 결과를 얻는 것인가?', '광고 효과가 감소되기 전까지 얼마나 많은 광고를 진행할 수 있을까?'

광고가 선택사항조차 될 수 없는 또 다른 이유는 위의 질문에 대답하는 데 필요한 실제 데이터를 새로운 제품을 출시할 때는 확보할 수 없다는 것이다. 그럼에도 나는 광고로 자신들의 프로젝트를 성공시키고자 하는 의뢰인들을 반복적으로 접한다. 지금 이 장에서 알려주는 기본적인 방법보다 광고 홍보가 더 쉽다고 느끼기 때문이다. 그게 아니면 그들은 어떤 것이 실제 효과의 유무를 판단하기보다 흥미진진하고 대담한 시도처럼 보인다는 이유로 **값비싼** 광고 캠페인에 뛰어들고 싶은지도 모른다.

모르고 있었거나 하고 싶지 않더라도 즉시 결과를 낼 수 있는, 좀 더 쉬운 방법들이 아주 많다. 휴가를 내거나 베이비시터를 고용하면 시간을 낼 수 있고, 그 시간에 50명에게 개인적으로 이메일을 공들여 쓸 수 있다. 물론 힘든 일이고 흥미롭지 않은 일이다. 비행기 티켓값과 호텔비를 내면 비영리기관이 있는 곳으로 날아가 강연할 수도 있다. 물론 시간과 자원이 적잖이 드는 일이다. 어떤 모임에 가입하거나, 인맥과 정치적 이익을 위해 조직의 대의명분에 헌신하는 것은 힘들고 흥미롭지 않으며 정량화하기도 어렵다. 그렇다면 샘플을 만들어 목표로 삼은 고객에게 무료 배포하는 데 예산을 쓰는 것은 어떤가? 그것은 힘든 일이고 판매에 **유해하게** 느껴지는가? 당신 제품이 "저를 당신이 아는 모든 사람들과 공유하세요"라고 소리칠 때까지 제품 개선에 몰두하는 것은 모든 사람들이 펼쳐볼 광고 지면을 사는 것보다 재미 없는 일이다.

대부분의 사람들은 그저 수표를 끊으면 그것으로 끝나기를 바란다. 제품 출시일 아침에 신문에 인쇄된, 손으로 만져지는 홍보의 결과물을 보고 싶어한다. 나도 똑같은 충동, 즉 돈을 주고 미디어를 사는 것이 미디어를 확보하는 것보다 쉬워 보인다는 느낌을 여러 번 받았다. 하지만 그런 충동에 저항할 가치는 충분하다.

제임스 본드 시리즈의 원작자이자 상업적 마인드가 충만했던 크리에이터 이안 플레밍Ian Fleming은 책이 잘 팔리기 시작한 후에야 자기 책을 광고하라고 출판사에 조언했다. 광고 비용의 일부(광고비 140파운드 당 60파운드)를 자신이 부담했고 다음과 같이 직접 광고 문구를 제시했다.

이안 플레밍은 4년 동안 4권의 책을 썼다. 그 책들은 영문판만 100만 부 이상 팔렸으며, 중국어, 우르드어 등 12개의 언어로 번역 됐다.
이번에 나온 5권은 《007 위기일발From Russia With Love》이다.

이 문구가 책을 사고 싶은 욕구를 일으키는가? 나는 그렇다.
분명한 광고 효과를 낼 수 있는 데이터가 준비될 때까지는 유료 미디어를 이용한 광고를 미룬다는 기준을 가지고 있다면 좋다. 유료 광고에 책정했던 예산을 다른 마케팅에 쓰는 것이 더 낫지 않을까? 진정한 매출이 일어나면 그때 광고비를 지출해도 되지 않을까? 광고는 적합한 때에 진행해야 한다.
총 판매량 20만 부를 눈앞에 둔 《과감한 선택》을 위해 출판사가 진행했던 유일한 광고는 그 책이 스포츠업계에서 인기 있음을 보도한 〈스포츠 일러스트레이티드〉 기사를 후원하는 것이었다. 우리는 놀라운 방식으로 홍보를 진행했고 페이스북과 기타 플랫폼에 올린 홍보용 포스트를 통해 추가적으로 수만 명의 사람들을 그 책의 독자가 되도록 만들었다. 하지만 그 홍보 활동은 그 기사가 정말로 사람들이 책을 구매하게 만들었는지 직접 눈으로 확인한 후에야 진행됐다. 효과성이야말로 우리의 판단 기준이었다.

혹시나 당신에겐 태워버려도 될 만한 엄청난 돈이 있을지 모른다. 하지만 그렇다고 해서 진짜 돈을 산더미처럼 쌓아 불을 지르고 그걸 동영상으로 찍은 다음, '우리는 광고에 쓸 돈을 이렇게 태웠다'라는 제목을 붙여서 온라인에 올린다는 것은 정신나간 생각이다. 이럴 바에야 그 돈을 고아원에 기부하고 그 기부의 효과를 향후 10년 동안 추적하여 웹사이트에 올려라. 그것이 얼마나 많이 **주목받는지** 관찰해보라. 당신이 돈을 지출하여 아무도 예상치 못했거나 깜짝 놀랄 만한 일을 한다면, 이 정도 돈은 아무것도 아니라는 듯이 1년에 수백만 달러를 써대는 광고주들의 돈보다 당신의 지출이 훨씬 가치 있다.

광고 예산이 얼마 되지 않더라도 사람들에게 당신의 작품을 알리고 싶다면, 내가 좋아하지만 과소평가된 광고 형태가 하나 있으니 참고하기 바란다. 그것은 판매에 직접적으로 이어지진 않지만 미디어의 관심과 주목을 끌기 위해 독점적으로 실행할 수 있는 광고 형태다. 2011년에 아웃도어 의류 회사인 파타고니아Patagonia는 블랙 프라이데이 때 〈뉴욕타임스〉에 "이 재킷을 사지 마세요"라는 제목으로 전면 광고를 내면서 '함께 해요 캠페인Common Threads Initiative'을 시작했다. 왜 이런 광고를 냈다고 생각하는가? 이 회사는 미국의 소비자들이 장바구니에 물건을 쓸어 담느라 가장 분주한 기간에 자사의 재킷을 팔지 않겠다고 했다. 파타고니아는 광고를 통해 자기네들은 매 시즌마다 환경에 나쁜 영향을 끼치면서까지 새로운 제품을 판매하고자 하는, 그래서 더 많은 상품을 팔고자 하는 보통의 의류업체가 아니라는 것과, 자기네 제품의 품질과 내구성이 매우 뛰어남을 알리고자 했다. 규모가 작고 '자주적인' 이런 캠페인의 효과는 아주 명백했다. 2015년에 〈뉴요커〉는 이 회사의 '반성장 전략anti-growth strategy'을 이런 말로 요약했다. "'이 재킷을 사지 마세요'라는 문구는 많은 사람들에게 '이 재킷을 2012년에 사세요'란 말로 들렸다."

창의적인 광고는 광고 분야에서 가장 경쟁이 덜하다. 대부분의 브랜드들은 그리 창의적이지 않고 그리 과감하지도 않다. 만약 타임스퀘어에 있는 광고 전광판에 당신의 책 사진이 게시된다면, 당신의 기분이야 벅차오르겠지만 그 광고의 힘은 바늘 하나도 움직이지 못할 만큼 매우 미약하다. 나에게도 이와 관련한 경험이 있다. 2016년에 나는 나스닥과 인터뷰를 진행했는데, 나스닥은 감사의 표시로 내 책《에고라는 적Ego Is the Enemy》의 표지를 타임스퀘어의 6층 높이 전광판에 몇 분 동안 올려줬다. 나는 그걸 사진으로 찍어뒀고 부모님은 굉장한 일이라며 감탄해 마지않았다. 하지만 주위에 있는 사람들을 둘러보니 내 눈에 들어온 것은 **완벽한 무관심**뿐이었다. 수천 명의 사람들이 그 자리에 있었지만 그 전광판을 올려다 본 사람은 아무도 없었다. 광고가 사라지자 유일하게 남은 건 잠깐의 기억과 예쁘게 올라간 페이스북 포스트뿐이었다. 책 판매엔 아무런 영향도 없었다.

또한 뉴스재킹과 광고는 서로 교차하여 만날 수도 있다. 나는 위스콘신에 있는 어느 대학생이 우리 회사와 아메리칸 어패럴이 함께 제작한 '동성애를 합법화하라Legalize Gag' 티셔츠를 입었다가 폭력을 당했다는 소식을 들었다. 우리는 폭력을 규탄하고 학생들을 지지하기 위한 첫 대응으로 해당 대학 신문의 뒷면 광고를 구매해서 '게이를 합법화하라'라는 메시지를 담아 광고를 커다랗게 올렸다. 또한 어떤 학생이든지 티셔츠를 공짜로 주겠다고 제안했고, 학생들은 캠퍼스 중앙에 위치한 '성소수자LGBT 센터'에서 언제든 티셔츠를 가져갈 수 있었다. 그 광고는 세간의 주목을 끌었다. 특별한 제품을 선물함으로써 학생들을 미래의 고객으로 끌어들였다. **그리고** 그렇게 하는 것이 옳은 일이었다.

만약 내가 광고에 돈을 써야 한다면, 예를 들어 내 마케팅 회사를 위해서 광고비를 지출한다면 엄청나게 비싼 타임스퀘어 광고비를 마련하기 위해 내 집을 담보로 잡을 일은 만들지 않을 것이다. 그 대신 내가 자란 마을의 작은 광고판을 하나 사서 "친애하는 그래니트 베이 고등학교 선생님들께. 저를 믿어주지 않아서 감사합니다. 지금의 저를 보세요"라는 광고를 올릴 것 같다. 이런 광고는 지역 매체에서 취재할 만한 기삿거리이고, 혹시나 전국 규모의 미디어에게 알려지면 사람들의 입에 꾸준히 회자될 만한 일이다. 당신의 광고를 보고 '심기가 불편해진 어느 시민'이 그걸 사진으로 찍어 여러 매체에 보낸다면? 당신은 '심기가 불편해진 어느 시민'이 '기이하고 공격적인 광고판'을 지역 신문사에게 어느 정도까지 알릴 수 있는지 깨닫고 놀랄 것이다. 작가 닐 스트라우스는 한 여자의 남편이자 책략가라는 자신의 평판을 부정하는 듯한 책을 쓰고 나서 나와 함께 광고 아이디어를 브레인스토밍 한 적이 있다. 그 결과로 닐은 CNN 빌딩 바로 맞은 편의 큰 광고판에 이런 광고를 올렸다. "모든 남자들을 대신해 사과합니다."

또 하나의 최근 사례는 파울로 코엘료의 광고다. 브라질 출판사의 도움을 받아 코엘료는 자신의 소설《연금술사》의 **모든 분량**을 공개하는 지면 광고와 옥외 광고를 연속해서 진행했다. 글자 쓰기가 4.1포인트 밖에 안 돼서 육안으로 읽기가 불가능했지만 충격적이라 할 만큼 영리하고 당당한 시도였다. 그의 훌륭한 광고 문구 중에서 일부만 발췌하면 이렇다. "이 책을 읽은 7,000만 독자에게 감사합니다. 만약 아직 읽지 않았다면 이 광고를 읽으세요." 이를 본 〈애드위크〉 등의 매체는 즉시 이 소식을 전했고, 소셜미디어에서도 많은 관심을 보였다.

비록 이런 광고들이 즉각 엄청난 판매로 이어지지는 않지만 적어도 재미가 있거나 의미가 있다. 또한 광고에 대한 일반적인 인식을 다시 일깨우는 데도 도움이 된다. 너무나 많은 일반 대중을 대상으로 하는 광고 캠페인들은 당연하다는 듯 자기들의 이기심을 드러낸다. 그렇다면 광고를 하면서 즐겁지 않아야 할 이유가 있을까? 사실 장기적인 관점에서 유머와 장난은 효과적인 광고 문구로 사람들을 '때려눕히는 것'보다 당신의 브랜드에 더 도움이 된다. 당신이 광고를 진행할 예정이라면, 예산을 다른 데 쓰느니 광고에 쓰는 게 낫다고 판단한다면 적어도 당신 자신과 당신의 고객이 즐거울 수 있는 방향으로 진행하기 바란다.

● 이 장을 마치며

아마 이 장을 읽으면서 당신의 프로젝트를 마케팅하기 위한 특별한 비결이나 '비밀 소스'를 기대했을지 모른다. 비결이 하나도 없지는 않지만 그런 비결은 당신이 생각하는 것보다 별로 중요하지 않다.

나는 여러 가지 소셜미디어 플랫폼을 최적화하는 방법을 설명할 수도 있었다. 하지만 한 가지 이유 때문에 과감히 생략했다. 이 책을 최종적으로 다듬고 있을 때 인스타그램은 새로운 라이벌인 스냅챗Snapchat의 급성장으로 직격탄을 맞자 '스토리'라는 기능을 개시했다. 심지어 이 문장을 쓰고 나자 스냅챗은 이름을 단순하게 '스냅'이라고 바꿔버렸다. '현재'라는 말을 쓰기가 무색할 정도다. 내가 한 섹션을 통째로 할애해서 각각의 플랫폼을 위한 개별적인 전술들을 설명했는데, 어떤 다른 플랫폼이 사진 및 동영상 공유 분야를 장악하려는 '군비 확장 경쟁'에서 승리했다고 상상해보라. 플랫폼들은 바람처럼 왔다가 바람처럼 사라진다. 좀 더 큰 그림에 집중하는 게 언제나 나은 법이다.

철학자 에픽테토스Epictetus의 서신 교환은 아주 유명한데, 그의 말은 마케팅에 대한 나의 접근방식을 한 마디로 요약하고 있다. 한 학생이 에픽테토스에게 "뭘 해야 할지 저에게 알려주세요"라고 편지로 물었을 때 에픽테토스는 학생의 말을 이렇게 바로잡았다. "이렇게 말하는 게 좋을 걸세. '어떤 상황에도 제 마음이 적응할 수 있게 해주세요'라고 말이야." 이 말은 마케팅에도 인생에도 모두 적용된다. 원칙은 사용법이나 비결보다 낫다. 구체적인 것들은 나중에 언제든 알아낼 수 있다. 구체적인 것들을 실행하기 위한 올바른 기본 원칙을 배우는 게 우선이다.

영원히 살아남을 작품을 만들어내기 위해서 당신이 절대 놓치지 말아야 할 원칙은 아주 단순하다. "입소문을 만들라." 개봉 첫 주에 높은 박스오피스 순위를 기록해야 하는 영화 마케터나 최신 가을 트렌드의 제품을 팔아야 하는 패션 마케터들이라면? 그들은 대대적인 광고를 필요로 한다. 광고비를 써야 한다. 불법 복제품이나 형편없는 제품을 팔아야 하는 마케터는? 사기에 가까운 판매 전술을 쓸 수밖에 없다.

영원불멸의 걸작은 불멸의 마케팅을 필요로 한다. 그렇다. 강한 인상을 주며 시작하길 원하겠지만 그것보다는 강하게 살아남아야 한다. 이런 이유 때문에 당신의 노력은 군살을 뺄 필요가 있다. 묘책silver bullet을 기대할 수는 없다. 차선책lead bullet을 가능한 한 많이 준비해야 한다. 이것이 바로 홍보 담당자를 고용하기 위한 지출과 타깃 대상에 해당하는 얼리어답터들에게 제품을 무료로 나눠주기 위한 지출 중 하나를 골라야 한다면 후자를 선택해야 하는 이유다. 하나는 입소문으로 가는 직접적인 경로이고 다른 것은 우회로라서 꼭 맞는 시기에 꼭 맞는 장소에 있으면서 꼭 맞는 매체를 만나느냐 마느냐에 달려 있다.

마지막으로 프리미엄freemium 모델, 이목을 끌기 위한 '미친' 행동과 뉴스재킹, 혹은 도발 자체를 목적으로 하는 행동은 그저 수단일 뿐이다. 내 경험상 이러한 전략들은 강력한 방법이기는 하지만 당신의 프로젝트에는 필요 없을 수도 있다. 당신의 작품이 아주 훌륭하고 출시 시점도 완벽하다면 미디어가 당신에게 몰려들고 당신이 먼저 애쓰지 않아도 그들이 당신의 비위를 맞출 것이다. 또한 인플루언서들은 당신에게 특별한 작품이 없어도 당신을 지지할 것이다. 이러한 작업들은 처음에 효과가 별로 없겠지만, 몇 번 시도하다 보면 효과를 발생시킨다.

최상의 전략이란 개별 프로젝트마다 다르기 때문에 모든 방법들을 시도해보고 당신의 프로젝트에 효과적인 방식을 찾아야 한다. 최상의 전략을 찾았다면 그것을 고수하라. 마케팅은 자원을 할당하는 기술로서 거래를 발생시키는 바퀴에 좀 더 많은 힘을 싣고 헛바퀴만 도는 바퀴에서는 힘을 빼야 한다. 효과가 이어지는 한 그 전략에 투자하라. 이제 다음 장을 살펴보자!

내 생각에 나는 작가로서 가질 수 있는 가장 가치있는 성공,
즉 충실한 팬들, 신작을 기대하고 언제나 내 작품을 구매하는
믿음직한 독자들을 얻었다.
나를 신뢰하는 그들을 실망시켜서는 안 된다.
– 슈테판 츠바이크

4

플랫폼 만들기

팬이자 친구로 당신의 제국을 건설하기

프로젝트를 진행하다 보면 마케팅과 판촉 활동의 효과가 떨어지는 시점이 온다. 판매 속도가 떨어지고 참신함은 사라진다. 물론 할 일을 제대로 했다면 입소문은 마케팅 지원 없이도 그런 지원이 있을 때처럼 제 역할을 다하는 듯 보일 것이다. 크리에이터로서 당신은 재빠른 대처를 계속하겠지만 그것이 당신의 시간을 가장 효과적으로 쓰는 일일까? 바로 이런 시점에 우리는 우리가 가진 모든 것을 쏟아부었던 작업을 그만두고 두 가지의 새로운 사항에 집중해야 한다. 그것은 바로 '우리 자신'이고 '우리의 **다음 작업**'이다.

　불멸의 작품을 만들려면 프로젝트 결과를 세상에 내놓는 것 이상이 필요하다. 그것은 **경력** 개발을 필요로 한다. 이 말은 프로젝트 전후에 '팬 기반'을 구축한다는 뜻이고, 제품을 판매하는 대부분의 사람들과 다르게 사고한다는 의미다.

　출판 관련 일을 할 때 내게 영감을 주는 사람은 베스트셀러 목록 꼭대기에 위치한 저자들이 아니었고, 값비싼 자동차를 몰며 번쩍거리는 목걸이로 치장한 래퍼들도 아니었다. 내게 영감을 준 존재는 1980년대를 주름잡았지만 대부분의 사람들에게 잊힌 헤비메탈 밴드 '아이언 메이든'이었다.

　1975년에 결성된 이 밴드는 모든 고정관념, 모든 트렌드, 그리고 헤비메탈뿐만 아니라 음악 비즈니스 전체에 대한 기존의 상식을 모두 거부했다. 아이언 메이든이 그간 이룬 성과들은 아래와 같다.

- 스튜디오 앨범 16장
- 라이브 앨범 11장
- 23번의 세계 투어 공연
- 59개국에서 2,000번의 콘서트
- 9,000만 장 이상의 앨범 판매
- 'No.1'을 기록한 앨범 5장
- 42개의 싱글 앨범
- 소셜미디어 팔로어 수 총 1,500만 명
- 유튜브 조회수 2억 회 이상

아이언 메이든은 **결성된 지 26년이 지난** 해에 '락 인 리오 페스티벌 Rock in Rio festival'의 헤드라이너로서 25만 명 관객 앞에서 공연했다.

그들은 자체 브랜드로 맥주를 만들어 팔고 세계에서 가장 돈을 많이 버는 밴드 중 하나이며, **리드싱어가 조종하는** 보잉 757을 타고 세계 순회공연을 다니며 그때마다 거대한 공연장은 모두 매진이 된다. 아이언 메이든이야말로 영원불멸의 크리에이터를 꿈꾸는 이들에게 모델이 아니고 무엇이겠는가?

아이언 메이든에 대해 가장 인상 깊은 것은 그들이 그 모든 걸 성취해낸 **방식**에 있다. 그들의 업적은 그냥 생겨나지 않았다. 히트 앨범이나 넘버원 싱글 앨범의 결과로 이뤄진 것도 아니다. 아이러니하게도 그들을 지금의 위치에 있게 만든 것은 방송으로 내보내기 **어려운** 곡을 연주하는 밴드라는 점 때문이었다. 그들은 SF소설이나 칭기즈칸, 알렉산더 대왕 같은 역사적 인물을 노래하는 10분 짜리 곡들을 연주하고, 이 밴드의 기타리스트 **세 명**은 각자 기타 솔로를 연주한다. '아이언 메이든'이란 이름 자체는 중세의 악명 높은 고문 기구에서 따왔다.

아이언 메이든이 최정상의 위치에 오르기까지는 무려 수십 년이 걸렸다. 이 말은 그들이 불멸의 작품을 만들어냈다는 것뿐만 아니라 자기들이 행한 모든 것에 영원불멸의 마인드를 적용해왔음을 의미한다. 나에게 가장 인상깊었던 점은 많은 사람들이 그들이 여전히 밴드 활동을 하는지 알지 못하거나 심지어 아이언 메이든이라는 밴드 이름을 들어본 적조차 없는 세대가 많은데도 정작 그들은 신경쓰지 않는다는 점이었다. 밴드 멤버들이 신경쓰는 것은 오직 팬뿐이다. 그들은 팬들에게만 말한다. 즉 우리가 이 장에서 논의할 **자**

신들의 플랫폼 안에 있는 사람들에게만 관심을 갖는다.

다른 밴드들이 라디오나 MTV에 의존하며 트렌드를 좇으려고 애쓰는 동안 아이언 메이든은 오직 한 가지에 집중했다. 즉 자신들이 출시하는 모든 것을 구매하는, 지역과 세대를 초월한 세계 팬들로 이뤄진 '군대'를 구축하는 데 초점을 맞췄다. 다른 밴드들은 홍보, 광고, 유통, 다른 뮤지션과의 콜라보레이션, 거대 규모의 뮤직비디오 등 기존 청취자들과의 관계를 유지하고 새로운 청취자들을 끌어들이기 위한 판촉 활동에 크게 의존하지만, 아이언 메이든은 팬들과 직접적이고 친밀한 연결 통로를 구축함으로써 팬들이 그런 '속임수들'을 지나칠 수 있도록 했다. 아이언 메이든은 어떤 면에서 그런 판촉 활동을 일부러 **죽인다**.

나는 2001년 어둠의 경로로 메탈리카의 노래를 다운로드 하려다 우연히 아이언 메이든의 '할로우드 비 다이 네임Hollowed be thy name'을 내려 받았다. 그렇게 아이언 메이든의 곡을 처음 접한 이래로 지금껏 열렬한 팬이다. (공짜 전략이 효과적인 마케팅 방법이라는 말을 기억하는가?) 그날 이후 나는 그들의 라이브 공연을 두 번 보았고, 셀 수 없을 만큼 많은 앨범들, 박스 세트 한 개, 라이브 공연 DVD 한 장, 티셔츠 세 장, 허리띠 버클 두 개를 사들였으며, 그들을 소재로 한 다큐멘터리를 시청하기도 했다.

〈와이어드〉의 창립자인 케빈 켈리Kevin Kelly는 한 가지 이론을 제시했다. 그는 그 이론을 '1,000명의 진정한 팬'이라고 불렀는데, 미술가, 음악가, 사진가, 공예가, 연기자, 애니메이터, 디자이너, 비디오 제작자, 작가와 같은 크리에이터, 다시 말해서 예술작품을 만들어내는 사람들이 생계를 유지하려면 적어도 1,000명의 진정한 팬을 확보해야 한다는 의미였다. 1,000명의 진정한 팬을 가지면, 즉 당신이 만든 것은 무엇이든 사들일 1,000명의 사람을 확보하면 생계가 가능한 수입을 어느 정도 보장 받기 때문에 계속해서 좋은 작품을 일관성 있게 만들 수 있다. 1,000명의 팬은 당신이 반드시 확보해야 할 작은 '왕국'이다.

아이언 메이든은 이 아이디어를 대규모로 현실화시킨 생생한 사례다. 그들의 열렬한 팬들은 무슨 일이 있어도 아이언 메이든이 제작한 모든 것을 구입한다. 그렇게 이 밴드는 음악 산업에서 영원히 살아남을 힘을 얻는다. 또한 그 덕분에 유행이나 기술의 변화, 그들의 음악이 주류가 아니라는 사실을 담담히 받아들인다. 누가 봐도 아이언 메이든의 팬 수는 1,000명보다 훨씬 많아서 그들은 남들보다 **1,000배나 큰** 아티스트의 꿈을 누리며 산다. 팬들이 다른 팬들에게 자신의 존재를 알리는 일종의 '경례 구호("업 더 아이언스!Up the Irons!")'가 있을 정도다. 한번은 어떤 저녁식사 자리에 초대된 적이 있는데 그곳에 세계적인 사이클 선수 랜스 암스트롱Lance Armstron이 있었다. 그는 아이언 메이든에 대한 내 말을 듣더니 자신도 열렬한 팬이라고 조용히 털어놓았다. 아이언 메이든의 음악을 들으며 성장했고 지금까지 여섯 번이나 콘서트를 보러 갔다고도 했다. 만일 내가 아무 생각없이 '업 더 아이언스!'라고 외쳤다면, 암스트롱은 내가 무슨 말을 하는지 단박에 알아차리지 않았을까?

이 믿기 어려운 '연대'와 플랫폼은 아이언 메이든의 금전적 성공에도 의미가 있을 뿐만 아니라, 밴드 멤버들이 자신들만의 경력을 추구하고 자신들만의 방식으로 작품을 만들며, 외부인이나 관계자들의 지나친 간섭 없이 팬들과 직접 소통할 수 있게 해주는 밑바탕이라는 면에서도 의미가 있다. 헤비메탈이 내일 당장 불법이 된다고 해도 아이언 메이든의 경력에는 아무런 영향을 미치지 못할 것이다.

그러면 여기에서 궁금한 것이 있다. 어떻게 자신만의 충성스러운 팬 세력을 구축할 수 있는가? 어떻게 그런 단단한 기반을 이룬 팬들과 소통하고, 그런 그들을 유지하고 지지하는 데 필수적인 작품을 만들어낼 수 있을까?

● 플랫폼이란 무엇인가?

토마스 넬슨 출판사의 전 CEO 마이클 하얏트Michael Hyatt는 이렇게 썼다. "옛날에는 작은 언덕이나 나무로 된 무대 위에 서면 남들에게 소리를 전할 수 있었다. 그것이 플랫폼이었다." 플랫폼은 사람들에게 메시지를 전달하는 데 사용하던 수단이자 접근방법이었다. 오늘날의 사람들은 플랫폼을 조금 다르게 생각한다. 상당수의 사람들이 소셜미디어 팔로어 숫자나 TV쇼의 시청률 같은 것으로 플랫폼을 이해한다. 나는 그런 인식이 지나치게 단순화된 것이라고 본다.

플랫폼은 창의적인 작품을 세상에 퍼뜨리기 위해 당신이 감수해야 하는 도구, 관계, 접근, 목표 대상의 조합이다. 또한 이 모든 것들이 한 번으로 그치지 않고 계속 이어져야 플랫폼이라고 할 수 있다. 그렇기 때문에 플랫폼은 당신의 소셜미디어나 당신이 지금 서 있는 무대이기도 하지만, 당신의 친구들, 작품들, 당신이 작업하는 커뮤니티, 당신의 진가를 알아봐주는 미디어와 인플루언서, 이메일 연락처 목록, 지금껏 구축한 신뢰, 수입의 원천, 그 밖의 셀 수 없이 많은 자산들을 포함시킨 개념이라고 봐야 한다. 플랫폼은 당신의 창작물이 무엇이든 간에 그 결과물을 **통해서**가 아니라 그것을 **위해** 당신이 일구고 성장시킨 것을 뜻한다. 이것이 내가 바라보는 플랫폼이다.

앞에서 언급했듯이 윈스턴 처칠은 마이클 하얏트가 이야기한 문자 그대로의 플랫폼 위에서 탁월한 능력을 발휘했던 뛰어난 연설가이자 정치가였다. 하지만 그도 좀 더 값비싸고 현대적인 플랫폼을 가지고 있었다. 대부분의 사람들은 처칠이 작가라는 직업으로 생계를 유지했다는 사실을 잘 알지 못한다. 그는 생전에 수백 개의 발행물과 출간 작품을 남겼다. 처칠은 정치계에서 추방당했던 시기인 1931년부터 1939년까지, 소위 '정치적 황무지'에 유배된 악몽 같은 시간에 11권의 책, 400편 이상의 칼럼을 썼고 350회 이상 연설을 했다. 그런 작업들을 기반으로 훗날 세계적인 리더십을 발휘할 수 있었다. 평범한 정치가라면 투표로 공직에서 해임되고 정적에 의해

주변부로 밀려났을 때 무력해졌겠지만 그는 그렇지 않았다. 그의 놀라운 플랫폼, 즉 수많은 편집자들과의 인맥, 언어 구사에 대한 비범한 재능, 지칠 줄 모르는 에너지가 그 자신을 영향력 있는 사람으로 유지시켰을 뿐만 아니라, 공직에 있을 때나 없을 때나 전 세계의 정책 방향과 각국의 대처 방안을 가이드할 수 있는 능력을 줬다.

이 장의 첫 머리를 장식한 인용구의 주인공 슈테판 츠바이크는 당시 세계에서 가장 인기있는 소설가 중 한 사람이었다. 오스트리아계 유태인인 그는 히틀러가 정권을 잡자마자 유럽에서 추방당했고, 미국으로 잠시 피신했다가 브라질로 이주했지만 끝내 자살하고 말았다. 그의 생전에 나치는 그의 책을 모두 불태워버리는 등 악랄한 박해와 살해 시도를 벌이기도 했다. 그럼에도 불구하고 츠바이크의 작품들은 오늘날에도 여전히 살아남아 있다.

자신의 '자산'이 소셜미디어나 이메일 주소록이든, 충성스런 협력자이거나 단순히 인기 있는 작품이든 상관없이, 그 자산에 접근하고 의지할 수 있는 능력은 아티스트를 장기간에 걸쳐 성공으로 이끌어준다. 또한 그 자산은 당신의 작품이 검열이나 탄압에도 굴하지 않도록 힘을 실어준다. 플랫폼은 세상에 당신의 작품을 내보일 수 있는 힘을 주고 작품이 출시된 후에도 계속 살아남도록 해줌으로써 영원불멸의 상태에 도달하게 만든다. 그렇게 되면 그 작품은 적대적인 세상에서도 충분히 살아남을 수 있다.

이러한 플랫폼을 구축할 수 있는 유일한 사람은 바로 당신이다. 레이디 가가가 자신의 모든 말에 귀 기울이는 광팬들을 '작은 괴물들'이라고 부르듯이 당신도 그런 '군대'를 만들 수 있다. (플랫폼에 대한 가장 뛰어난 책 중 하나인 재키 후바Jackie Huba의 《열혈 고객을 만드는 1% 마케팅》를 참조하라.)

그렇게 의지할 수 있는 팬과 친구를 가진다면 마케팅은 쉬워진다. 목표 대상과 진실하고 직접적인 관계를 맺음으로써 그들이 좋아하고 원하고 필요로 하는 것을 파악할 수 있다면 다음 프로젝트를 진행하기도 훨씬 용이해진다. 또한 불멸의 작품을 만들고 입소문을 일으키는 것은 당신이 하는 일을 기꺼이 전도하고 다른 사람들에게 당신의 작품을 소개하려는 '높은 위치의 지지자'들이 있어야 가능하다. 리스크 수용, 자기 자신에 대한 투자, 고통에 대한 인내, 시장의 변화를 가능하게 만들어주는 지속가능한 사업 기반과 현금 흐름을 구축할 때, 수십 년 동안 당신의 일을 유지하며 즐길 수 있다.

이 모두가 바로 출판사나 제작사 같은 회사와 투자자들이 크리에이터 혹은 기업가와 협업을 고려할 때 상대가 가진 자산에 대해 깊이 질문하는 이유다. 그들도 이런 걸 알고 싶어 한다. **'당신의 플랫폼은 무엇인가?' '누가 당신의 고객인가?' '당신의 장기 계획은 무엇인가?'** 그들은 상대가 실제로 자신의 아이디어를 세상에 내놓을 수 있는지, 그리고 실제로 그 아이디어에 관심이 있는 사람들이 있는지에 대해 확신을 갖고 싶어 한다. 그럴 수 있는 크리에이터가 그렇지 않은 크리에이터보다 당연히 안전한 투자 대상일 수밖에 없다.

어떤 산업이든 모든 크리에이터들은 철저한 조사를 받는다. '내가 이것을 해내기 위한 영향력을 가지고 있는가?' '내 플랫폼은 작품을 출시해도 될 만큼 충분히 파급력이 클까?' '투자를 통해 내 목표 대상과 팬 기반을 강화할 수 있고 그 결과 나의 경력도 확대될 수 있을까?' 무엇을 팔든지 플랫폼은 그 가치가 엄청난 자산이다.

● 플랫폼이 필요한 이유

애석하게도 모든 사람들은 플랫폼이 필요할 때가 돼서야 플랫폼을 원한다. 사람들은 시장으로 나갈 준비가 되면 자신의 작품을 출시할 곳이 적힌 목록을 손에 쥐기를 원하지만 사전에 미리미리 성공의 기틀을 구축해놓으려 하지는 않는다. 똑똑하고 재능이 있으면 신께서 튼튼한 플랫폼을 내려주리라 생각하는 듯하다. 과거에 성공을 거뒀기 때문에 자기가 지금 무엇을 하든지 모든 사람들이 자신의 작품을 기다릴 거라고 생각하기도 한다. 미안하지만 그런 생각은 틀렸다.

헐리우드에서는 유명 배우를 캐스팅하면 영화가 성공할 거라고 기대하지만 배우의 명성과 플랫폼 확보 사이에는 엄청난 차이가 있다. 〈스타워즈〉는 충성스러운 광팬들로 이뤄진 플랫폼을 가지고 있다. 평범한 로맨틱 코미디라면 그런 플랫폼이 존재하지 않을 뿐더러 앞으로도 생기기 어렵다. 아놀드 슈월츠제네거는 오랜 세월 탄탄하게 자신만의 플랫폼을 만들어놓았기 때문에 헐리우드, 정부,

소셜미디어를 재패할 수 있었다. 반면 유명 배우들, 이를테면 찰리 쉰이나 캐서린 헤이글은 사람들에게 많이 알려져 있음에도 불구하고 플랫폼 비슷한 것조차 만들지 못했다.

한때 케이시 나이스탯은 향후에 인디 감독으로 성장할 전도유망한 영화 제작자였다. 그는 HBO를 위해 성공적인 쇼를 제작했고 선댄스영화제에 영화를 출품했으며 칸느영화제에 두 편의 영화를 출품하기도 했다. 하지만 그는 자신의 작품을 유튜브를 통해 퍼뜨리겠다며 영화판을 떠났다. 왜 그랬을까? 촬영이 끝나면 투자를 받고 협상을 하기 위해 에이전트와 함께 동분서주해야 하고 관객에게 선보이려면 배급업자들을 찾아야 하는 과정이 소모적이라고 생각했기 때문이었다. 중간에 누군가가 개입해서 사람들에게 보여줄 작품이 결정된다는 것은 아티스트에게는 견디기 힘든 상황이다.

유튜브에서 그는 자신의 동영상을 팬들에게 직접 '개봉'한다. 그는 구독자들을 모을 수 있고 소셜미디어와 이메일을 통해 직접 사람들에게 접근할 수 있다. 그가 소유하고 운영하는 플랫폼에는 중간자가 개입될 여지가 전혀 없다. 그럼에도 효과가 엄청나다. 나이스탯은 1년 동안 매일 동영상을 업로드하여 수백만 명의 구독자를 확보했다. 그가 자기 일상을 촬영해 매일 올리는 '브이로그^{vlog}'는 업로드된 지 몇 시간 안에 조회수가 수십만 회에 달할 정도다. 그에게는 작품 홍보를 위한 팀이나 수단이 없고, 그는 마케팅 예산을 얻기 위해 스튜디오를 상대로 로비를 하지 않으며 배급업자로부터 개봉일을 따내려고 다른 크리에이터들과 경쟁할 필요도 없다. 그럼에도 불구하고 나이스탯은 요즘 세계에서 가장 영향력 있는 감독 중한 명이다. 비록 그의 팬이 아니라면 대부분 그의 이름을 잘 모를테지만 말이다.

이것은 예술가로서 얻을 수 있는 가장 높은 수준의 '자유'이자 장기적으로 수익성이 있는 '자유'다. 케이시는 유튜브를 통해 자신을 헐리우드에게 어필하기를 바라지 않는다. 그에게는 헐리우드가 필요없다. 나이스탯은 이렇게 말한다. "플랫폼은 디딤돌이 아닙니다. 그것은 결승선이죠(플랫폼 자체가 최종 목표 중 하나라는 뜻―옮긴이)."

이런 식의 사고는 당신 작품을 다루는 강력하고 매우 반직관적인 방법이다. 많은 크리에이터들은 '스스로를 선택하라'라는 제임스 알투처의 말을 따르기 두려워한다. 자신만의 플랫폼을 개척하려고 했지만 끝내 아무것도 얻지 못할까봐 두렵기 때문이고, 전통적인 시스템을 편안하게 여기는 팬들을 지나치게 고려하기 때문이다. 크리에이터들은 보통 출판사, 스튜디오, 에이전시, 갤러리, 〈포춘〉 매거진 등 공인된 기관이 부여한 자격이나 계약을 통해 확인받으려고 한다.

위대한 스토아 철학자 마르쿠스 아우렐리우스Marcus Aurelius는 "검술사가 아니라 격투사"가 돼야 한다며 스스로를 꾸짖은 적이 있다. 검술사는 무기를 집어들기 위해 몸을 아래로 굽혀야 하지만 격투사의 무기는 몸의 일부이므로 "주먹을 꽉 쥐는 것이 전부다." 출시할 때마다 새롭게 만들어야 하고 선택해야 하는 홍보 수단은 피해야 한다. 그 대신 당신 자신을 고객과 묶고, 그 고객과 하나가 되며, 당신의 무기로 하나가 되는 방법을 선택해야 한다. 플랫폼을 구축함으로써 그렇게 해야 한다.

● 당신만의 목록을 만들어라

크리에이터를 꿈꾸는 사람들에게 한 마디만 조언할 수 있다면 나는 이렇게 말할 것이다. "**목록을 만들어라**". 구체적으로 말해서 '이메일 주소록'을 만들어야 한다. 왜 그래야 할까? 당신이 통제할 수 없는 이유 때문에 모든 미디어나 산업이 당신의 작품을 배제시키는 상황을 상상해보라. 어떤 논란이 일거나 대중의 취향이 갑작기 바뀌어서 당신이 **초대받지 않은 사람**이 됐다고 가정해보라. 또 당신의 작품에 관심을 가질 출판사, 크라우드 펀딩 플랫폼, 소매업자, 유통업자, 투자자가 전혀 없다면 어떨지 상상해보라. 아마도 당신은 매우 당혹스럽지 않을까? 작품을 내놓을 방법이 없고, 당신의 메시지를 세상에 알릴 방법도 없어져버렸다. 모든 게 물거품이 됐다는 말이다!

그러나 아이언 메이든이라면 전혀 당황하지 않을 것이다. 사실 방금 전 당신에게 상상해보라고 한 상황은 오랫동안 그들이 처한 현실이었다. 1990대 초에 유행한 그런지grunge, 인디 록, 랩 음악 등은 몇 년에 걸쳐 헤비메탈을 인기 장르에서 몰아냈다. 실제로 많은 아티스트들이 유행의 흐름에서 낙오되고 정치적인 이유로 배제당하고 '누군가가 무엇인가를' 엉망으로 만들어버려서 이런 상황에 처한다.

이런 곤경에서도 살아남기 위한 유일한 길은 대중에게 직접 다가설 수 있는 방법을 가지고 있느냐 없느냐에 달렸다. 모든 '중간자'들을 밀어내고 한 가지만을 고려하는 사람들, 즉 당신의 작품을 가질지 말지 이것 하나만 고심하는 사람들과 직접 소통할 수 있다면 어떨까?

그렇게 할 수 있는 방법이 있다. 이메일 주소록을 활용해보라. 당신이 계속해서 좋은 것을 만들어내는 한 결코 당신을 저버리지 않을 열렬한 팬들로 주소록이 채워져 있다면 가장 이상적이다. 또한 이 목록은 지금 당장 잠재적 목표 대상 및 고객과 소통할 수 있는 가장 중요하고 효과적인 방법이기도 하다. 그 목록은 상황이 좋을 때는 당신이 계속 성공할 수 있게 돕고, 상황이 나쁠 때는 당신이 살아남도록 도울 생명줄과 같다.

어떤 크리에이터든 이메일 주소록을 구축해두면 '자급자족'이 가능해진다. 지지자들과 소통하는 직접적이고 정기적인 통로를 형성함으로써 그들이 중간에 빠져나갈 위험을 막을 수 있다. 이 주소록이야말로 정말 강력한 자산이다. 앞에서 당신이 가진 모든 자산을 확인해보라고 했던 말을 기억하는가? 그런 자산들을 스프레드시트에 기록한다면 이메일 주소록은 그중에서도 반드시 첫 번째 항목이어야 한다.

코미디언 케빈 하트Kevin Hart는 실패를 거듭 경험하고 코미디언으로서 생사의 기로에 선 적이 있다. 스타로 만들어주길 기대했던 영화는 흥행에 실패했고, TV 방송국과 맺은 계약은 진행되지 못했다. 그래서 그는 코미디언으로서 그나마 잘할 수 있는 일을 택했다. 이곳저곳을 돌아다니며 코미디 공연을 시작했다. 하지만 여느 코미디언들과 달리 관객을 잘 모을 수 있는 대도시를 순회하지 않았다. 대신 **모든 곳**을 돌아다녔다. 의도적으로 팬 기반이 크지 않은 도시의 작은 클럽에서 공연을 벌였다. 하트는 쇼를 할 때마다 조수를 시켜 모든 테이블 좌석에 "케빈 하트는 당신이 누군지 알고 싶습니다"라는 문장이 적힌 명함을 돌리고 손님들의 이메일 주소를 물었다. 쇼가 끝나면 그의 팀은 카드를 모아서 지역별로 구분된 스프레드시트에 이름과 이메일 주소를 기록했다. 4년 동안 이렇게 전국을 돌아다니며 엄청난 양의 데이터베이스를 구축했고 갈수록 더욱 많은 관객을 공연에 동원할 수 있었다.

이름값이 상승하자 하트는 TV 공연을 시도했다. TV가 본인의 플랫폼을 성장시킬 거라고 생각했기 때문이었다. 2011년에 그는 MTV 뮤직 어워즈 사회를 맡아 쇼를 진행했는데, 단번에 25만 명 이상의 트위터 팔로어를 확보했다. 하트는 이렇게 말했다. "수년 동안 팬들을 쌓고 쌓고 또 쌓았고 개인적으로 팬들과 연락을 주고 받았다." '게임하듯 한 명씩' 팬을 확보하고자 했던 그의 노력은 1,500만 명으로 이뤄진 거대한 플랫폼으로 결실을 맺었다. 하트는 그러한 플랫폼을 기반으로 팬들과 몇 번의 클릭만으로 소통할 수 있게 됐다.

　이러한 자산은 헐리우드에서도 매우 독특했기 때문이었는지 하트가 그 자산을 활용하자 논란이 발생했다. 소니 해킹 사건*으로 유출된 소니 픽처스 스튜디오와 연기자 대표 사이에서의 협상 내용은 하트의 능력을 보여줬는데, 그는 이미 출연료를 지급 받은 영화를 자신의 플랫폼을 통해 홍보하려면 자신에게 더 많은 보수를 지급해야 한다고 주장했다. 그의 주장이 소니를 격분하게 만들었다. 소니는 하트가 구축하고 통제하는 그 플랫폼에 대해 자신들도 사용할 자격이 있다고 생각했다. 그러나 하트는 플랫폼을 사용한 대가로 대금을 청구했고, 소니의 한 임원은 이 일로 하트를 '매춘부'라고 부르며 분개했다. 나중에 하트는 이 일에 대해 직접 글을 올렸다. 자신은 단지 플랫폼의 소유주이며, 그 플랫폼을 이용하려면 그에 따른 대가를 지불하는 것이 당연한 일이라고 주장했다. 그는 이렇게 썼다. "나는 여기까지 오느라 아주 열심히 했습니다. 나는 나 자신을 하나의 브랜드라고 생각합니다. 나는 절대 나 자신이 (공짜로) 이용되게 두지 않을 겁니다."

　케빈의 플랫폼이 중요한 이유는 플랫폼의 핵심이 수년 동안 셀 수 없이 많은 클럽 공연을 통해 그가 직접 일일이 수집한 이메일 주소에 기반하고 있기 때문이다. 그렇다. 그는 현재 수백만 명의 소셜

● 2014년에 소니 픽처스 엔터테인먼트 회사 관계자 간의 이메일과 직원 개인 정보, 미공개 영화 본편 등 다양한 정보가 유출된 사건이다.

미디어 팔로어를 거느리고 있지만 '케빈 하트 주식회사'의 진정한 소득은 바로 그 이메일 주소록에서 나온다. 만약 영화배우로서 그의 경력이 갑자기 '폭망'하더라도, 하트는 그런 상황에서도 돈을 벌 수 있다. 왜냐하면 팬들의 이메일 주소를 가지고 있기 때문에 '팬이 누구인지'와 '팬을 만나려면 어떤 도시에 가서 공연해야 하는지'를 정확히 알기 때문이다.

인기뉴스를 제공해주는 팔크닷컴^{fark.com}의 창업자 드루 커티스^{Drew Curtis}는 17년 전에 켄터키 주 교외에 있는 집에서 나와 이 사이트를 구축했다. 그는 내게 하트와 아주 비슷한 사례를 이야기해줬다. "온라인에서 장수할 수 있는 유일한 방법은 자신만의 '관계 채널^{engagement channel}'에 대해 통제력을 확보하고 유지하는 겁니다. 주류 미디어는 검색 엔진이나 소셜미디어로부터 그런 관계 채널을 아웃소싱하면 어떤 일이 벌어지는지 실수를 통해 배워가고 있습니다. 예를 들어 모 지역신문은 트위터를 통해 그런 관계를 확보할 것을 나에게 강하게 요구하더군요. 만약 트위터가 관계 채널에 접근한 대가로 비용을 청구하기로 하면 그들은 끝난 거죠."

소셜미디어 팔로어 수가 8자릿수나 9자릿수라면 술에 취한 듯 기분이야 좋겠지만, 소셜플랫폼에 과도하게 투자하는 것을 경계해야 한다. 소셜미디어는 왔다가 사라지는 법이라서 당신이 전적으로 통제할 수 없다. 소셜미디어의 정책은 바뀔 수 있고, 타 기업에 인수되거나 갑자기 파산할 가능성도 있다. 공짜로 제공했던 서비스에 갑자기 요금을 부과할지도 모른다. 목표 대상을 구축하기 위해 어떤 플랫폼에 뛰어들지 결정해야 한다면 이메일의 '린디 효과'를 떠올려보라. 이메일은 생겨난 지 거의 **50년**이 됐고 앞으로도 유효하다.

20년 된 크레이그스리스트는 크레이그 뉴마크가 샌프란시스코에 사는 동료들에게 아파트의 행사를 알리는 데 사용하던 이메일 주소록에서 출발했다. 그는 이렇게 말했다. "스팸이 아니라면 사람들은 이메일을 받고 싶어 합니다. 누군가의 우편함으로 배달되는 이메일은 언제나 세상을 향해 열려 있는 편리한 창이죠." 크레이그스리스트는 세월이 흘러도 끄떡없는 존재가 됐다. 숱한 경쟁자, 트렌드, 변화 속에서도 살아남은 수십 억달러짜리 기업을 키울 수 있었다. 이 모든 것이 이메일 주소록 덕분이었다.

미래에 이메일은 마술 같은 텔레파시 커뮤니케이션 기술로 대체될지도 모르지만 라디오가 영화나 TV, 인터넷의 발전에도 살아남았듯이 이메일도 어떤 식으로든 살아남지 않을까? 미래야 어떻든 간에 적어도 지금은 이메일이 최고의 선택이다. 그러니 이메일을 사용하라.

세스 고딘은 플랫폼이 '퍼미션 자산permission asset'을 통해 구축된다고 말한다. 퍼미션 자산이란, 페이스북에서부터 트위터 등에 이르는 모든 걸 포함하는 커다란 '양동이'라고 보면 된다. 기본적으로 사람들이 당신으로부터 뭔가를 듣고자 하는 '장소'라면 그것이 무엇이든 퍼미션 자산이 된다.

누구에게 출시할지, 어떤 영향력을 프로젝트에 담을지, 그리고 받고 싶은 관심을 어느 정도의 기준선으로 가정할지를 결정하는 것이 바로 이메일 주소록이다. '생각 카탈로그Thought Catalog'의 창업자 크리스 라버그네Chris Lavergne는 나에게 '10억 개의 목소리 중 하나의 목소리'와 '**권위**'의 차이를 구분해준 적이 있다. 권위는 무엇인가에 의해 지지받는 것을 의미하고, 그 무엇은 바로 이메일 주소록과 플랫폼이다.

하지만 플랫폼이 마술처럼 하늘에서 뚝 떨어지지 않듯이 이메일 주소록도 **저절로 생겨나지** 않는다. 누군가가 만들어야 한다.

● 이메일 주소록을 구축하는 방법

2008년에 나는 언젠가 책을 출간하고 싶어도 뭔가를 변화시키지 않으면 독자들에게 내 책을 이야기할 방법이 없음을 깨달았다. 나는 이메일 주소록을 구축해야겠다고 결심했다. 그런데 어떻게? 나는 사람들이 내 이름만 보고 바로 이메일 주소를 줄 중요한 사람도, 재미있는 사람도 아니었다. 그래서 아이디어를 하나 생각해냈다. 매달 책을 추천해주면 어떨까? 4년 동안 나는 매월 1회씩 내 사이트에 추천도서를 소개했고, 최초 가입자수는 90명에서 5,000명으로 늘어났다. 그 덕분에 내 첫 책을 그들에게 알릴 수 있었다. 2년 후에 후속작이 나올 때가 되자 이메일 주소록의 규모는 3만 명 이상으로 늘었고, 현재는 7만 명이 넘는다.

《과감한 선택》의 성공적인 출간 후에 제임스 알투처는 자비출판과 그에 수반되는 모든 사항을 완전히 수용했다. 그는 팟캐스트를 개설했고 이메일을 통해 팬들과 직접 소통하고 있다. 그는 사용료를 받는 회원 전용 뉴스레터를 만들었으며 이메일로 금융 자문을 한다. 뿐만 아니라 회원 전용인 북클럽을 개설했고, 몇 권의 책을 더 써서 본인의 웹사이트에서 상당량을 판매 중이다. 그는 수십만 개의 이메일 주소와 우편 주소, 결제 정보도 축적했는데 지금은 엄청나게 큰 플랫폼으로 성장해 (그의 추정에 따르면) 1년에 2,000만 달러 이상의 수익을 올리고 있다.

당신은 무엇이든 목록을 만들 수 있다. 케이시 나이스탯의 유튜브 채널을 구독하는 사람들은 그의 동영상을 보는 데만 관심이 있다. 쇼핑 사이트 '베드 배스 앤 비욘드Bed, Bath and Beyond'에 이메일을 등록하는 사람들은 쿠폰과 다가올 세일 정보를 보내달라고 요청한다. 만약 사람들이 당신이 만든 것을 소비하길 원하고 출시 계획을 알고자 한다면 그들이 가능한 한 쉽고 정기적으로 그런 소식을 들을 수 있게 해야 한다.

나는 어느 논픽션 작가와 일한 적이 있는데 내가 볼 때 그의 전작은 고전에 필적할 만큼 좋았다. 그 책은 출판사들이 꿈꾸는 스테디셀러가 될 만한 작품이었다. 당시 100만 부 이상 판매됐고 대부분은 온라인이 아니라 오프라인 서점에서 팔렸다. 저자를 위해 마케팅을 진행하는 출판사의 수를 손가락으로 꼽을 수 있던 때였다. 10년 후 그는 후속작의 출간 준비를 마쳤지만 독자들에게 알릴 방법이 없었다. 그에게는 소셜미디어 계정도, 미디어 담당자의 연락처도, 이메일 주소록도 없었다. 팬의 규모는 수백만 명에 달했지만 누가 팬인지 파악할 방법도 팬들과 연락할 방법도 없었다. 즉 그에게는 플랫폼이 **없었다는** 의미다.

이것은 성공한 크리에이터임에도 불구하고 처음부터 다시 시작해야 한다는 사실을 의미했다. 그의 책을 구매했던 사람들에게 우선적으로 신작 출간 소식을 알려 신속하게 견인력을 얻어야 하는데, 불특정다수에게 책을 알려야 했다. 나로서는 이해하기 어려운 상황이었다. 그의 팬들이 후속작이 나왔다는 걸 서점이나 웹사이트에서 우연히 발견해야 한단 말인가? 요즘 같은 세상에서? 하지만 이런 상황이 너무 자주 발생하고 있다.

내 친구이자 '앱스모AppSumo'라는 회사의 마케팅 전문가 노아 케이건Noah Kagan은 이를 비꼬듯 '기억상실 마케팅amnesia marketing'이라고 부른다. 고객이 누구인지 모르면 프로젝트마다 거듭해서 고객을 찾아야 한다. 이런 실수를 저지르는 사람들에게 일반적으로 나타나는 충동적인 행동이 있는데, 누군가에게 돈을 지불하고 이메일 주소록을 만들어달라고 하는 것이다. 실수를 덮으려고 또 다른 실수를 범하지 말기를 바란다. 이메일 주소록을 구축하는 것은 다른 사람이 할 일이 아니다. 돈으로 구독자를 살 수는 없다. 광고를 한다고 해서 목록이 구축되지 않는다. 때때로 수년에 이르는 꾸준한 노력 없이는 목록을 제대로 만들지 못한다. 하지만 그럴 만한 가치가 있는 일이다.

이메일 주소록을 만드는 데 도움이 될 만한 몇 가지 전략을 소개한다.

- 인센티브로서 안내서, 기사, 책 내용 발췌문, 할인 쿠폰 등 무엇이든 무료로 제공하라.
- 관문gate을 만들어라. 뮤지션들은 무료 곡을 배포하고 그 대가로 '좋아요'나 '공유'를 얻으려고 페이스북을 사용하곤 하는데, 이런 페이스북이 바로 관문이다. 비트토렌트는 '번들스Bundles'라는 서비스로 동일한 기능을 제공하는데 콘텐츠 일부는 무료로 제공하되 사용자가 나머지를 받으려면 자신의 이메일 주소를 남겨야 한다.
- 팝업창을 사용하라. 사용자가 사이트에 접속하면 팝업창을 띄워 '구독'을 원하는지 묻는다.
- 직접 손으로 수집하라. 나는 토론 후에 구독 신청서가 달린 클립보드를 직접 돌리는 저자를 본 적이 있다. 구식이지만 효과가 있었다.
- 경품을 걸거나 시합을 진행해보라. 사무실 근처의 점심식사를 전문으로 하는 식당들이 왜 명함을 넣는 유리항아리를 두는지 아는가? 알다시피 명함에는 전화번호와 이메일 주소가 있다. 일주일에 한 번 무료로 샌드위치를 준다는 경품을 내걸고 그 대가로 수백 명의 '구독자'를 확보할 수 있기 때문이다.
- 서로 교환하라. 이메일 주소록을 가진 사람이 자신의 독자들에

게 당신의 메일링 리스트에도 등록하라고 추천하고, 당신도 당
신의 팬들에게 그 사람의 메일링 리스트에 등록하라고 이메일
을 보낸다.

- 서비스를 약속하라. 가장 단순하면서도 가장 중요한 점이다. 이
  메일 주소록으로 사람들에게 무엇을 제공할 것인가? 구독할 가
  치가 있는 것을 약속하면 성공할 수 있다.

이메일 주소록은 크기와 내용 면에서 제각각이지만, 한 가지 공
통점이 있다. 바로 아무것도 없는 상태에서 시작한다는 점이다. 나
는 이메일 주소록으로 시작해 수백만 달러 가치의 사업을 여러 개
일군 노아에게 처음으로 이메일 구독자를 확보하려면 어떤 방법을
추천하는지 물었다. 그는 첫 100명의 구독자를 확보하려면 다음과
같이 하라고 추천한다.

- 이메일 서명에 '구독하기' 링크를 삽입하라. 당신은 하루에 얼
  마나 많은 이메일을 보내는가?
- 팔로어를 확보하도록 허용하는 오프라인 소셜네트워크가 어디
  인지 파악하고, 이메일을 보내 참여해도 되는지를 물어라.
- 친구, 가족, 동료들에게 당신의 메일링 리스트에 등록해달라고
  부탁하는 글을 일주일에 한 번씩 올려라.
- 당신이 현재 활동하고 있는 그룹 멤버들에게 당신의 뉴스레터
  를 구독해달라고 요청하라.

- 행사 때 사용할 '물리적 양식(등록양식이 달린 클립보드 등)'을 만들어라.

이런 방법은 별로 노력이 들지 않는 매우 괜찮은 출발이다.

실수를 범하지 마라. 이메일 주소록은 시간이 흐르면 엄청난 가치를 드러낸다. 나는 이메일 한 통으로 하루만에 수십만 달러 상당의 책을 판매하는 저자들을 여러 명 본 적이 있다. 나는 경쟁자들이 악전고투하고 있는데도 창업하자마자 견인력을 만들어내는 스타트업 업체들도 여러 곳 목격했다. 엄청난 가치를 제공하며 구축한 '기초 고객들base audience'에게 이메일을 통해 쉽게 접근했기 때문이다.

그러니 지금 바로 주소록을 만들어라. 당신이 어디에 있든 무엇을 하든 간에 예외는 없다.

● 네트워크는 가치의 그물이다

또 하나의 중요한 목록이 있다. 그것은 인맥contact, 관계relationship, 인플루언서를 모아 놓은 목록이다. "당신이 무엇을 아느냐가 아니라 누구를 아는가가 중요하다." 이 말은 언제나 진실에 가깝다.

이런 점에서 내 친구이자 의뢰인 팀 페리스는 아마도 가장 훌륭하고 경외심을 불러일으킬 만한 사례다. 팀을 만났을 때 나는 열아홉 살이었고 어떤 사람의 조수로 일하고 있었다. 팀은 성공한 사업가였지만 아무도 사겠다고 생각하지 않을 책(25개의 출판사가 그의 출판 제의를 거절했다)을 마무리하느라 여념이 없던 무명의 작가였다.

텍사스 오스틴에서 열린 사우스바이사우스웨스트 컨퍼런스에서 우리는 처음 만났다. 나에게 그 행사는 난생 처음으로 참가하는 진짜 컨퍼런스였다. 팀은 인적 네트워트를 만들기 위해 참가한 듯 보였다. 그는 광고를 하거나 미디어의 주목을 받으려고 돈을 쓰기보다 가능한 한 영향력 있는 사람들을 많이 만나 서로 안면을 트고 배우기 위해 여러 컨퍼런스를 돌아다니고 있었다. 당시 보잘것없던 나와도 시간을 보냈는데 내 보스가 중요한 사람이었기 때문이었다. 몇 개월 후 그의 책은 〈뉴욕타임스〉 베스트셀러에 올랐고 믿을 수 없을 정도로 미디어의 주목과 온라인 상의 관심을 얻었다. 출간 후 몇 년 안에 그의 책은 40개 언어로 번역됐으며, 수백만 부가 팔려 나갔고 셀 수 없는 사람들의 삶을 변화시켰다. 그가 그렇게 성공할 수 있었던 가장 큰 이유는 컨퍼런스 투어를 통해 구축한 인적 네트워크에서 찾을 수 있다. 실제로 그 네트워크는 책 판매에만 도움이 된 것이 아니라 수백만 달러 가치의 자문 및 투자 계약으로도 이어졌다.

팀의 전략은 이러했다.

- **누구도 절대 무시하지 마라.** 어떤 사람이 언젠가 당신의 작업에 도움이 될지 당신은 절대 알지 못한다. 팀의 규칙은 모든 사람

을 〈뉴욕타임스〉의 1면에 올려줄 수 있는 사람으로 대하는 것이었다. 언제 그런 사람을 만날지 모르기 때문이다.

- **장기전을 펼쳐라.** 지금 당장 도움을 줄 수 있는 사람을 찾는 것이 아니다. 언젠가 서로 도움을 주고 받을 수 있는 관계를 확보하는 것이다.

- **VIP가 될 만한 사람에 집중하라.** 잘 알려지지 않았지만 나중에 '잘 알려질 것'이고 '잘 알려져야 하는' 사람에 초점을 맞춰라. 지금 엄청난 영향력을 가진 사람을 말하는 게 아니다. 팀 본인만 해도 당시에는 베스트셀러 작가가 아니었고 엄청난 플랫폼을 가지지도 않았다. 물론 지금은 둘다 이뤄냈다.

네트워크를 세울 가장 좋은 시기는 바로 '어제'다. 두 번째로 좋은 시기는 바로 '지금'이다. 어떤 사람을 만나 관계를 발전시키는 가장 좋은 때는 그 사람에게 부탁하고 싶은 것이 있기 '전'이다. 만약 출시 후에야 네트워킹(인맥 맺기)을 하려고 한다면, 영향력을 가질 수 없다. 새로 알게 된 사람에게서 "저를 위해 할 수 있는 일이 있겠죠?"라는 말을 듣길 원하는 사람이 있을까? 그런 말은 부담스러운 구걸이나 다름없다. 너그러운 마음으로 먼저 베풀고 다른 사람을 먼저 도와라. 흥미있는 내용을 보도하는 기자에게 이메일로 감사 인사를 먼저 전하라.

네트워킹은 네트워킹 이벤트에 가서 명함을 교환하는 일이 **아니**다. 그렇게 하는 것은 **광고**나 다를 바 없다. 네트워킹은 진정한 관계를 형성하고 발전시키고 유지하는 것이다. 가치있고 언제든 편하게 만날 수 있는 사람이 '먼저' 되면 언젠가 보답 받는 날이 올 수 있다.

● 관계도 하나의 플랫폼이다

2016년에 치러진 민주당 대선 후보 경선에서 힐러리 클린턴은 버니 샌더스의 놀라운 기세와 포퓰리즘적인 언변에도 불구하고 그를 꺾었다. 버니의 굉장한 인기, 그에게 감동한 지지자들, 다크호스 같은 출마와 관련한 열광적인 이야기들이 꼬리에 꼬리를 물었지만 결국 힐러리 클린턴이 승리했다. 왜 그랬을까? 그 이유는 힐러리가 민주당 경선에만 존재하는 유일무이한 것을 틀어쥐고 있었기 때문이다. 바로 '대의원들'이었다. 이들은 전체 경선 유권자들 중 15퍼센트를 차지하지만 각 주의 경선 결과를 따를 의무가 없다. 국무장관으로 재직하는 동안 힐러리는 관계 구축, 협업, '기관 지식 institutional knowledge'을 통해 대의원들을 자기편으로 만들었다. 샌더스가 대중에게 어필하는 데 집중했던 반면 클린턴은 무대 뒤에서 '최후의 의사결정권자'들과 신뢰를 구축하는 데 전념했다. (그러나 경선에서 승리했던 클린턴이 본선에서 패배한 사실은 또 하나의 시사점을 보여준다. 사람들의 동기를 자극하지 못하고 그들을 행동하도록 이끌지 못하면 세상의 모든 인플루언서들을 내 편으로 만든다고 한들 의미가 없다는 사실이다.)

정치라는 맥락에서 이것은 유권자들에게 공정하지 않은 것처럼 보인다. 비록 샌더스가 대의원들뿐만 아니라 일반 유권자들로부터도 과반수의 표를 얻지 못했지만 몇몇 사람들은 그가 속임수에 넘어갔다고 생각했다. 또한 힐러리가 열정적인 연설 대신 관계 구축에 전력을 기울인 것은 현대 정치, 나아가 인생의 정수가 아니라고 보았다.

이것은 크리에이터의 세계에서도 흔히 나타나는 잘못된 태도다. 코미디언 마크 마론Marc Maron은 동료나 경쟁자가 큰 기회를 낚아채거나 결정적 기회를 잡는 것을 볼 때 사람들이 느끼는 감정을 완벽한 문장으로 압축했다. 질투와 부러움이 뒤섞인 그런 상황에서 사람들은 "어떻게 해서 **네가 그것을 잡았어?**"라고 말한다. 이 문장에서 '네가'를 강조한다면 '그건 나였어야 했어'라는 뜻이고, '그것을'을 강조한다면 '넌 그렇게 큰 걸 잡을 만한 자격이 없어'라는 뜻이다. 사람들은 타인이 자신보다 큰 성공을 거두거나 모든 게 그들의 뜻대로 이뤄지는 듯한 모습을 보면 화를 내고 억울해 하곤 한다.

이런 태도는 인생을 우울하게 살아가는 방법일 뿐만 아니라 진정한 핵심을 놓치게 만든다. 천재적인 작품을 창조한다고 해서 관계가 저절로 형성되지 않는다. 관계는 노력을 통해 만들어지고 노력으로 유지된다. 만약 당신이 관계 형성의 '명인grandmaster'이 되고 싶다면 체스 선수가 돼야지 체스판의 말이 돼서는 안 된다. 당신의 열렬한 팬들에게 집중하느라 중요한 협력자들과의 관계를 강화할 수 있는 기회를 등한시하지 않기를 바란다. 팬들만큼 이 관계 역시 중요하다. 관계 형성은 중요한 마케팅 전략이고 독자적인 생존력이 강한 플랫폼을 세우는 데 필수적인 요소다.

꼭 맞는 사람들과 꼭 맞는 관계를 발전시키는 일은 시간이 오래 걸리는 게임과 같다. 이는 전통이 형성되고 유지되는 방식에 비유할 수 있다. 새 앨범이 나오자마자 갑자기 세상 모든 사람들이 일제히 한 마디씩 코멘트를 하고 어디서든지 그 앨범을 구하려고 할까? 그런 일은 일어나지 않는다. 그 같은 즉각적인 반응을 원한다면 꼭 맞는 인플루언서들에게 부지런히 '구애'하고 이미 그런 관계를 보유한 프로듀서들을 내 편으로 만들어놓았어야 가능한 일이다. 어떤 기업가가 실패 후에 또 다시 실패한다면 그건 어떤 의미일까? 자신이 다시 한 번 기회를 잡을 만한 사람임을 증명하며 투자자들과의 신뢰를 구축했다는 뜻이다. 누군가에 대해 새로운 사실로 가득 찬 전기傳記가 출간됐다면 그건 어떤 의미일까? 저자 스스로 자신은 상대가 마음을 터놓을 만한 사람이라고 증명함으로써 오랜 기간 해당 인물의 가족에 관해 많은 것을 알아내고, 관련 자료를 관리하는 도서관 사서와도 친구가 됐다는 뜻이다. 어떤 경우든 크리에이터는 궁극적으로 더 나은 플랫폼을 구축하는 일에 전념해야 한다.

이미 언급했듯이 모든 사람들이 이메일 주소록을 가지고 싶어 하지만 극소수만이 목록을 만들기 위해 실제로 노력한다. 나는 사람들이 **타인**의 이메일 주소록을 봤을 때 어떤 마음이 드는지 살펴본 적이 있다. 그들은 친구 혹은 동료 크리에이터들에게 본인 작품을 그들의 팬들에게 소개하고 권해줄 것을 은근히 강요하거나 부탁한다. 자기 자신에게 이렇게 묻는 사람은 별로 없다. "왜 그가 나를 위해 그렇게 큰 부탁을 들어줘야 하지?" 이 질문에 대한 단 하나의 가능한 대답은 "내가 과거에 그의 부탁을 들어줬기 때문이야. '전생의 빚'을 지웠기 때문이지" 정도이지 않을까?

만약 당신의 경력과 관계를 투자로 생각한다면, 다시 말해 무엇인가 필요하기 전에 베풀고 도우며 관계를 형성한다면, 그리고 오랫동안 계속해서 훌륭한 작품을 만들어간다면 도움을 구할 필요가 없어진다는 걸 깨닫게 될 것이다. 당신의 친구와 지지자들이 당신에게 먼저 도와주겠다고 할 테니까.

하지만 너무나 많은 크리에이터들이 이런 일이 저절로 일어날 거고 생각한다. 또 어떤 크리에이터들은 너무 근시안적이어서 그런 가치있는 자산(이메일 주소록, 인맥 등)을 PPP pay-per-play ● 기반을 통해 확보할 수 있다고 생각한다. 그렇게 돈으로 얻은 영향력이 진짜 힘을 발휘할 수 있다고 믿는 것만 같다. 이렇게 생각해보라. 사람들의 영향력을 돈 주고 살 수는 있지만 직접 발로 뛰어 얻은 영향력에 비할 수 있을까? 무료 기사나 논평이 언제나 유료 미디어보다 좋은 것처럼 진정한 영향력과 관계를 키우는 것이 '가짜 좋아요'와 '가짜 친구'를 사는 것보다 훨씬 낫다.

● 웹사이트에 접속한 사용자가 클릭을 해서 영상이나 음악을 플레이해야 광고비를 지급하는 인터넷 마케팅 방법 중 하나이다.

● 가장 중요한 관계

　대중과의 관계가 중요하고 대중이 크리에이터의 지속적인 경력 형성에 도움을 주긴 하지만 '가장 중요한 관계', 즉 팬들과의 관계 형성 없이는 당신의 창작물이 무엇이든 오래가기 어렵다. 만약 아이언 메이든이 음악 활동을 하다가 어떤 시점부터 팬들을 '인간'이 아니라 '달러 기호($)'로 간주하기로 했다고 가정하자. 그랬다면 그들의 활동은 얼마 못 가 끝나버리지 않았을까? 수십 년 동안 이 밴드는 팬들에게 봉사하고 팬들을 만족시키는 일을 최우선 순위로 삼았다. 어떤 음악 칼럼니스트는 그들의 음악 스타일과 팬들과의 상호작용을 보고 아이언 메이든에 대해 '트렌드에 영합하지 않는 포퓰리스트'라고 역설적으로 표현했다. 바로 그런 점 때문에 그들은 급변하는 트렌드, 방송국의 규제, 다른 밴드들의 대중적 인기 등 그 모든 폭풍을 이겨내고 살아남을 수 있었다.

　팬들과의 관계는 거래 그 이상이 돼야 한다. 더 깊어야 하고 죽을 때까지 이어져야 한다. 레이디 가가는 "제 음반을 사주시다니 감사합니다. 엿이나 드세요!"라고 말했지만 사실은 팬들에게 이렇게 말하고 싶었다고 했다. "제 음반을 사주셔서 감사합니다. 저는 여러분의 꿈을 지키기 위해 제 음악과 함께 살고, 죽고, 숨 쉴 겁니다. 여러분이 제 꿈을 지켜주기 때문이죠." 결성된 지 30년이 넘은 밴드 '트위스티드 시스터Twisted Sister'의 기타리스트인 제이 제이 프렌치Jay Jay French는 자신이 음악 비즈니스를 하는 게 아니라 '**트위스티드 시스터**'

라는 비즈니스를 하고 있음을 깨달았다고 고백했다. 이 말은 그에게 가장 중요한 대상은 트위스티드 시스터의 팬이라는 뜻이다.

권위 있는 출판 홍보 회사 창립자인 바바라 헨드릭스^Barbara Hendricks 는 이렇게 말했다. "장기적인 성공을 바라는 저자라면 이런 주문을 외워야 한다. '참여하라. 참여하라. 참여하라'" 저자라는 말을 빼고 이 말을 일반화해보자. '**장기적인 성공을 바라는 사람**이라면 반드시 참여해야 한다. 진정성을 가지고 직접 참여해야 한다.'

레이디 가가나 트위스티드 시스터와 같은 성공이 음악 산업 내에서나 일반적인 산업 내에서 드문 이유는 그런 주문을 따르고 의미있는 방법으로 참여하는 사람들이 극소수이기 때문이다. 대부분은 그 반대로 행동한다. 100년이 된 미디어 브랜드 〈포브스〉는 1세기 동안 금융 전문 언론사로 확고한 평판을 얻고 나서야 자사 사이트를 기고가들에게 개방하는 트렌드를 받아들였다. 〈타임〉지 역시 그렇게 했고, 많은 권위있는 미디어들이 이런 트렌드에 합류했다. 자사 플랫폼을 많은 필자들에게 개방하는 것이 참여의 한 형태처럼 보이지만 사실은 엉뚱한 집단과 관계 맺기에 불과하다. 물론 여러 언론 매체들은 단기적으로는 자신들이 '독점적이고 권위 있는 언론'이라는 인식과 '아마추어 기고가들의 거친 글'이라는 현실의 격차를 견딜 수 있었다. 하지만 이 전략적 선택 속에 내재된 '착취 구조'는 브랜드 이미지에 큰 타격을 입혔다. 무엇보다 고객이자 진짜 참여시켜야 할 집단인 독자들의 신뢰가 손상됐다.

'오래 지속되는 것이 계속해서 오래 지속된다'라는 '린디 효과'

에도 예외가 있는데, 소유자가 처음에 자신을 성장시켜준 것들을 경시할 경우다. 어렵게 얻은 평판은 금세 사라질 수 있다. 달면 삼켰다가 쓰면 뱉는 식으로 취급당한 팬들은 돌아오지 않는다. 반면 크리에이터와 팬들 사이의 연결이 친밀하고 개인적일수록 그 관계를 더 오래 지속시킬 수 있다. 당신이 가진 관계와 당신이 진 '전생의 빚'을 대차대조표의 엉뚱한 쪽에 기입하지 않도록 주의해야 한다.

당신이 팬으로서 오랫동안 좋아한 크리에이터가 있다고 가정하자. 그는 어떻게 당신의 관심을 유지하려고 애썼을까? 훌륭한 창작물을 만들어낸 다음 그 성공으로 만족하고 끝맺지는 않았을 것이다. 콘서트에서 최고의 음악을 선사하고, 30주년 기념 음반을 출시하고, 감동적인 인터뷰를 진행하고, 팬들에게 이메일을 보내거나 소셜미디어 활동을 이어갔을 것이다. 혹시 그가 소셜미디어에 올리는 글들이 불특정다수가 아니라 진짜 당신에게 쓰는 것처럼 느껴지지 않았는가? 무엇보다 그는 이런 활동을 당신과 같은 팬들을 위해 반복하고 또 반복했을 것이고, 커뮤니티가 생겨나면 당신도 그 커뮤니티의 일원이 됐을 것이다.

당신만의 작품과 그것을 팔기 위해 구축한 플랫폼을 사려 깊게 돌봐야 하는 책임은 누구보다 당신에게 있다.

● 긴 안목을 갖출 것

1962년에 과학자 토마스 쿤Thomas Kuhn은《과학 혁명의 구조The Structure of Scientific Revolutions》라는 제목의 짧은 책을 썼다. 과학의 변화는 점진적이고 선형적인 진보를 따르지 않는다는 그의 주장은 논란을 불러일으키기에 충분했다. 본질적으로 그는 모든 시대의 과학자들이 자신의 연구 결과에 대한 가정과 믿음을 가지고 있었고, 그런 믿음이 깨지기 시작하고 사물을 보는 방식을 바꾸는 새롭고 대담한 이론이 제시될 때 변화가 발생한다고 말했다. 쿤은 이를 '패러다임 시프트paradigm shift'라고 칭했다.

역설적이게도 그의 책이 걸어간 궤적은 점진적인 패턴을 따르는 아주 좋은 사례다. 그 책은 출간 당시 패러다임 시프트를 전혀 일으키지 못했다. 첫 해에 고작 919부가 팔렸다. 하지만 그 후 50년 동안 세계적으로 **100만 부 이상** '꾸준히' 팔려나갔다.

사람들은 대부분 **단번에** 100만 부를 판매한 뛰어난 천재 작가가 되기를, 자신의 글이 대담한 작품으로 단번에 인정받기를 바란다. 분명 이것이야말로 누구나 가장 바라는 성공의 모습이다. 누가 50년이나 기다리길 원하겠는가? 늙고 머리가 희끗해진 후에 작품이 성공해봤자 무슨 소용이 있단 말인가? 무일푼으로 죽은 인상주의 화가의 작품이 오늘날 세계에서 가장 좋은 미술관에 걸려 있어 봤자 화가 자신에게 무슨 소용이 있겠는가?

사람들은 보통 즉각적인 만족감을 원하고 베스트셀러로 데뷔해서 유명인들의 세계로 바로 입성하기를 원한다. 이러한 전략을 '무작정 전력질주wild sprint'라고 부르자. 하지만 창작을 통해 성공으로 가는 레이스는 전력질주가 아니라 마라톤이다. 바바라 헨드릭스는 저자들의 시간표가 얼마나 왜곡되어 있는지 설명한다. "나는 저자들에게 책을 쓰고 출판하려면 얼마나 오래 걸리는지 생각해보라고 말하면서, 적어도 그 정도의 시간을 책을 알리고 판매하는 데 바쳐야 한다고 충고한다."

최소한 50대 50으로 시간과 노력을 할당하라는 말은 기업가인 내 친구가 말했던 4대 1의 비율보다 더 합리적이다. 어쨌든 당신의 작품이 무조건 성공 기회를 가져다줘야 한다고 생각하지는 마라. 당신이 몇 년이나 걸려 제작한 영화의 상영 여부를 배급업자의 선택에 맡길 셈인가? 배급업자들은 관객들에게 당신의 영화가 아닌 다른 작품을 볼 수 있는 기회를 주려고 언제나 애쓰는데도? 제발 그러지 마라.

명심하라. 음악 산업에서는 카탈로그 앨범을 마케팅하려면 통상 18개월 이상의 시간을 쏟아야 한다고 말한다. 당신도 작품을 위해 그 정도로 오래 전념할 수 있는가? 당신의 작품이 걸음마를 시작할 수 있으려면 만들 때와 동일한 시간을 마케팅에 쏟아야 하는데 그럴 수 있는가?

세스 고딘은 이렇게 썼다.

출시는 그저 출시일 뿐이다. 출시한다고 해서 가속도를 즉시 얻지 못한다. 다르게 선보여야 하고 색다른 입소문을 얻어야 하며 차별적인 책(당신이 변화를 일으키기 위해 사용하는 도구가 무엇이든 간에)이어야 한다. 무엇인가 더 큰 것의 일부로서.

이와 관련해 알렉상드르 뒤마 ^Alexandre Dumas^ 의 《몬테크리스토 백작》에 나오는 내용보다 더 나은 예는 찾기 어렵다. 소설 속 인물인 당그라르는 자신의 값비싼 예술품 컬렉션들, 특히 옛 거장들의 그림을 몬테크리스토에게 과시한다. 그는 "나는 신식 학교를 좋아하지 않아요"라고 말하며 당시에 인기 많았던 19세기 초반 파리의 미술품들을 무시했다. 그의 말에 몬테크리스토는 빈정대는 말투로 이렇게 응대한다. "당신 말이 맞아요. 대체로 그것들은 커다란 결점 하나를 가지고 있죠. 거장이 되기에는 아직 충분한 시간을 보내지 못했다는 것 말입니다."

시간이 흐른다고 해서 평판이 저절로 생겨나지 않는다. 평판을 얻으려면 플랫폼과 마찬가지로 시간과 노력이 요구될 뿐만 아니라 평판 구축에 헌신해야 한다. 무엇인가가 고객들로부터 확실한 주목을 얻으려면 그 전에 고객들이 다양한 각도로 그것에 여러 번 노출돼야 한다. 당신이 고객들로부터 기회를 얻으려면 같은 논리가 크리에이터인 당신에게도 적용된다. 이륙에 필요한 가속도를 얻으려면 시간이 필요하고, 하늘로 오르려면 활주로를 달리는 데 우선 집중해야 한다. 활주로를 달리다가 중간에 엔진을 꺼버리면 어떻게 될까? 절대로 이륙하지 못한다.

크리스마스 당일에 대대적으로 개봉됐다가 금세 〈엘프〉, 〈크리스마스 이야기〉 같은 명작들에 밀리는 '연말연시용 블록버스터'들이 헐리우드 연보에 어지러울 정도로 가득하다는 사실을 기억하라. 이것은 특이한 현상이 아니다. 〈스타워즈〉는 개봉 첫 주말 흥행성적에서 〈스모키 밴디트Smokey and the Bandit〉에 270만 명 대 250만 명으로 졌다. 하지만 누가 뭐래도 영원불멸의 작품은 〈스타워즈〉가 아닌가?

수많은 프로젝트들이 처음에는 초라한 성적으로 출발했다는 사실을 당신은 아는가? 헤밍웨이의 《무기여 잘 있거라》는 1929년에 증권시장이 붕괴하던 바로 그날 출간되었다. 로버트 그린의 《유혹의 기술》은 2001년 9/11일 테러 직후에 세상에 나왔다. 닐 스트라우스의 《더 게임》은 출간 예정일 직전에 허리케인 '카트리나'에 직격탄을 맞아야 했다. 저자들이 기대했던 미디어의 관심은 그토록 신중하게 가늠하고 또 가늠했던 '발사 가능 시간대'와 함께 몽땅 사라져버렸다. 그들처럼 엄청나게 성공한 작가들에게 독자가 없었던 것은 아니었다. 단지 하필이면 그때 더 큰 사건이 발생했을 뿐이다. 인생이란 게 그렇다. 유연하게 대처해야 할 때가 있는 법이다. 그저 몇 개 매체의 기사 몇 줄과 일일 판매량이 작품을 출시할 때마다 그들이 가졌던 관심사의 전부였다면 그 작품들은 그대로 끝나버렸을 것이 분명하다.

출시는 중요하다. 하지만 시원찮은 판매량에도 불구하고 카프카에게 이렇게 편지를 쓴 출판사 관계자의 말을 마음에 새겨야 한다. "선생님이나 저희나 이 책이 대부분의 사람들에게 최고의 책이고 가장 가치 있는 책이라서 즉각적인 반향을 얻어내지 못한다는 점을 잘 알고 있습니다." 다시 말해 **고작 몇 개월이 아니라 1년 넘도록 홍보 효과를 측정해야 한다.**

이언 플레밍은 출판사에 이렇게 편지를 쓴 적이 있다. "저는 다른 작가들이 저만큼 열심히 하지는 않는다고 확신합니다." 그의 말이 옳다. 대부분의 사람들은 작가들이 너무 착하고 너무 여린 나머지 강하게 밀어붙이지 못한다고 생각한다. 나는 내 에이전트인 스티븐 한셀만Stephen Hanselman에게 그가 담당한 작가들을 베스트셀러 작가와 그렇지 않은 작가로 구분해달라고 요청한 적이 있다. 그는 "라이언, 성공 옆에는 언제나 아무도 발휘하지 못하는 추진력을 가진 작가가 존재하는 법이죠"라고 말했다. 그동안 일을 하면서 나는 그러한 측면이 책뿐만 아니라 모든 창작물에서 나타난다는 사실을 목격해왔다.

내 회사와 함께 일했던 코미디언 중 한 사람인 랄피 메이Ralphie May는 1년에 300회에 달하는 쇼를 소화한다. 그는 이렇게 말한다. "태어날 때부터 훌륭한 스탠드업 코미디언은 없습니다. 모두가 형편없는 실력으로 시작해서 조금이라도 나아지려고 무진 애를 쓰죠. 저는 25년 동안 스탠드업 코미디를 해오면서 1년에 300회 정도 공연합니다. 이것이 제 실력이 나아진 비결입니다." 이것이 그가 뛰어난 코미디언이 된 비결이기도 하다. 태어날 때부터 유명하거나 관객을 확보해놓은 코미디언은 이 세상에 없다. 인기와 관객은 차츰 쌓아나가야 생긴다. 코미디언이라면 길거리에서, TV에서, 영화에서, 그 어디에서든 웃음을 줄 수 있고 자신을 노출시킬 기회를 얻어야만 인기와 관객이 축적된다.

● 마케팅과 작품 활동은 계속돼야 한다

장기적인 안목을 가지고 작품의 성공을 차곡차곡 쌓아나가야 한다는 사실을 깨닫는다면, 그냥 한 번의 프로젝트로 끝내서는 곤란하다. 당신의 작품을 업데이트하고 확장하기 위해 할 수 있는 일들은 아주 많다. '20주년 기념판', '개정 증보판', '리마스터링 앨범', 클래식 제품들의 '수집가 한정판'들이 세상에 얼마나 많은지 떠올려보라. 1세대 로큰롤 밴드들이 수년 동안 금전적으로 별 문제 없이 잘 활동하는 이유는 부분적이지만 기술 혁신의 혜택을 잘 활용하는 능력 때문이다. 록밴드 이글스The Eagles는 LP, 8트랙, 카세트테이프, CD, MP3, 스포티파이 등 여러 수단을 통해 자신들의 음악을 판매해왔는데, 아이러니하게도 요즘은 아날로그에 대한 향수 트렌드에 편승하여 LP를 다시 판매하고 있다. 출판사들은 몇 년마다 책 표지를 바꾸고 몇십 년마다 번역자를 달리해 고전을 재출간한다. 작품의 근본은 유지하되 최신 트렌드에 발맞춤으로써 책에 새 숨을 불어넣는다. 판매를 위해서만이 아니라 자신들의 책이 고루해지고 구식이 되도록 놔두지 않기 위해서이기도 하다. 한 실례로 하퍼콜린스의 첫 책은 고대 스토아 학파의 글을 번역한 책이었는데, **요즘**

도 이 출판사의 임플린트들은 스토아 학파의 글을 다양한 버전으로 계속 출판하고 있다.

왜 크레이그스리스트는 새로운 기능 몇 개를 추가하여 편리성을 높이려고 하지 않을까? 왜 트위터는 나온 지 10년이 다 돼가는데도 아직 '수정' 버튼이 없는 걸까? 나는 이 사이트들이 원래의 디자인을 희생했어야 한다는 말이 아니라 지속적인 작은 개선이 커다란 차이를 만들어낸다는 말을 하고 싶다. 베이스캠프는 4년마다 핵심 기능들을 다시 구축하면서도 경쟁력을 잃지 않았다. 오히려 그 같은 개선으로 생명을 연장하는 데 도움을 얻었다. LA 다운타운에 있는 '더 팬트리'는 신용카드를 받지 않는 대신 입구에 ATM을 설치함으로써 손님의 결제를 용이하게 했다.

아무도 프로젝트의 성공을 보장할 수 없지만 당신이 고객보다 먼저 프로젝트를 접어버리면 실패는 불 보듯 뻔하다. 프로젝트를 썩히거나 화석처럼 굳게 놔둔다면 작품의 생명은 단축되고 만다. 고객을 당연하게 여긴다면 그들은 결국 다른 곳으로 가버리고 만다. 시간을 가지고 날아오를 준비를 하라. 분명 당신도 그러기를 바라지 않겠는가?

● 작품을 위한 '군단'이 필요하다

이 책을 둘로 나눈다면 처음 절반은 '창작'에 대한 내용이고, 나머지 절반은 '마케팅'에 관한 내용이다. 그런데 이걸 보고 창작과 마케팅에 각각 절반씩 노력을 기울이는 것이 적당하다고 여기면 안 된다. 마케팅 활동을 하면서도 여전히 창작을 위한 방법들이 머리를 떠나지 않아야 한다. **창작 그 자체가 마케팅**이기 때문이다.

어떤 작가가 혼신의 노력을 기울여 책을 쓰고 자신이 가진 모든 자산을 마케팅에 쏟아부은 다음, 이미 성공 가도를 달리는 다른 작가와 이야기할 때, "제가 또 무엇을 해야 하죠? 제 책이 계속 팔리려면 어떻게 해야 할까요?"라고 묻는 상황을 가정해보자. 이때가 바로 이 작가에게 가장 당황스러운 조언 한 마디를 건네야 할 시점이다. "책을 위해 할 수 있는 가장 좋은 마케팅은 **후속작 집필을 시작하는 겁니다**."

맥이 풀릴 만큼 뻔한 사실이라 당황스러울 수 있다. 하지만 훌륭한 작품을 다시 만드는 것이 당신을 마케팅하는 가장 좋은 방법이다. 마찬가지로 배우가 이전 역할로 자신의 이미지가 굳어지기 바라지 않는다면 할 수 있는 최선은 엄청난 블록버스터에 출연한 후이든 완전히 망한 작품에 출연한 다음이든 그 다음 작품을 찾는 일이다. 기업가도 마찬가지다. 회사를 방금 매각했건 아니면 회사가 완전히 망했건 간에 그가 본인의 경력을 위해 할 수 있는 최선의 활동은 무엇일까? 바로 다음 회사를 창업하는 것이다.

영화 〈대부〉는 한 편만으로 성공한 작품이 될 수 있었을까? 아니다. 그 영화는 3부작으로 만들어지면서 상징적이고 새로운 문화를 '정의'했기에 성공한 영화가 될 수 있었다. 〈일리아드〉가 〈오딧세이〉 없이도 유명해졌을까? 〈호빗〉이 〈반지의 제왕〉 없이도 인기를 끌 수 있었을까? 셰익스피어의 연극을 보지 못한 사람들이 그의 소네트에 관심을 가지기 할까? 역사 이야기가 빠진 희극은?《헨리 4세 2부》없이《헨리 4세 1부》가 인기가 있었을까?

계속해서 많은 작품을 만들어내는 것이 무엇보다 가장 효과적인 마케팅 기법 중 하나다. 로버트 그린은 세 번째 책을 출간하고 나서야 책 판매량이 증가했다는 걸 발견했다. 세 권의 책이 하나의 시리즈처럼 보일 수 있었다. 세 권의 책 판매량을 모두 더하니 서점이 판촉 활동을 전개하기에 충분할 정도가 됐다. 나심 탈레브^{Nassim Taleb}가 쓴 네 권의 베스트셀러《행운에 속지 마라^{Fooled by Randomness}》,《블랙스완^{The Black Swan}》,《블랙스완과 함께 가라^{The Bed of Procrustes}》,《안티프래질^{Antifragile}》은 현재 〈인세르토^{Incerto}〉라는 이름의 세트로 묶여 "어떤 순서로 읽어도 중복되지 않는 네 권의 책"이라는 홍보 문구로 마케팅 중이다. 하지만 이 세트는 나심이 네 권의 책을 출간한 다음에야 구성됐다는 점을 기억해야 한다. 나 역시 네 번째 책을 출판할 때에야 비로소 출판사의 영업팀으로부터 많은 지원을 받을 수 있었다. 그들의 관심을 얻어내려면 시간이 든다. 내가 그들이 관심을 쏟을 만한 사람인지 증명해야 했다.《모비딕》은 허먼 멜빌^{Herman Melville}의 첫 번째 책도 마지막 책도 아니었다.《모비딕》은 처음에 상업적으로 큰 성공을 거두지 못했고, 그로 인해 멜빌은 자신이 인정받지 못하는 무명작가라는 서러움 때문에 펜을 꺾었을지도 모른다. 하지만 그랬다면 그 책은 고전으로 인정 못 받지 않았을까?

경제학자 앨런 소렌슨Alan Sorensen과 켄 헨드릭스Ken Hendricks는 음악 분야에서 흥미로운 현상을 발견했다. 어떤 밴드의 새 앨범이 출시되면 이전 앨범의 판매가 급등한다는 사실이었다. 소렌슨과 헨드릭스는 이렇게 말했다. "새로운 앨범 출시는 지금껏 그 아티스트를 몰랐던 소비자들에게 그들의 존재를 알리고 과거의 앨범을 구매하도록 만든다." 실제로 그런 새로운 '노출' 덕분에 이전 앨범들의 판매는 평균적으로 25퍼센트 증가한다.

이러한 현상은 예술 분야에만 국한되지 않는다. 애플은 아이팟이나 아이폰을 만들고 난 다음 거기에서 멈추지 않았다. 10년 가까이 거의 매년 새롭고 개선된 버전을 출시해왔다. 출시할 때마다 미디어와 고객의 기대는 점점 커지고, 각각의 신제품들은 다른 제품에 통합됨으로써 사용자를 애플이라는 우주에서 벗어나지 못하도록 더 깊이 끌어당긴다.

이것이 바로 스티브 잡스 개인의 전략일 뿐만 아니라 그가 구사한 비즈니스 전략에서 명쾌하게 드러나는 부분이다. 그는 이렇게 말했다. "무엇인가를 해낸 후에 그게 꽤 좋다는 것이 판명된다면 그런 우쭐한 기분에 너무 오래 안주하지 말고 또다시 놀라운 것을 만들어내야 한다. 다음에 할 일이 무엇인지 찾아내라." 우디 앨런은 또 어떤가? 그는 수십 년 동안 거의 매년 영화를 제작하고 있다. 그는 '질quality'을 추구하려면 '양quantity'을 추구해야 한다고 주장한다. "영화를 많이 만들다보면 가끔 뛰어난 작품이 나오는 법이죠. 시작할 때 기대했던 대로 나오는 법이 없는 게 영화입니다."

제리 사인필드는 여전히 일주일에 여러 개의 쇼에 출연한다. 〈사인필드〉에서 래리 데이비드와 농담을 주고받았을 때와 마찬가지로 그는 지금도 자신의 창작 과정에 대해 엄격함을 유지하고 있다. 2012년에 〈뉴욕타임스〉는 사인필드가 농담을 만들어내는 과정을 자세히 분석해 보이는 동영상을 소개한 적이 있는데, 그는 이 동영상에서 소재로 삼았던 농담은 완성하기까지 2년의 시간이 걸렸다고 말했다. 그는 또 다른 농담, 턱시도가 사람들을 놀리기 위해 디자인된 의상이라는 것을 간단한 대사로 만드는 데 무려 **7년**이 걸렸다고 했다. 그는 이미 수백만 달러를 벌어들이는 유명한 코미디언이라서 우중충한 클럽에서 연기를 계속할 이유가 없고 그렇게 오랜 시간을 쏟아부으며 농담을 만들 필요가 없을 텐데 말이다. 몇 년이나 걸려 만들어낸 농담이라고 해서 오래 사용하는 것도 아니다. 사인필드는 잭 웰치가 저성과 직원들에게 사용했던 방식이라고 말하면서 매년 자신의 레퍼토리 중 10퍼센트 가량을 폐기한다고 했다. 이것은 그의 레퍼토리가 지속적으로 새 생명을 얻고 절대 뒤처지지 않는다는 걸 의미한다. 또한 사람들이 2년마다 열리는 그의 순회공연에서 지난 번과 똑같지 않은 쇼를 즐길 수 있다는 뜻이기도 하다.

코미디언 루이스 C. K.^{Louis C. K.}는 본인의 1시간짜리 레퍼토리를 매년 통째로 버린다. 그는 대본에 완벽을 기하고 계속 수정하며 특별한 것으로 기록을 남긴 후에 완전히 새로운 것으로 옮겨 간다. 이것이 그가 매년 더 나아졌던 이유일 뿐만 아니라 새롭게 팬이 된 사람들이 예전 레퍼토리에도 완전히 빠져든 이유이기도 하다. 루이스 C. K.와 사인필드는 둘 다 새로운 팬들에게 다가설 수 있도록, 그리고 지속적으로 기존 팬들에게 즐거움을 줄 수 있도록 작품 '군단'을 만들어간다.

"두렵고 불안한 마음을 가지고 하나의 프로젝트에서 다른 프로젝트로 옮겨 가라"라고 저널리스트 존 맥피John McPhee는 말했다. 검증된 재료를 버리고 처음부터 시작하는 일은 두려움 그 자체다. 맥피는 "당신의 최근 작품은 당신을 위해 절대 다음 작품을 써주지는 않는다"라고 말하며 우리를 일깨운다. 처음부터 다시 시작할 때마다 당신이 선택한 영역에서 당신의 실력은 향상될 뿐만 아니라 그로 인해 뛰어나고 오래도록 남을 무엇인가를 만들어낼 가능성이 높아진다. 핵심은 바로 창조하고, 창조하고, 또 창조해야 한다는 사실이다.

모든 기회에 '예스'라고 말하고 그중 하나가 '히트'하길 바라면서 이리저리 돌아다녀야 한다는 말이 아니다. 그렇게 하는 것은 대부분의 출판사, 스튜디오, 음반회사들이 하는 실수다. 만약 그들이 좀더 안목이 있고 곧 잊힐 트렌드를 따르는 데 급급하기보다 장기적인 것에 집중한다면 그토록 높은 실패율을 당연한 듯 감내할 필요가 없다. 대부분의 책들은 선인세조차 충당하지 못하고, 대부분의 밴드들은 히트 치지 못하며, 대부분의 영화들은 흥행에 실패한다. 물론 기회가 스스로 모습을 드러내면 받아들여야겠지만 그래도 조심스럽게 선택해야 한다. 스트라이크존으로 들어오는 공에 방망이

를 휘둘러야 한다. 말하자면 영원불멸의 기회를 품고 있는 아이디
어에 몰입해야 한다. 그런 기회를 실행에 옮기는 데 최고로 적합한
사람이 바로 당신이기 때문이다.

자신의 책을 낸 사람이라고 해서 모두 작가라고 할 수 있을까?
그들은 그저 책을 '출판한 적이 있는' 사람일 뿐이다. 진정한 기업
가라면 하나의 비즈니스로 만족하지 않듯이 작가가 되려면 더 많은
책을 써야 한다. 진정한 크리에이터가 되는 최고의 방법은 절대 멈
추지 않고 계속 나아가는 것뿐이다. 물론 예외는 여기에도 있다. 오
직 하나의 명작을 가졌던 크리에이터들도 부지기수이니까. 하지만
랄프 엘리슨Ralph Ellison이 《보이지 않는 인간》 말고도 다른 책을 더
썼다면 세상이 좀 더 나은 곳이 되지 않았을까? 왜 첫 번째 제품이
나 프로젝트로 그냥 끝내야 한단 말인가?

뛰어난 작품 하나를 만드는 것만으로는 부족하다. 더 많은 작품
을 만들도록 노력해야 한다. 첫 번째 시도 후에 본인의 전설적인 작
품이 언제까지나 팔려나갈 거라고 확신하면서 자신의 재능을 헌신
짝 버리듯 해서는 안 된다. 알렉상드르 뒤마는 1841년부터 1850년
까지 41편의 소설, 23편의 희곡, 6권의 여행서를 썼다. 시간이 지나
도 살아남을 고전을 창조해내기에 충분한 양의 작업이지 않은가?
당신도 마찬가지다. 만들고 또 만들면서 세상과 당신 자신에게 스
스로를 증명해야 한다.

● 새로운 팬들에게 접근하기

모든 크리에이터들이 쉬면서 해야 할 일 중 하나는 새로운 팬들에게 다가서는 방법을 탐색하는 일이다. 당신의 작품이나 당신의 연기가 얼마나 인기 있는지, 그 일을 얼마나 오래했는지는 별로 중요하지 않다. 당신의 작품을 접해본 적 없는 **대부분의 사람들**에게는 여전히 새로울 테니까. 이 때문에 마케팅은 지속적인 프로세스라고 할 수 있다. 새로운 팬을 찾아내고 그들에게 다가서는 일은 끝없는 숙제와 같다. 이것이 성공한 사람들이 서로 협업하는 이유이기도 하다. 즉 그들은 서로의 고객을 교환하기 위해서 협업한다.

록밴드 에어로스미스Aerosmith는 힙합 그룹 런 디엠씨Run D.M.C와 함께 노래 불렀고 레이 찰스Ray Charlse는 유명한 공동 제작자와 함께 〈지니어스 러브스 컴퍼니Genius Loves Company〉란 음반의 모든 트랙을 녹음했다. 토니 베네트Tony Bennett는 레이디 가가와 함께 공동앨범을 발매했다. 카니예 웨스트와 아디다스는 한정판 스니커즈를 출시했으며 우버는 자사의 앱에서 스포티파이를 알리고 있다. 로버트 그린은 50센트와 함께 책을 썼다.

이 작지만 창의적인 실험들의 최종 성과는 무엇이었을까? 바로 두 크리에이터 모두에게 새로운 팬이 생겼다는 사실이다.

이런 효과를 얻기 위해 각 분야에서 여러 가지 '틈새 활동'들이 벌어지고 있다. 만약 당신이 '라틴계 코미디언'으로 알려진다면 당신의 경력으로 가능한 선택지는 분명한 한계가 있다. 얼마 안 되는 공연장에서 소수의 관객들만을 만날 수밖에 없다. 당신이 그 선을 넘어서려면 의식적으로 자신의 관객을 확장시켜야 하고 다른 집단으로부터 새로운 팬을 꾸준히 영입해야 한다. 그러기 위해 다른 도시의 '더 작은' 클럽에 가서 공연하거나 좀 더 대중적이고 좀 더 폭넓게 다가설 수 있도록 몇 가지 설정을 수정하고, 출연료 삭감을 감수하면서까지 대중적으로 어필할 수 있는 영화에 출연해서 좀 더 넓은 범위의 대중에게 다가서야 한다.

칼럼니스트들 역시 이런 점을 늘 생각하고 있고 TV쇼 진행자들도 마찬가지다. 이들은 매일 밖으로 나가 자신의 고객을 대상으로 활동하지만 고객이 아닌 사람들에게 어필할 수 있는 특별한 무엇인가를 더 하고자 한다. 입소문이 퍼질 만한 칼럼을 쓰거나 평소와는 다른 분위기의 쇼에 출연하거나 이례적인 게스트를 초대하려고 한다. 여기에서 핵심은 '자신의 고객을 위한 것'과 '고객을 확장하기 위한 것'에 차이가 존재한다는 사실을 아는 것이다. 나는 이를 '각각 따로따로One for Them, One for Me' 전략이라고 부른다. 일반적으로 두가지 모두를 추진할 여지가 분명히 있다.

괴테의 명언, "작가가 대중에게 보일 수 있는 가장 큰 존중은 예상되는 것을 만들기보다 본인과 타인이 도달한 지적 발전의 단계가 무엇이든 간에 본인 스스로 올바르고 유용하다고 생각하는 것을 창조하는 일이다"라는 말은 **모든** 크리에이터들에게 해당되는 진리다. 제리 사인필드와 루이스 C. K.는 일찍이 이를 간파했고, 부분적이지만 그런 깨달음 덕분에 그들은 오랫동안 지속적으로 성공을 유지할 수 있었다.

한마디로 미친 짓을 시도하는 일을 두려워하지 마라. 당신의 브랜드가 탐험하지 않았거나 실험하지 않았던 곳으로 향해 가는 것을 제한하지 마라. 그런 작은 노력들이 당신의 경력에 새로운 방향을 일러줄지 모른다. 당신의 다른 작품을 팔아치울 새로운 커뮤니티나 집단으로 당신을 안내할지 모른다. 당신 스스로를 퀴퀴한 존재로 놔두지 마라. 당신을 옥죄는, 틀에 박히고 반복적인 생활에 안주하지 않도록 하라.

몇몇 사람들은 당신의 팬이 결코 되지 않을 수도 있다. 하지만 그들을 대상으로도 할 수 있는 일이 있다. 엘비스 프레슬리의 악명 높은 매니저인 콜로넬 파커Colonel Parker는 '나는 엘비스가 싫다I Hate Elvis' 라는 기념품을 판매하자는 아이디어를 생각해냈고, 그 덕에 엘비스는 안티팬들에게서도 돈을 벌어들일 수 있었다. 당신은 당신을 비방하는 사람들도 누구인지 알아야 하고 장난삼아 이따금씩 그들을 놀려줄 수 있어야 한다.

● 제국을 건설하라

몇 년 전에 나는 매우 성공한 힙합 미디어의 두 거물들과 함께 출간 프로젝트를 진행한 적이 있다. 그들은 기업가를 꿈꾸는 사람들에게 비즈니스를 시작하는 것과 **제국을 건설하는 것**의 차이를 책을 통해 알려주고자 했다. 창업하는 사람들은 아주 많지만 그들 중 극소수만이 제국을 건설하는 데 관심을 쏟는다.

그 책은 그들의 바쁜 스케줄 때문에 중단됐는데, 개인적으로 두 사람의 사고방식에서 많은 것을 배운 터라 나는 상당히 아쉬웠다. 인근 산업으로 확장하고 회사를 설립하고 새로운 브랜드를 구축하고 후배를 양성하며 더 크고 더 강하게 성장하는 것을 함의한, **제국**이라는 표현은 다른 영역에 비해 힙합 분야에서 훨씬 자연스럽게 느껴진다. 디디P. Diddy에서 버드맨Birdman, 제이 지에 이르기까지 초심자로 시작해 아티스트와 대가로 가는 그 길은 많은 사람들이 선택하는 길이다. 아마도 래퍼들은 다른 아티스트들보다 야망이 더 큰 것 같은데 어쨌든 나는 그들의 방식을 좋아한다. 그들은 비즈니스를 예술로 바라본다. 단순히 음악만 만들고 싶은 것이 아니라 세상을 지배할 음악을 만들고 싶어한다.

당신이 명심해야 할 창작과 관련된 업의 또 다른 현실이 있다. 바로 '진짜 수익의 대부분은 로열티나 매출에 있지 않다'라는 사실이다. 작가들에게 보통 진짜 수익은 연설, 강의, 컨설팅에서 나온다. 실리콘밸리 기업가들은 각자의 사업을 잘 경영하지만 친구 회사에 투자를 더 잘 하곤 한다. 뮤지션들에게 수익은 음반에서 나오지 않는다. 순회공연, 티셔츠, 광고, 기타 제품에서 나온다. 마이클 잭슨은 아티스트로서 분명 훌륭한 능력을 보였지만 **다른 아티스트들에 대한** 투자자로서도 두각을 나타냈다. 가수로 활동하면서 저작권과 수많은 곡들로 그만의 제국을 건설했고, 그 제국은 요즘에도 수익 달러의 매출을 쌓아올리고 있다. 잘 알려진 사실이지만 잭슨은 비틀즈의 카탈로그 앨범에 대한 권리를 사들였는데, 부분적이지만 그것이 비틀즈 자체보다 더 가치 있다고 믿었기 때문이었다.

하지만 많은 아티스트들은 작품의 순수성에 집착하느라 다양한 채널을 활용해 돈을 벌지 못하고 더 많은 사람들에게 작품을 노출시킬 기회를 스스로 차단하기도 한다. 1980년대에 여러 아티스트들과 비평가들은 아이언 메이든, 메탈리카, AC/DC 같은 밴드들이 "앨범보다 티셔츠를 더 많이 판다"라며 비방했다. 앨범만으로 '빅셀러big seller'가 되지 못하면 형편없는 밴드라는, 음악을 사랑하는 사람들의 조롱이었다.

글쎄, 그들은 스스로를 비웃어야 하지 않을까? 앨범보다 티셔츠의 판매 마진이 훨씬 좋을 뿐 아니라 **티셔츠는 밴드 이름을 공짜로 광고하는 수단**이 된다. 아이언 메이든과 AC/DC의 빈티지 티셔츠를 20년 동안 입고 돌아다니는 사람들을 생각해보라. 다른 사람들은 그 티셔츠를 보고 그 밴드의 음악을 찾아 듣고 콘서트에 가고 자신이 입을 티셔츠를 산다. 이것이 바로 이 밴드들이 방송에서 밀려나고서도 수십 년 동안 명맥을 유지하는 데 기여한 '제품의 제국'이다. 이 기업가적 마인드, 음악을 작곡하고 음반을 판매하는 것 외에 잠재적인 비즈니스 기회를 기꺼이 탐색하려는 열의는 모든 크리에이터들이 명심하고 배워야 한다. 음악, 책 등 기술 혁신으로 인해 기존 시장이 파괴된 세계에서는 더욱 그렇다.

스티븐 존슨Steven Johnson은 최근에 창작 산업의 붐에 대해 〈뉴욕타임스〉와 함께 대규모 연구를 진행했다. 그는 많은 사람들의 짐작과 달리 인터넷의 등장이 이 산업의 시장을 붕괴시키기는커녕 그 반대의 효과를 가져왔다는 사실을 발견했다. 왜 그럴까? 그는 이렇게 말했다. "새로운 환경은 자신의 작품에 집착하는 외곬수보다는 새로운 경로를 개척하는 데 특별히 능숙한 아티스트들을 선별해내는 듯하다." 다시 말해 새로운 환경은 수평적으로 재빨리 움직이고 수직적으로 통합할 수 있는 사람, 즉 작품을 만드는 데 그치지 않고 혁신적인 제국을 건설할 수 있는 사람을 선호한다는 뜻이다.

당신 자신에게 다음의 질문을 던져보라.

- 나의 전문성이 빛을 발할 새로운 분야, 나의 고객에게 가치를 줄 새로운 분야는 무엇일까? (유명 인사들이 여러 회사에 투자하거나 자신의 회사를 창업했다는 것을 떠올려보라.)
- 꼬리표처럼 따라다니는 중개인이나 벤처 캐피털리스트를 배제하고 스스로 투자하면 어떨까? (뮤지션들이 자신의 마스터 음반을 되사거나 작가들이 저작권을 자신에 귀속시키는 것도 그 일환이다. 제이 지는 이런 말을 한 적이 있다. "마스터 음반을 소유하지 못하면 당신은 노예다." 일리 있는 말이다.)
- 나는 컨설턴트, 코치, 출판업자, 음반회사 대표, 프로듀서 등이 되어 다른 크리에이터들을 도울 수 있을까?
- 다른 사람들은 내 분야에 대해 무엇을 두려워하는가? 그들이 무시하는 것은 무엇인가? (이 질문의 답이 엄청난 기회가 되곤

한다.)

- 단 하나의 수입 수단에 의존하지 않으려면 무엇을 할 수 있을까? (무슨 일이 일어날지 절대 짐작하지 못할 것이다.)
- 창작 작업을 잠시 쉰다면 나는 무엇을 해야 하나? (아마도 다시 불꽃을 일으켜야 할, 오랫동안 잊고 있던 열정이 있지 않은가?)
- 행사, 컨퍼런스, 멤버십, 개인화된 제품 등 내 작품을 둘러싼 커뮤니티나 경험들 중에서 내가 개선하거나 성장시킬 수 있는 것은 무엇일까?

모든 산업은 고유의 기회를 가지고 있다. 학자들은 컨설팅을 할 수 있고 문학가들은 대학에서 학생을 가르칠 수 있다. 헤밍웨이와 스타인벡은 모두 광고에 출연한 바 있으며 헤밍웨이는 광고 문구를 쓰기도 했다. 마이클 루이스와 말콤 글래드웰은 둘 다 멕시코 음식 전문 레스토랑인 치폴레Chipotle 홍보에 참여했다. 글래드웰은 순회 강연의 단골 강사이기도 하다. 아이언 메이든의 리드싱어인 브루스 디킨슨Bruce Dickinson은 라디오 쇼를 진행하고 청소년 소설을 썼으며, 솔로 가수로서도 성공했고 본인이 영국 올림픽 펜싱 팀을 거의 만들다시피 했다. 또한 직업 비행기 조종사로 활동 중이고, 매년 600만 달러의 매출을 올리는 본인 소유의 항공 회사를 설립했다. 누가 알았겠는가? 우디 앨런이 클라리넷을 연주하며 부수입을 올릴지.

나와 같이 일했던 뮤지션이자 팬들에게 '영&시크Young & Sick'라는 이름으로 알려진 닉 반 호프베겐Nick van Hofwegen은 자신의 음악과 디자인을 멋지게 연결시킴으로써 디자이너라는 두 번째 경력을 만들어냈다. 신곡 출시는 몇 개월마다 한 번씩 이뤄지는 반면, 반 호프베겐은 자신의 미술 작품을 지속적으로 많은 팬들에게 선보인다. 그가 매일 올리는 인스타그램 포스트에는 '좋아요'가 수천 개씩 달리고, 사람들은 친구들을 태그해서 그의 최신 그림을 확인하라는 댓글을 단다. 그는 마룬 5, 포스터 더 피플Foster the People, 로빈 시크Robin Thicke, 스크릴렉스Skrillex 등 여러 장의 플래티넘 앨범을 낸 뮤지션들을 위해 상징적인 앨범 커버를 만들어주기도 했다. 포스터 더 피플에게 준 그의 작품은 LA 다운타운에 있는 건물 한쪽 면 전체를 덮을 만큼 큰 벽화로 재탄생했다.

뉴올리언스에서 열리는 BUKU 페스티벌에서 1만 5,000명의 참가자들은 무대 꼭대기의 현수막부터 브로셔에 이르기까지 영&시크의 작품을 행사장 곳곳에서 만날 수 있었다. BUKU를 위한 브랜딩 활동 외에 반 호프베겐은 매년 17만 명 이상의 사람들이 참가하는 오스틴 시티 리미츠Austin City Limits 등의 대형 페스티벌을 위해 캐릭터 상품을 제작하기도 했다. 그가 만든 캐릭터들은 페스티벌 후에 더 넓은 세상으로 퍼져나갔다. 프링글스 깡통, 쿠어스 라이트Coors Light 광고에도 등장했고, 미언디스MeUndies.com에서 팔리는 속옷에도 사용되어 해당 상품은 초도 판매만으로 1만 벌이 팔려나갔다.

좀 더 크고 좀 더 유명한 뮤지션들과 작업해가며 구축한 관계들, 그리고 대형 뮤직 페스티벌을 위한 디자인 작업 덕분에 반 호프베겐은 음악적 기회도 얻을 수 있었다. 사실 그의 음악 활동이 미술 활동을 지원하고 동반하긴 하지만 둘을 분리하기란 어렵다. 무엇보다 중요한 것은 이런 결합이 방해요소가 되거나 자신의 창작물을 폄하하리란 염려나 두려움이 그에겐 없다는 점이다. 그렇다고 해서 반 호프베겐만이 '여러 분야를 통달한' 크리에이터의 성공적인 사례는 아니다.

구글은 여전히 검색 기능에 대부분의 돈을 사용하지만 언젠가부터 더 이상 검색엔진 회사만으로 남을 수 없음을 깨달았다. 그래서 그들은 중독성 있는 여러 제품들을 제작하고 확장했다. 지금 나는 그중 하나인 구글 독스를 사용하여 이 글을 쓰고 있고 지메일을 이용해 편집자에게 이메일을 쓰며 유튜브를 보며 시간을 보내고 있다.

이인 플레밍은 작가로서 '정당한 돈'을 버는 유일한 방법은 자신의 책을 영화화하는 것이라고 보았다. 그래서 그는 그런 기회를 만들려고 끊임없이 노력했다. '진정한 부'을 원하는 래퍼라면 이처럼 해야 한다. 얼마나 오랫동안 음악 차트 꼭대기에 머물 것이라고 기대할 수 있을까? 심지어 그런 차트들은 점차 권위를 잃어가고 있는데 말이다. 이를 아는 래퍼들은 다른 비즈니스를 탐색하고 저작권 수익(로열티)을 벤처기업에 투자하곤 한다. 제이 지는 앨범 판매보다 패션 브랜드나 클럽 출연, 혹은 음반 회사 창업으로 훨씬 많은 돈을 벌었다. 그에게 음악은 브랜딩을 위한 도구이고 사람들에게 다가서는 수단이며 미끼상품이다.

이것이 나쁜 일인가? 그렇지 않다. '기업화corporatization'도 아니다. 제이 지의 음악은 그가 뮤직 비디오, 녹음의 질, 참신한 출시 전략 등에 더 많은 돈을 투자할 수 있었기에 시간이 흐를수록 더욱 나아졌다. 제국을 세웠으므로 그는 더 이상 저녁식사값을 벌려고 노래를 부를 필요가 없다. 본인이 원하기 때문에 노래를 부른다.

나는 로마 철학에 관한 내 두 번째 책에 대해 훨씬 적은 선인세를 받아야 했다. 왜냐하면 내 첫 번째 마케팅 책을 중심으로 세운 회사가 집필 과정 내내 나를 충분히 지원했기 때문이다. 나의 제국은 내 작품을 타락시키기는커녕 프로젝트를 추진할 자금을 대줬다.

내가 말하려는 바는 작품으로 돈을 버는 최고의 방법은 작품 자체로 버는 게 아니라는(적어도 단기적으로는 아니다) 점이다. 알다시피 오래 살아남는 작품은 시간이 흘러도 엄청난 이익을 벌어들이는데, 그러려면 그 작품을 성장시킬 장소가 필요하다. 이제 막 싹을 틔운 당신만의 제국, 그 비옥한 땅 말고 그 작품을 성장시킬 더 좋은 곳이 어디 있겠는가?

● 이 장을 마치며

하나의 작품으로 끝내려고 크리에이터의 세계로 뛰어드는 사람은 별로 없다. 대부분은 한 권 이상의 책, 한 편 이상의 영화를 만든다. 비록 하나의 회사만을 소유하고 있더라도 회사가 존속하는 동안 하나 이상의 제품을 만들기를 원한다.

다양성과 생산성은 '장수'에 있어 필수적인 요소다. 하지만 다양성과 생산성을 갖추려면 새로운 것을 실험하고 작품군 혹은 제품군을 구축하는 능력이 필요하다. 그리고 자립 능력과 인프라의 개발역시 요구된다. 신탁 자금이 부족하거나 인내심 좋고 엄청나게 돈이 많은 후원자가 없어도 그런 능력을 갖출 수 있는 방법이 딱 하나있다.

바로 플랫폼이다.

플랫폼 없이 일을 해나간다는 것은 다른 사람들의 처분에 몸을 맡기는 것이나 다름없다. 누군가가 당신에게 투자하고 당신이 하는일을 승인하며 또 누군가가 당신이 작품을 만들도록 허락하는 상황이라니! 크리에이터에게 이런 상황은 죽음이나 마찬가지다. 당신만의 고객을 확보하고 그들과 단단하게 결합하는 것만이 자유롭게 살길이다. 하지만 앞에서 언급했듯이 플랫폼은 저절로 생겨나지 않는다. 의도를 가지고 구축해야 한다.

그러므로 그냥 기다리지 마라. 지금 바로 당신의 플랫폼을 세워라. 첫 번째 작품을 내기 전에 플랫폼을 구축하라. 그래야 그 작품이 오래 살아남을 가능성이 한층 높아진다. 또한 지금 플랫폼을 구축해야 그런 작품을 **여러 개** 만들 수 있고, 그래야 하나의 확실한 경력을 가질 수 있으며, 그래야 당신의 작품이 그저 한 권의 책, 한 편의 영화, 하나의 앱으로 그치지 않는다. 당신은 그보다 더 많은 것을 창조하는 사람이어야 한다. 그래야 당신은 기업가가, 작가가, 영화 제작자가, 저널리스트가 될 수 있고, 실력자가 될 수 있다.

작품만 만든다고 해서 당신이 바라는 바가 이뤄지지 않는다. 플랫폼을 구축하라.

행운이 무슨 상관이 있을까?

크리에이터가 통제할 수 있는 것들은 아주 많다. 어떤 작품을 만들기로 결정할 것인지, 어떤 태도로 작품 제작에 임할 것인지뿐만 아니라 자신의 창작물을 다듬고 적절하게 포지셔닝하는 능력도 그렇다. 마케팅에 쏟는 에너지와 자원 역시 크리에이터가 통제할 수 있다. 무엇인가를 만들기 전과 만든 후에 플랫폼을 세우고 고객을 '육성'하는 일도 마찬가지다.

이러한 것들은 대단히 중요한 요소들이다. 작가나 기업가 등 어떤 분야의 크리에이터이든 간에 이런 요소 없이는 성공할 가능성이 낮다. 그런데 성공에 중요한 요소이지만 크리에이터가 통제할 수 없는 것이 있다. 바로 '행운'이다.

불멸의 작품을 만드는 일에 대해 이야기하면서 행운은 아무런 관계가 없는 것처럼 말한다면 정직하지 못한 태도다. 사실 이 산업에서 행운은 몹시 중요하다. 앞에서 언급한 바 있는 작가 존 팬트는 작가로서의 경력이 불운 때문에 망가져버렸다고 생각했지만 놀랄 만한 행운 덕분에 그후 몇 십 년 동안 다시 일어나지 않았나?

행운에 대한 생각은 극과 극으로 나뉘는데, 성공한 사람들은 마치 행운이란 없는 것처럼 굴고 싶어하고 성공하지 못한 사람들 혹은 지쳐서 나가떨어진 사람들은 행운이 모든 것을 좌우하는 양 행동한다. 이 두 가지는 모두 제멋대로의 생각일 뿐이고 충분하지 못한 시각이다. 부모에게 어떤 말을 들었든 그리고 일종의 '아메리칸 드림'처럼 본인 스스로 내재화했든 상관없이, 최고의 노력만이 모든 것을 이길 수 있는 최상의 패는 아니다. 무엇보다 이 세상은 단순히 '실력주의'로 돌아가지 않고 그랬던 적도 없다. 나심 탈레브는 이렇게 말했다. "각고의 노력은 당신에게 교수 자리나 BMW 자동차를 가져다줄 수도 있겠지만 부커 상이나 노벨 상을 타거나 자가용 제트기를 가지려면 그런 노력뿐만 아니라 행운이 함께 필요하다."

브루스 스프링스틴에게 물어보면 알 수 있다. 그의 앨범 〈본 투 런〉은 완전한 행운이 무엇인지 확실히 보여준다. 그의 앨범은 전혀 예상치 못했던 두 가지 사건 덕에 엄청나게 큰 성공을 거뒀다.

첫 번째 행운은 스프링스틴과 음반 회사가 앨범이 거의 완성됐다고 잘못 판단한 채 '본 투 런'이란 곡을 맛보기용 싱글곡으로 발표하던 순간에 찾아왔다. 하지만 앨범 제작은 지연됐고 그 싱글곡은 앨범이 나오기 전 6개월 동안 기대치 않게 라디오로 계속 방송됐다.

이러한 어정쩡한 앨범 발표는 완전히 우연이었고 사실 계획했던 것이 전혀 아니었다. 하지만 덕분에 제대로 입소문이 나면서 앨범 판매에 날개를 달았다.

두 번째 행운은 스프링스틴이 대형 음반 회사와 다투던 시기에 찾아왔다. 그는 홧김에 대학교 신문 기자와의 인터뷰에서 음반 회사와의 껄끄러운 관계에 대해 불만을 털어놓았다. 공교롭게도 음반 회사에 새로 부임한 사장의 아들이 바로 그 대학교에 다니고 있었다. 아들은 기사를 읽고 자기 아버지에게 알렸고 사장은 브루스와 화해했으며, 회복된 그들의 관계 덕에 스프링스틴은 회사의 든든한 지원을 바탕으로 앨범을 발표할 수 있었다.

스프링스틴은 걸작을 만들었고 앨범을 다듬고 포지셔닝하느라 많은 시간을 쏟았다. 사실 이것이 앨범 발표가 늦어진 이유였다. 그리고 자기 힘으로 플랫폼을 구축하기 시작했다. 하지만 그 싱글곡이 이르게 발표되지 않았더라면, 그리고 음반 회사 사장의 아들이 같은 학교 학생이 아니었다면, 심지어 그 아들이 학교 신문 기사를 읽지 않았더라면 그를 둘러싼 상황은 상당히 다르게 돌아가지 않았을까?

브루스 스프링스틴의 사례를 통해 하고 싶은 이야기가 하나 더 있다. 〈본 투 런〉은 그의 세 번째 앨범이었다. 그는 몇 년 전에 메이저 음반 회사와 계약을 맺었지만 여전히 성공을 위해 고투 중이었다. 그는 결코 포기하지 않았다. 이런 의미에서 그에게 찾아온 행운을 단순히 우연이라고만 말할 수 있을까? 옛말에 이런 말이 있지 않은가? "더 많은 것을 할수록, 더 열심히 일할수록, 더 운이 좋을지 모른다."

그래도 아직 겁이 나는가? 크리에이터가 모든 것을 올바르게 해내도 일이 잘못 진행되지 않을까? 혹은 몇 년 동안의 악전고투가 부질없어지지 않을까? 그런데 무엇보다 성공에 가장 필수적인 요소가 행운이라고?!

● 행운을 잡지 못하면 어떻게 될까?

이 책의 초고를 완성하던 무렵, 어떤 사람이 나에게 '엠엑스피엑스MxPx'에 관한 다큐멘터리를 보라고 권했다. 엠엑스피엑스는 내가 어렸을 때 많이 들었던 펑크 밴드다. 그 다큐멘터리는 그룹 결성 22주년을 기념하는 장면으로 시작한다. 그들은 16장의 앨범, 20장의 싱글, 세 편의 영화를 발표했고, 250만 장의 앨범을 판매했으며 수십만 마일을 날아다니며 남극 대륙을 제외한 모든 대륙에서 순회 공연을 벌였다. 나는 고등학생 때 TV로 방송된 슈퍼볼 경기의 중간 광고에 그들이 나온 것을 본 적이 있다. 그럴 정도로 대단한 밴드였다.

나는 그 전부터 이 밴드를 아티스트 경력의 롤모델로 생각해왔다. 인기에 영합하지 않고서도 성공할 수 있음을 보여준 그들의 이야기를 바탕으로 내 경력의 기초를 세웠다. '나는 어마어마해지지'

않고서도 성공하기를 원했다.

하지만 그 다큐멘터리는 해체하기로 거의 결정을 내린 밴드의 모습을 보여줬다. 밴드는 금전적인 문제가 있었고 꽤나 지쳐 있었다. 세 명의 멤버들 중 둘은 순회공연을 그만둔 다음 자기들이 자란 곳 근처의, 그들의 아버지들이 한 세대 동안 일했던 조선소에 취직하기로 결심했다. 스프링스틴의 노래와는 반대의 상황이었다. 작은 공업도시 밖으로 뛰쳐나오는 꿈이 아니라, 현실은 충분히 30대 중반의 자신들을 뒷걸음치게 만들 수 있다는 사실을 인정할 수밖에 없어 보였다.

나는 다큐멘터리를 보며 '이렇게 끝날 수는 없어'라고 생각했다. 내가 나만의 경력을 추구하도록 영감을 줬던 것들이 거짓말처럼 느껴지기 시작했다. 이 멋진 사람들은 이걸로 정말 마지막인가? 작은 도시의 아이들이 꿈을 좇았고 크게 히트를 쳤으며, 인기에 영합하지 않은 채 활동했지만 결국 정규직 일자리를 찾아 떠나는 것으로 끝나버리는 것인가? 나는 다큐멘터리를 본 후 몇 주 동안 몹시 우울했다. 마치 내가 그들을 망가뜨린 것 같은 죄책감마저 들었다. 내가 팬으로서 그들을 충분히 응원하지 않았나? 사람들이 요즘 불법 다운로드를 많이 하기 때문일까? 음반 회사가 그들을 힘들게 했나? 나는 비난을 퍼부을 사람이 필요했다. 이것이 비정상적이고 공정하지 않다고 누가 설명해주길 바랐다.

나 역시 크리에이터로서의 내 경력과 작가로서의 자신감, 그리고 내 스스로를 떠받치는 능력에 대해 불안해졌다. 그렇게 많은 것을 이루고도 여전히 악전고투해야 하는 게 과연 있을 수 있는 일인가? 그들이 맞이한 상황이 나에게도 벌어질 수 있지 않을까?

이러한 질문들로 고민에 빠져 있을 때, 작가라는 특권을 십분 활용하여 '그 밴드에게 직접 물어보면 되지 않을까?' 하는 생각이 들었다. 나는 이 책을 위해 인터뷰를 하고 싶다는 핑계를 대고 그들에게 연락을 취했지만 솔직히는 나 자신을 위해서 그들로부터 답을 구하고 싶었다. 나는 알고 싶었다. 영원히 지속될 작품에 대해 나는 무엇인가를 잘못 생각하고 있었나? 내가 순진했던 것은 아닌가? 그들의 걸어온 길에 대해 내가 놓치고 있는 것이 있나? 그들의 사례는 그저 경고성 이야기일까? 언젠가 내게도 그런 때가 닥치지 않을까?

마침내 나는 밴드의 리드싱어이자 작곡가인 마이크 헤레라Mike Herrera를 만났다. 너그럽고 친절하며 인내심 많은 그와 이야기를 나누며 나는 내 생각이 터무니없고 어리석었음을 깨달았다. (마이크는 이 날의 우리의 대화를 자신의 팟캐스트와 라디오 쇼에서 공개했다.) 알고보니 이 밴드는 다큐멘터리가 방영되고 나서 곧바로 다시 활동하고 녹음을 시작하기로 했던 것이다. 다만 순회공연은 규모를 축소하기로 했는데, 멤버가 구한 핵잠수함 일자리의 수입이 생각보다 아주 좋았기 때문이었다. 또한 놀랍게도 밴드 멤버들은 자신들이 마주한 현실에 별로 비통해하지 않았다.

"사람들은 이해하기 어렵겠죠. 지속적으로 순회공연을 다니고 겉으로 보기엔 세계 최고인 듯한 밴드가 정규직 일자리를 구해야 한다는 것을요. 와우, 하지만 그게 현실이죠"라고 그는 내게 말했다. "하지만 그리 나쁘지 않아요. 너무나 좋아요. 모두가 자신이 좋아하는 일을 하면서도 엠엑스피엑스 공연을 하러 언제든 돌아올 수 있으니 말입니다."

물론 그들에게도 역시 '달리 했으면 좋았을 텐데' 하는 것들이 있었다. 더 나은 마케팅, 더 좋은 비즈니스 계획, 더 좋은 법적 조언 등이 그것이다. 밴드 멤버들이 억만장자가 아니라고 해서 그들이 실패했다고 단정하기는 어렵다. 결성한 지 22년이 지나서 밴드의 전략을 바꿨다는 점은 어떤 점에서 보면 평생을 보장하는 전략이란 존재하지 않는다는 증거이기도 하다. 하지만 다른 측면으로 볼때 열심히 노력한다면 적어도 어느 정도의 성공에는 도달할 수 있음을 의미하기도 한다.

엠엑스피엑스는 20년 이상 자신들이 사랑하는 것을 '해야 했던' 밴드였다. 그들의 모습만 봐도 그들은 자신들이 원하는 바를 계속해나갈 것 같았다. 그들은 대부분의 밴드들이 현실적으로 꿈꿀 수 있던 것보다 더 많은 돈을 벌었다. 어떤 아티스트가 열망할 수 있던 것보다 더 많은 것을 이뤄냈다. 마이크 헤레라는 자신들의 현실에 대해 이렇게 설명했다. "A, B, C 이렇게 세 개의 문이 있는데 모두 엄청난 고통으로 안내한다는 것을 안다면 내가 정말로 원하는 문은 A일 겁니다. A를 선택하지 않을 이유가 있나요?" 그는 가수 톰 페티Tom Petty의 가사를 인용하며 나에게 말했다. "이봐요, 친구. 쉽게 빠져 나가는 방법은 없어요There ain't no easy way out." 음악이든 책이든 위대한 기업을 창업하는 일이든 자신의 작품을 창조하는 때가 오면, 당신에게 주어진 선택은 그 작품을 원하든지 원하지 않든지 둘뿐이다. 쉽게 들어오는 입구도 쉽게 빠져나가는 출구도 없다.

케빈 켈리가 1,000명의 진정한 팬을 확보해야 한다는 아이디어를 제안했을 때, 그는 그렇게 팬을 확보하면 당신이 왕처럼 살게 될 거라고 말한 적은 없다. 그는 열심히 노력할 필요가 없다고 말한 적도 없고 악전고투의 시간이 끝날 것이라고 말하지도 않았다. 그는 그저 당신이 '먹고살 수 있을 것'이라고 말했을 뿐이다. 그는 기술을 이용하면 크리에이터가 계속 작업하며 살아갈 수 있다고 내다보았다. 그런 수준에 오르는 게 쉬울 거라고, 혹은 매우 부유해질 거라고 말하지는 않았다.

크리에이티브 비즈니스가 쉽기 때문에 뛰어드는 사람은 없다. 확실한 보장 때문에 뛰어드는 사람도 없다. 사실 사람들 대부분은 불확실성 때문에, 그 불확실성이 일을 어렵게 만들기 때문에 크리에이티브 비즈니스를 좋아한다. 이 세상에는 돈을 벌기 위해서 더 훌륭하고, 더 쉽고, 덜 짜증스러운 방법들이 존재한다. 하지만 사람들은 그걸 기대하고 이 업계에 발을 들이지는 않는다. 선택의 여지가 그것 말고는 없어서 뛰어든다. 예술적이고 창조적인 과정보다 더 큰 보상은 없기 때문에 그 일을 한다. 비록 그런 보상이 언제나 금전적인 것은 아닐지라도, 비록 애초에 희망했던 것처럼 빨리 축적되지 않을지라도 말이다.

나는 마이크 헤레라의 초대를 받고 샌안토니오에서 열리는 그들의 콘서트를 관람했는데, 10대 소년이었을 때 노던캘리포니아의 고향집 근처의 소극장에서 그들의 공연을 본 후로 거의 15년 만이었다. 내가 기억했던 것보다 확실히 더 다양해진 관중을 향해 똑같은 에너지로 똑같은 노래를 부르는 아티스트를 지켜보는 것은 믿기 어려운 경험이었다. 그 공연은 그들이 순회공연을 다시 시작한 이래, 연속으로 매진을 기록하던 여러 콘서트들 중 하나였다. 그리고 그들은 얼마 전 결성 25주년을 기념했다. 마이크와 나는 그때부터 친구가 되었다.

공연을 보고 몇 개월이 지난 어느 날 오후, 시애틀 거리를 걷던 우리는 빈티지 기타를 판매하는 숍 앞에서 발걸음을 멈췄다. 그곳은 마이크가 오래 전에 기타를 구입했던 상점으로 가게 주인은 서로 얼굴을 본 지 적어도 10년이 지났는데도 그를 알아봤다. 주인은 그에게 밴드의 안부를 물었고 둘은 밴드가 어떻게 그렇게 오래갈 수 있는지에 대해 이야기를 나눴다. 주인은 자기 숍이 밴드의 '불멸'에 작은 역할을 했다며 활짝 웃었다. 그때 주인의 아들이 나타나 우리를 보고 갑자기 소리쳤다. "마이크 헤레라, 맞죠? 엠엑스피엑스의? 전 당신 밴드의 음반을 다 가지고 있어요!"

이것이 바로 그 주인이 헤레라를 보고 반가워했던 이유였다. 그는 아들이 엠엑스피엑스의 음악을 즐겨 듣는다는 걸 알고 있었다. 마이크는 평상시처럼 산책을 하다가 자신의 음악이 여러 세대에 걸쳐 영향을 미친다는 사실과 갑자기 마주쳤다. 그는 영원불멸의 성공을 보여주는 살아 숨쉬는 전형을 만난 셈이었다. 운 좋게도 나는 그 자리에 함께하며 세 사람 모두 소소하지만 매우 개인적 순간을 경험하는 모습을 목격했다. 나는 그간의 고투가 이런 점에서 또한 의미가 있다고 생각했다.

이것이 바로 생계를 위한 창작의 다행스러운 측면이다. 세상에서 가장 훌륭한 '빌어먹을' 직업이지 않은가?

운이 좋다는 말은 무엇인가? 미식축구 코치인 빌 월시Bill Walsh는 '샌프란시스코 49ers'를 슈퍼볼 우승으로 이끈 코칭 전략이 승리를 향한 끈질기고 대단히 적극적인 몰입에 있지 않고 '우연'을 포용하는, 조금은 반직관적인 면에 밑바탕을 두고 있다고 설명한 적이 있다. 팀을 위해 올바른 기준을 설계하고 적절한 팀원을 구성한 다음, 월시는 자신의 목표가 "정상 가까운 곳에서 지속적으로 정상을 공략하는 반영구적인 '베이스 캠프'를 설치하는 것이다"라고 밝혔다. 등반가들이 그러하듯이 우승의 실제 확률은 매년 부상, 경기 일정, 날씨, 이동 거리 등과 같은 여러 가지 외부요인에 의해 좌우된다. 작가, 영화 제작자, 기업가 등 크리에이터들도 마찬가지다. 하지만 올바른 준비 없이 정상에 성공적으로 깃발을 꽂을 가능성은 제로에 가깝다.

월시는 49ers와 함께 8년 가까이 정상을 세 번이나 정복했다. 철저한 준비 덕이었을까? 명석한 전략 때문이었을까? 아니면 그저 운이 좋아서? 아니, 이 세 가지 모두가 결합된 덕분이었다.

이 책에서 설명하려 했던 것이 바로 이 세 가지(준비, 명석함, 행운)의 조합이다.

이 책의 전반부에서 우리는 제품과 프로젝트를 위한 '기준'에 초점을 맞췄다. 즉, 정상을 공략할 수 있는 거리 안으로(각자의 분야에서 최고의 계층에 가까운 곳으로) 우리를 데려다주는 무엇인가를 창조했음을 확인해야 한다. 확인하고 또 확인하며 스스로를 준비시켜야 한다.

후반부에서는 정상으로 가기 위한 실질적인 시도에 대해 다뤘다. 아무것도 보장할 수 없음을 인식하면서도 정상에 오르기 위해 최선의 노력을 다해야 한다는 점을 이야기했다. 날씨가 좋을 필요가 있다는 사실과 시기적절한 휴식이 중요함을 알아야 한다. 얼마나 오래 걸릴지, 앞으로 남은 거리가 얼마나 멀지 알 수 없기 때문이다. 하지만 계속 시도해야 한다. 그게 바로 당신의 존재 이유이기 때문이고 당신의 일이기 때문이다.

불확실성은 당신을 방해할 수 없다. 아서 밀러Arthur Miller가《세일즈맨의 죽음》에서 썼듯이, 창조 욕구는 "배고픔이나 성욕 혹은 갈증보다 더 큰, 세상 어딘가에 자신의 지문을 남기려는 욕구이다. 영원불멸에 대한 갈망이다. 오죽하면 무더운 7월에 팔리는 빙과에도 조심스레 자신의 이름을 새기려 하겠는가."

시릴 코놀리가 바랐듯이 세상에 찍은 당신의 발자국이 10년을 갈지, 아니면 10분 혹은 10세기를 갈지 지금은 알 수 없다. 하지만 그럼에도 불구하고 당신의 흔적을 남기려고 노력해야 하고, 그것도 한 번에 그치지 않고 계속해서 시도해야 한다.

나는 크레이그 뉴마크에게 수백만 명의 사람들이 사용하고 있고

20년이 지나도 여전히 영향력을 발휘하고 있는 것을 창조했다는 사실을 알아차렸을 때 어떤 기분이었는지를 물었다. 그의 대답은 이 책을 마무리하기에 완벽한 문장이었다.

"당장은 기분이 좋았죠. 비현실적으로 느껴졌고요. 그런 다음에는 다시 업무에 복귀했습니다."

맺음말

출시된 후에 창조적인 작품이 따르는 여러 개의 궤적에 대해 영화감독 주드 아패토Judd Apatow와 잡담을 나누던 중에 영화배우 스티브 마틴Steve Martin은 이런 이야기를 했다. "영화의 경우 '우수한 정도'를 3개의 레벨로 나눌 수 있어요. 출시해서 히트를 치면 레벨 1을 줄 수 있죠. 5년이 지나도 여전히 사랑 받으면 레벨 2가 되고, 다시 10~15년 정도가 흘러도 사람들이 계속 즐겨 시청하면, 즉 죽어서 사후세계에서도 즐겨 볼 정도 같으면 레벨 3이라고 말할 수 있죠."

'작품을 오래 살아남도록 하는 방법'에 관한 책을 쓴 저자로서, 사람들이 마틴이 말한 레벨 3에 도달하는 작품을 창조해내는 데 이 책이 도움이 되기를 희망한다. 하드록 밴드 반 헤일런Van Halen의 가사를 다른 말로 바꿔 표현한다면, 이 책 혹은 이 책에서 이야기했던 다른 아이디어들이 오랜 세월이 지나도 건재할지 그렇지 못할지는 오로지 시간만이 말해줄 것이다.

만약 그렇지 못하다면 나는 그에 맞춰 배우고 또 개선하기를 희망한다. 그때까지 나는 이 책을 포기하지 않을 생각이다. 당신에게 약속할 수 있다. 장기적으로 적응하는 것이 얼마나 중요한지를 당신에게 잔소리한 후는 분명 아닐 것이다. 어떤 평결이 내려지든 간에 나는 내가 목표로 했던 것이 가치 있음을 잘 알고 있고, 책 속의 전략들이 오래 지속될 작품을 남기는 최고의 경로를 알려주고 있다고 자신한다. 비록 살면서 너무나 많은 것들이 그러하듯 나 역시 내 말이 절대 옳다고 보장할 수는 없다. 어쨌든 간에 나는 당신이 이제 '고전'을 만들어내고 마케팅을 하기 위한 만반의 준비가 되어 있다는 사실에 큰 위안과 자부심을 느낀다.

나는 앞으로 5년, 10년, 15년이 지나도 여러분 모두의 작품을 눈으로 확인할 수 있기를 기대한다. 그리고 그 후 몇 십 년이 지나도 그 작품이 영원하길 바란다.

당신을 위한 선물

시간을 내어 이 책을 끝까지 읽어 준 당신에게 감사를 드린다. 마케팅 섹션에서 이야기했던 것처럼, 하나의 책을 읽기로 결심하는 것은 그 시간에 다른 책을 읽지 못하므로 비용이 드는 결정이다. 이 책을 선택해 준 것에 감사한다. 감사의 표시로, 그리고 4장에서 했던 나의 조언을 따르기 위해 당신에게 몇 가지를 되돌려 주고 싶다.

내가 작업에 참여했던 여러 책들(세계적으로 100만 부 이상 팔린 책들)에 관한 상세한 사례들, 그리고 이 책에서 인용했던 여러 뛰어난 전문가들과의 상세 인터뷰 내용을 알고 싶다면 나에게 이 주소(hello@perennialseller.com)로 이메일을 보내기 바란다. 아니면 perennialseller.com/gift 로 접속해도 볼 수 있다.

나는 오래 지속되는 작품을 만드는 방법에 관해 계속 대화를 이어가기를 원한다. 그리고 당신이 성공을 거두게 되면 그것이 무엇이든 간에 언제든 연락해 알려주기를 바란다.

감사의 말과 참고자료

이 책에서 나는 여러 가지 자료와 의견을 제공해준 이들에게 개별적으로 감사 인사를 전하고 싶다. 왜냐하면 그들이 이 책을 실현하는 데 큰 도움을 줬기 때문이다. 또한 당신에게 그들을 소개하고 싶다. 우선, 브라스 체크의 파트너들과 의뢰인들에게 감사한다. 특히 팀 페리스, 로버트 그린, 제임스 알투처가 쓴 책들과 조언은 여러 가지 사례를 제공해줬다. 나는 연구원인 흐리스토 바실레프Hristo Vassilev, 편집자인 니키 파파도폴로스Niki Papadopoulos, 내 에이전트인 닐스 파커Nils Parker, 스티브 한셀만Steve Hanselman에게 고마움을 전한다. 나만의 불멸의 작품을 만들 기회와 공간을 준 포트폴리오Portfolio에게도 감사한다. 집안 전체에 잔뜩 쌓인 책과 그 속에서 길을 잃는 나의 성향을 인내해준 나의 아내 사만다Samantha에게 고맙다. 이전 책에서는 나의 '애완 염소'라고 말하며 감사인사를 전했지만, 지금은 한 단계 올려서 나의 '애완 당나귀'라고 불러야겠다. 버디Buddy와 슈가Sugar, 이 글을 쓰는 지금, 윗층 창문 밖으로 너희들이 보이는구나. 내 아들 클라크Clark에게 고맙다는 말을 하고 싶다. 솔직히 말해 이 책을 쓰는 데 클라크는 아무것도 하지 않았지만 말이다.

서문

- 나는 시릴 코놀리에게 빚을 졌다. 그는 이 책의 가장 주요한 돌파구를 제공했고 일반적인 마케팅 책에서 벗어나도록 해줬다.
- 제임스 설터와 알렉산더 솔제니친에 관한 인용은 두 사람 책의 뒤표지 설명에서 따왔다.
- 밥 딜런에 관한 인용은 CNN 뉴스에서 가지고 왔다. cnn.com/2001/ SHOWBIZ/Music/05/23/dylan/
- 〈쇼생크 탈출〉의 성공에 대한 월스트리트저널의 기사는 다음과 같다: wsj. com/articles/SB10001424052702304536104579560021265554240.
- 닐스 파커는 '씨흐 트루동'에 관한 이야기를 찾아 나에게 보내줬다.
- 나심 탈레브는 그의 책 《안티프레질》에서 '린디 효과'를 설명했고, 나 또한 1964년에 6월에 발행된 〈더 뉴 리퍼블릭(The New Republic)〉에서 '린디의 법칙'이란 기사를 읽었다.
- 나는 MGM과 함께한 테드 터너의 훌륭한 연기에 대해 알고 있었지만, 자흐 그로건(Zach Grogan)이란 독자 덕분에 떠올릴 수 있었다. 그는 나에게 《헐리우드의 사자(The Lion of Hollywood)》에 나오는 구절 하나를 보내줬다.
- 내 편집자는 나에게 카탈로그 앨범의 판매가 정규 앨범을 압도한다는 〈버지(Verge)〉의 기사를 보내줬다: theverge.com/2016/1/22/10816404/2015-lbum-ales-rends-inyl-atalog-treaming.
- 터커 맥스의 책에 관한 데이터는 터커로부터 받았는데, 그는 내가 책 작업

을 시작하도록 많은 것을 제공해줬다. 도브 차니(Dov Charney)도 마찬가지였다.

1. 창조의 과정

- 이 장의 첫 머리에 나오는 트위터 포스팅을 게재하도록 허락해준 데릭 핼펀(Derek Halpern)과 팻 플린(Pat Flynn)에게 감사한다.
- 로버트 그린의 말은 모두 2015년에 가졌던 그와의 인터뷰에서 나왔다.
- 폴 그레이엄의 말은 이 트위터 포스팅에서 인용했다.: twitter.com/paulg/status/6301324 81732120576.
- 사라 실버맨의 사례는 그가 출연한 제리 사인펠드의 〈차를 탄 코미디언들이 커피를 마신다(Comedians in Cars Getting Coffee)〉에서 얻었다.
- 케이시 나이스탯의 말은 그의 브이로그에서 가지고 왔다: youtube.com/caseyneistatofficial
- 오스틴 클레온의 말은 그가 2015년에 남긴 트윗에서 인용했다.: twitter.com/austinkleon/status/623940649025302528
- 일론 머스크의 '유리를 씹어 먹는다'라는 말은 여기에서 볼 수 있다: youtu.be/1NeqRhgt C1o?t=42m51s
- 구토를 언급한 워렌 비티의 말은 〈뉴욕타임스〉의 웹페이지에 나온다: nytimes.com/2016/10/30/movies/warren-beatty-rules-dont-apply.html
- 드레이크의 가사는 그의 노래 〈Tuscan Leather〉에 나온다. 도움을 준 그의 매니저 토니 헤르난데즈(Tony Hernandez)에게 감사한다.
- 알렉산더 해밀턴의 글쓰기 스타일에 관해 좀더 자세히 알고 싶으면 론 체르노(Ron Chernow)가 쓴 전기의 250페이지를 참고하라.
- 슈테판 츠바이크의 말은 《어제의 세계》에 나온다.
- 피터 티엘의 말은 그의 책 《제로 투 원》에서 인용했다.
- 〈스타워즈〉의 놀라운 역사의 상세 내용은 캐스 선스타인의 책 《스타워즈에 의한 세계(The World According to Star Wars)》에서 볼 수 있다.
- 릭 루빈의 말은 팀 페리스가 진행하는 팟캐스트 방송에서 가지고 왔다. 그

와 나는 2015년에 점심을 함께 하며—닐 스트라우스에게 감사한다—같은 주제를 토론했다.

- 나는 클럽톤스 카페테리아에서 여러 번 식사를 했고 그들의 음식에 감사 인사를 전한다.

- 조이 로스의 디자인 철학은 〈보잉 보잉〉과의 인터뷰에서 볼 수 있다: boingboing.net/2009/10/19/joey-roth-on-design.html.

- 《길 위에서》에 관한 인용문은 여기에서 따왔다: npr.org/templates/story/story.php?storyId=11709924.

- 창의력에 관한 연구는 538.com에서 가져왔는데, 기꺼이 인터뷰에 응해준 스콧 베리 카우프만에게 감사한다.

- 존 보이드의 '휴지기'에 관한 이야기는 이 위대한 남자에 대해 로버트 코럼(Robert Coram)이 쓴 전기에서 찾을 수 있다.

- 프랭크 루카스에 관한 이야기는 여기를 참고하라: nymag.com/nymag/features/3649/#print.

- 픽사의 초창기 이야기는 이 사이트를 참고하라: denofgeek.com/movies/pixar/36648/the-early-versions-of-pixar-film-stories.

- 브라이언 코플먼은 〈라운더스〉의 이야기를 여러 번 말한 적이 있는데, 그중 하나를 그가 출연한 팀 페리스의 팟캐스트에서 찾을 수 있다.

- 나는 《지렁이를 기른다고?》를 사준 내 아내에게 감사한다.

- 로버트 에번스(Robert Evans)의 말은 그의 자서전에 나온다.

- 폴 그레이엄의 에세이는 여기를 참고하라: paulgraham.comstartupmistakes.html.

- 스티븐 킹의 말은 그의 책 《책 쓰기에 관해(On Writing)》에서 인용했다.

- 커트 보니것의 말은 위대한 이야기를 쓰기 위한 8가지 팁을 소개하는 유튜브 동영상에서 따왔다: youtube.com/ watch?v=nmVcIhnvSx8.

- 존 스타인벡의 말은 여기를 참고하라: theparisreview.org/interviews/4156/john-steinbeck-the-art-of-fiction-no-45-continued-john-steinbeck.

- 크레이그 뉴마크의 말은 2015년에 그와 나눈 이메일 인터뷰에서 가지고

왔다.

- 존 파브로의 말은 WTF 팟캐스트에서 마크 마론과 나눈 인터뷰에서 따왔다.
- 알버트 브룩스의 말은 〈머리 아픈 : 인생과 코미디에 관한 대화 (Sick in the Head: Conversations About Life and Comedy)〉라는 프로에서 주드 아패토와 나눈 인터뷰에서 볼 수 있다.
- 치고지 오비오마의 이야기는 여기를 참고하라: themillions.com/2015/06/the-audacity-of-prose.html.
- 슬레이어의 판매량 데이터는《슬레이어의 레인 인 블러드(Slayer's Reign in Blood)》란 책에서 가지고 왔다.
- 엘리자베스 워첼의 말은 그가 쓴 소책자《크리에이토 크라시(Creatocracy)》에 나온다.
- 스티븐 킹의 '애인' 이야기는《책 쓰기에 관해》에 나온다.
- 로버트 맥키는 2015년에 내가 보낸 이메일 질문에 성심성의껏 답변해 주었다.
- 나는 프레스필드의《예술의 전쟁(The War of Art)》을 추천하지 않을 수 없다.

2. 포지셔닝 하기

- 《애스크 더 더스트》에 나오는 이 장면은 아주 아름다워서 내가 가장 좋아하는 픽션 중 하나로 남아있다.
- 존 팬트에 관한 상세한 이야기는《풀 오브 라이프(Full of Life)》란 전기에서 볼 수 있다. 그의 작품에 대한 나의 욕구는 식을 줄을 모른다.
- 유튜브에 관한 통계 자료는 여기를 참고하라: tubefilter.com/2015/07/26/youtube-400-hours-content-every-minute/
- 출판 도서에 관한 통계 자료는 여기를 참고하라: bowker.com/news/2014/Traditional-Print-Book-Production-Dipped-Slightly-in-2013.html
- 나는 하퍼 리의 편집자에 관한 조나단 말러(Jonathan Mahler)의 기사를 추천한다: nytimes.com/2015/07/13/books/ the-invisible-hand-behind-

harper-lees-to-kill-a-mockingbird.html

- 아델의 앨범 〈25〉의 제작과 관련된 이야기는 〈롤링 스톤〉의 기사를 참고하라: rollingstone.com/music/news/adele-inside-her-private-life-and-triumphant-return-20151103
- 나는 닐 게이먼의 글쓰기 규칙을 마리아 포포바(Maria Popova)의 팟캐스트에서 알게 됐다: brainpickings.org/2012/09/28/neil-gaiman-8-rules-of-writing/
- 와이 콤비네이터의 FAQ는 여기에서 읽을 수 있다: ycombinator.com/faq/
- 제임스 알투처는《과감한 선택》을 쓰는 과정을 글로 남겼는데, 여기에서 읽을 수 있다: jamesaltucher.com/2013/07/how-to-self-publish-bestseller/
- 맥스 마틴의 자동차 테스트는 존 시브룩(John Seabrook)의《더 송 머신(The Song Machine)》에서 상세 내용을 볼 수 있다.
- 롤링 스톤스의 이야기는 리치 코헨(Rich Cohen)이 쓴 전기《태양과 달과 롤링스톤스(The Sun & the Moon & the Rolling Stones)》에서 읽을 수 있다. 제임스 헷필드의 이야기는 조 로건(Joe Rogan)의 팟캐스트에 소개돼 있다.
- 나는 아마존의 내부 프로세스에 대한 상세 내용을《그로스 해킹(Growth Hacker Marketing)》에서 찾았다.
- 브라이언 코플먼과 세스 고딘의 토론은 코플먼의 팟캐스트에 나온다.
- 존 파브로의 말은 WTF 팟캐스트에서 따왔다.
- '저스틴스 피넛 버터' 이야기는 저스틴 골드(Justin Gold)가 2016년 콜로라도 볼더에서 열린 'Two12 컨퍼런스'에서 가진 대담에서 가지고 왔다.
- 브렛 타일러의 '구글 맵' 이야기는 여기에서 볼 수 있다: firstround.com/review/take-on-your-competition-with-these-lessons-from-google-maps/
- 스티브 잡스가 10만 달러를 주고 로고를 만들었다는 이야기는 월터 아이작슨(Walter Isaacson)이 쓴 전기에 나온다.
- 마리사 메이어의 디자인 테스트 이야기는 여기를 참고하라: nytimes.

com/2009/03/01/business/01marissa.html
- 샐린저의 책 표지 이야기는 여기에 나온다: newyorker.com/magazine/ 2015/01/05/pulps-big-moment
- 〈엣지 오브 투모로우〉의 리브랜딩 이야기는 여기를 참고하라: variety.com/ 2014/film/news/tom-cruise-edge-of-tomorrow-gets-repositioned-as- live-die-repeat-on-home-video-1201283383/
- 웨인스타인의 편지는 여기에서 전문을 볼 수 있다: lettersofnote.com/ 2010/01/youre-boring.html
- 세네카의 에세이는《평온에 관하여(On Tranquility)》를 참고하라.
- 스내퍼가 월마트의 요청을 거절했다는 이야기는 여기에 나온다: fastcompany.com/54763/man-who-said-no-wal-mart
- 브루스 스프링스틴의 이야기는 그의 책《노래들(Songs)》에 나온다.
- 척 클로스터먼의 말은 그의 책《하지만 우리가 틀렸다면?(But What If We're Wrong?)》에 나오고, 나보코프의 말은《블라디미르 나보코프 (Vladimir Nabokov: Selected Letters 1940~1977)》에서 인용했다. 두 경우 모두 나는 오스틴 클레온에게 신세를 졌다.
- 제프 고인즈의 말은 앞으로 나올 그의 책에서 가지고 왔는데, 그와 함께 작업할 수 있어서 나는 운이 좋았다.
- 카니예 웨스트의 가사는 그의 노래 '런 디스 타운(Run This Town)'에 나온다.
- 집필과 출판에 대한 처칠의 분투는《더 라스트 라이온(The Last Lion)》의 제1권에 나온다.

3. 마케팅의 기술
- 피터 티엘의 말은 그의 책《제로 투 원》에 나온다.
- 발자크의 말은《라스트 일루전(Lost Illusions)》에서 인용했다.
- 허브 코헨의 이야기는《태양과 달과 롤링스톤스》을 쓴 그의 아들 리치 코헨 의 말에서 가지고 왔다.

- "마케팅은 고객을 얻고 유지하는 것"이란 말은 내 책《그로스 해킹》에 나온다.
- 이언 맥이완의 말은 여기에 나온다: post-gazette.com/ae/books/2013/03/24/A-conversation-with-Ian-McEwan-on-the-hows-and-whys-of-fiction/stories/201303240168
- 제이슨 프리드는 2015년에 나와의 전화 인터뷰에 응해줬다.
- 비어드 리벨은 2015년에 내가 보는 이메일 질문에 답해줬다.
- 리즈와 트라우트의 말은《마케팅 불변의 법칙》에 나온다.
- 벤 호로비츠의 말은 그의 책《하드 씽 어바웃 하드씽》에서 인용했다.
- 페이스북 통계를 보려면 여기를 참고하라: facebook.com/business/news/Organic-Reach-on-Facebook
- 숀 코인은《전사 에토스》의 출시 이야기와 관련된 수치를 알려줬다.
- 보노보스의 초창기 이야기는 여기에서 읽을 수 있다: medium.com/@dunn/get-one-thing-right-89390244c553
- 맥킨지 연구는 여기를 참고하라: mckinsey.com/insights/marketing_sales/a_new_way_to_measure_word-of-mouth_marketing
- 조나 버거의 데이터는 여기를 찾아보라: jonahberger.com/the-secret-science-behind-big-data-and-word-of-mouth/
- 나는 센트렐리아 석탄 광산의 불에 대해 이야기해 준 밀트 데헤레라(Milt Deherrera)에게 감사를 전한다.
- 세스 고딘의 "하나를 팔아라"라는 말은 changethis.com/manifesto/show/50.01.Tribes 에 나온다.
- 파제트 파월의 말은 이 인터뷰에서 읽을 수 있다: believermag.com/issues/200609/?read=interview_powell
- 트루먼 카포티의 말은 〈라이프〉 잡지 1966년 2월 18일자에서 볼 수 있다.
- 나는 W. 서머셋 모옴 말을 척 클로스터먼의《하지만 우리가 틀렸다면》에서 알게 됐다.
- 50센트의 이야기는《50가지 법칙(The 50th Law)》에 나오는데, 내가 연구

조수였을 때 로버트 그린과 나눈 인터뷰에서 그 이야기를 직접 들었다.

- "중독자"에 관한 언급은 숀 코인과 가진 대화에서 나왔다.
- 브래디 데일(Brady Dale)은 휴 하우이와 인터뷰를 했는데, 여기에서 전 문을 볼 수 있다: observer.com/2016/03/hugh-howey-wool-amazon-kindle
- 팀 페리스의 말은 여기를 참고하라: tim.blog/2013/05/02/a-few-thoughts-on-content-creation-monetization-and-strategy/
- 프리티 라이츠에 관한 이야기는 여기에서 읽을 수 있다: hypebot.com/hypebot/2013/12/pretty-lights-gave-his-music-away-now-has-a-grammy-nomination-should-you-do-the-same.html
- 파울로 코엘료의 해적 출판에 대한 생각은 여기에서 찾을 수 있다: nytimes.com/2011/09/27/books/paulo-coelho-discusses-aleph-his-new-novel.html 그리고 그의 페이스북 포스팅을 참고하라: facebook.com/paulocoelho/photos/a.241365541210.177295.11777366210/10153068240216211/
- 펜을 훔쳐가는 레스토랑은 텍사스 바스트롭에 있는 '텍사스 그릴(Texas Grill)'이란 곳이다.
- 코리 닥터로우는 해적 행위에 대해 이렇게 말한다: publishersweekly.com/pw/by-topic/columns-and-blogs/cory-doctorow/article/55513-cory-doctorow-how-writers-lose-when-piracy-gets-harder.html
- 조지 오조우니언은 2016년에 내가 보낸 이메일 질문에 답해줬다. 소심한 나는 절대 그런 생각이 가능하다고 생각하지 못했을 것이다.
- 클립톤스의 앤드루 마이어런은 이메일로 내 인터뷰에 응해줬다.
- 내 출판사 담당자는 나와 아마존의 전자책 가격 정책에 대해 약간의 논쟁을 벌였다. 하지만 나는 그 데이터가 아주 확실하다고 생각한다(가격 탄력성은 기본적인 경제 법칙이다). 좀더 많은 데이터를 보고 싶다면 이 사이트를 참고하라: http://observer.com/2015/09/do-e-books-earn-more-money-at-lower-prices. 〈LA 타임스〉는 반대 의견을 제시하지만(http://www.

latimes.com/books/jacketcopy/la-et-jc-amazon-e-book-numbers-
20140731-story.html) 나는 그들이 틀렸다고 생각한다.

- 뤼글리의 가격 인상에 대한 이야기는 여기를 참고하라: articles.
orlandosentinel.com/1986-03-12/business/0200420078 _1_chewing-
gum-chewing-gum-wrigley

- 〈뉴요커〉에는 〈펄프 픽션〉에 대한 놀라운 이야기가 나온다: newyorker.
com/magazine/2015/01/05/pulps-big-moment

- 문학적 중요성의 과대평가에 관한 레이몬드 챈들러의 말은 《레이먼드 챈
들러 페이퍼스(The Raymond Chandler Papers: Selected Letters and
Nonfiction, 1909~1959)》를 참고하라. 챈들러의 책 판매량 정보는 《미국 소
설가들에 대한 캠브리지 안내서(The Cambridge Companion to American
Novelists)》에서 가지고 왔다.

- 할인 판촉에 관해 BookBub.com과 팀 그랄(Tim Grahl)에게 감사한다.

- 《애스크 더 더스트》에 관해 알려준 닐 스트라우스에게 감사한다.

- 드루 케리의 이야기는 여기를 참고하라: splitsider.com/2012/05/drew
-carey-on-johnny-carsons-impact-on-stand-up-comedy.

- 내 편집자는 "고객의 고객"이라는 케이티 시에라의 콘셉트를 나에게 알려
줬다. 시에라의 대담 "Creating Passionate Users"을 보려면 여기에 접속하
라: youtu.be/eSlRd6MnDv8

- 마크 엑코의 이야기는 그의 책 《언라벨(Unlabel)》에 자세히 나와 있다.

- 나는 아메리칸 어패럴에서 패션 블로거로 활동하는 사만다 웨인만
(Samantha Weinman), 밀트 데헤레라(Milt Deherrera), 니콜 윌리엄스
(Nichole Williams), 미첼 르매이(Michelle Lemay)에게 감사한다.

- 조지 라벨링(George Raveling)과 샤카 스마트(Shaka Smart)는 칼리파리에
관한 이야기를 나에게 전해줬다.

- '돈을 받고 발췌한 내용을 제공한다'와 관련된 이야기들은 로버트 루이스
스티븐슨의 《중대한 유산(The Critical Heritage)》, 《스콧 피츠제럴드 저작
권(F. Scott Fitzgerald on Authorship)》, 《어메리칸 빌리지 인 어 글로벌 세

팅(The American Village in a Global Setting)》톰 울프(Tom Wolfe)의《위대한 동행(A Critical Companion)》레이 브래드버리(Ray Bradbury)의《언센서드(Uncensored!: The Unauthorized Biography)》에서 참조했다.

- 〈뉴욕타임스〉의 프로필 기사에서 나에 관한 이야기를 볼 수 있다(nytimes. com/2016/12/06/fashion/ryan-holiday-stoicism-american-apparel. html), 결혼식 발표 소식은 여기에 있다(nytimes.com/2015/03/01/fashion/ weddings/reclaiming-their-moment.html), '20/20' 이야기의 제목은 "페이킹 잇(Faking It)"인데, 여기에서 볼 수 있다: youtube.com/watch?v=p-7y1DohK5M

- 〈스포츠 일러스트레이트〉의 기사는 여기에 있다: si.com/nfl/2015/12/08/ryan-holiday-nfl-stoicism-book-pete-carroll-bill-belichick). 팟캐스트는 여기를 클릭해 보라(tombarnardpodcast.com/ryan-holiday-777-1/). 블로그를 보려면 여기에 접속하라(patriotsgab.com/2015/10/23/the-patriots-2014-secret-weapon-may-have-been-a-book/.

- 《나를 믿어라, 나는 거짓을 말한다》에서 발췌한 내용은 여기에서 읽을 수 있다: slideshare.net/ryanholiday/tmil-slideshare-v19.

- 드웟에 관한 〈뉴욕타임스〉의 기사를 참고하라: nytimes.com/2013/06/24/us/in-the-bible-belt-offering-atheists-a-spiritual-home.html 그리고 제즈 데드에 관한 기사는 여기에 있다: boingboing.net/2015/12/04/dj-duo-zeds-dead-stuck-heart-r.html

- 트럼프에 관한 기사는 여기를 참고하라: ryanholiday.net/dear-dad-dont-vote-donald-trump/

- 데이비드 미어만 스콧(David Meerman Scott)의 책《뉴스재킹(Newsjacking)》을 읽어보라.

- 아마존의 드론 이야기는 이 사이트를 참고하라: cnbc.com/2013/12/02/did-amazon-just-pull-off-the-best-pr-stunt-ever.html

- 애드위크의 기사는 여기에 있다: adweek.com/galleycat/author-experiments-with-genius-com-excerpt/106207

- 제인 프리드먼의 통찰은 2015년에 전화상으로 나눈 인터뷰에서 나왔다.
- 코스 빌보드(Koss Billboard)의 역사는 여기를 참고하라: onmilwaukee. com/market/articles/kossbillboard.html
- 맥스웰 퍼킨스의 이야기는 A. 스콧 버그(A. Scott Berg)가 쓴 전기《맥스 퍼킨스(Max Perkins: Editor of Genius)》에 나온다.
- 멩켄의 말은《멩켄(Mencken: The American Iconoclast)》에서 인용했다.
- 출판에 관한 〈뉴욕타임스〉의 1985년 기사는 여기에 있다: nytimes.com/ 1985/06/09/books/why-best-sellers-sell-best-and-other-publishing-secrets.html
- 이언 플레밍의 광고에 대한 통찰은 그의 놀라운 책《황금 타자기를 가진 사나이(The Man With The Golden Typewriter)》에서 가지고 왔다.
- 파타고니아의 이례적인 광고 이야기는 이 기사를 참고하라: newyorker. com/business/currency/patagonias-anti-growth-strategy
- 타임스퀘어 광장의 전광판에 올라간 나의 광고는 여기에서 볼 수 있다: instagram.com/p/BHAuZmEledp/
- 정직하게 말한다면 내 고등학교 선생님들은 대부분 좋은 분들이셨다.
- 파울로 코엘료의 광고는 여기에서 볼 수 있다: adweek.com/adfreak/ paulo-coelho-just-published-entire-text-his-novel-alchemist-single -ad-167068

4. 플랫폼 만들기

- 슈테판 츠바이크의 말은《어제의 세계》에서 인용했고, 히틀러 때문에 도피할 수밖에 없었다는 그의 슬픈 이야기 역시 마찬가지다.
- 아이언 메이든의 기록과 이야기는 일일이 언급할 수 없을 만큼 여러 곳에서 참조했다(알다시피 나는 이 밴드에 완전히 미쳐 있다). 아직 그들에 관한 전기가 나오지 않았지만 곧 나와야 할 것이다.
- 〈매니지먼트(Management)〉는 나의 인터뷰 요청을 거절했다.
- 케빈 켈리의 에세이는 여기에서 읽어보라: kk.org/thetechnium/1000-

true-fans/

- 마이클 하얏트는 그의 책 《플랫폼(Platform)》에서 플랫폼에 관해 이야기한다.
- 윈스턴 처칠의 이야기는 《더 라스트 라이온》의 2권, 3권에 걸쳐 나온다.
- 나는 레이디 가가에 대한 제키 후바(Jackie Huba)의 책 《몬스터 로열티(Monster Loyalty)》을 추천한다.
- 마르쿠스 아우렐리우스의 말은 《명상록(Meditations)》에서 인용했다.
- 케이시 나이스탯은 맨하탄의 웨스트 사이드를 함께 뛰며 플랫폼에 관해 나와 여러 번 토론했다. 그는 이를 그의 브이로그에서 언급했다.
- 케빈 하트는 이메일 목록과 소셜미디어 팔로어를 구축한 이야기를 마크 마론의 WTF 팟캐스트에서 말해줬다.
- 크레이그 뉴마크의 말은 그와 나눈 인터뷰에서 나왔다.
- 나는 세스 고딘의 《퍼미션 마케팅》이란 책을 추천한다.
- 크리스 라버그네의 말은 2015년에 가진 이메일 인터뷰에서 나왔다.
- 이메일 목록 구축에 대한 생각을 전해준 노아 케이건(Noah Kagan)에게 감사한다.
- 포터 게일(Porter Gale)은 《당신의 네트워크가 당신의 진짜 자산이다(Your Network is Your Net Worth)》라는 책을 썼다.
- 나는 SXSW에서 팀 페리스를 알게 되어 아주 운이 좋았다. 나는 나를 조수로 삼아 2007년에 그곳에 데리고 가준 터커 맥스에게 감사한다.
- 팀의 네트워킹 전략을 보려면 여기에 접속하라: tim.blog/2015/08/26/how-to-build-a-world-class-network-in-record-time/
- 제이 제이 프렌치의 말은 이 기사에서 인용했다: inc.com/jay-jay-french/how-the-twisted-sister-brand-survive-for-five decades.html
- 인터뷰에 응해 준 바바라 헨드릭스에게 감사한다.
- 오래 전에 《과학 혁명의 구조》란 책을 추천해준 로버트 그린에게 감사한다. 그 책의 역사를 보려면 이 기사를 참고하라: theguardian.com/science/2012/aug/19/thomas-kuhn-structure-scientific-revolutions

- 카프카의 출판사가 언급한 말은 여기를 참고하라: newyorker.com/ books/ page-turner/posthumous
- 내 질문에 성심껏 답해준 스티브 한셀만과 랄피 메이에게 감사한다.
- 〈인세트로〉에 대한 질문에 답해준 나심 탈레브에게 감사한다.
- 음악 연구에 관한 이야기는 여기를 보라: chicagobooth.edu/research/ workshops/AppliedEcon/docs/Sorensen-Music.pdf
- 우디 앨런의 이야기와 "글쓰기 인생"에 관한 이야기는 여기를 참고하라: theimaginationgame.com/2012/12/18/writing-is-the-great-life-woody-allen
- 사인필드의 프로필은 여기를 살펴보라: nytimes.com/video/magazine/ 100000001965963/jerry-seinfeld-how-to-write-a-joke-.html
- 존 맥피의 말은 여기에서 인용했다: chron.com/life/article/John-McPhee-isn-t-slowing-in-72nd-year-2123857.php
- 괴테의 말은《격언과 성찰(Maxims and Reflections)》에서 따왔다.
- 내가 암시한 힙합 책은 캐시 머니 레코즈(Cash Money Records)의 창립자인 버드만(Birdman)과 슬림 윌리엄스(Slim Williams)와 함께 한 것이었다. 이 프로젝트는 현재 중단됐지만 재개되기를 희망한다.
- 마이클 잭슨의 제국에 관해 살펴보려면 잭 오멀리 그린버그(Zack O'Malley Greenburg)의 책《마이클 잭슨 주식회사(Michael Jackson Inc.)》을 읽어보라.
- 창의력에 대한 스티븐 존슨의 이야기는 여기에 나온다: nytimes.com/2015/ 08/23/magazine/the-creative-apocalypse-that-wasnt.html
- 제이 지의 가사는 그의 노래 '노 훅(No Hook)'에 나온다.

결론과 맺음말
- 〈본 투 런〉 이야기는 브루스 스프링스틴이 롤링 스톤과 나눈 인터뷰에 나온다: http://www.rollingstone.com/music/news/bruce-springsteen-on-making-born-to-run-we-went-to-extremes-20150825

- 엠엑스피엑스의 다큐멘터리 제목은 〈보스 엔즈 버닝(Both Ends Burning)〉이다.
- 인터뷰에 응해주고 계속 연락을 받아준 마이크에게 감사한다. 믿을 수 없을 만큼의 영광이다.
- 자신의 플랫폼을 전문적으로 구축하고 있었기 때문이었다. 여기에서 들을 수 있다.(http://mikeherrerabestlife.tumblr.com/post/134548508245/136-ryan-oliday-ryanholiday)
- 내가 처음 엠엑스피엑스의 공연을 본 것은 9/11 사태가 벌어지고 한 달 후인 캘리포니아 모데스토에서였다.
- 빌 월시의 말은《점수는 자연히 해결된다(The Score Takes Care of Itself)》에 나온다.
- 나심 탈레브의 말은 이 포스트에서 인용했다: boingboing.net/2009/01/29/black-swan-authors-r.html
- 결론을 멋지게 마무리할 수 있게 해줘서 크레이그 뉴마크에게 감사한다.
- 주드 어패토에게 감사한다. 그가 스티브 마틴과 나눈 인터뷰는 역시 이 책을 마무리하는 완벽한 방법을 알려줬다.

옮긴이의 말

"최고의 마케팅은 다음 책을 쓰는 것이다." 책 속의 이 문구가 나의 폐부를 깊숙이 찔렀다. 2015년에 《당신들은 늘 착각 속에 산다》를 낸 이후 4년 동안 후작을 쓰지 못한 채 이런저런 핑계를 대던 나를 이처럼 아프게 하는 문구는 없었다. 내가 책을 쓸 동기를 가지지 못한 여러 가지 이유 중 하나는 그 책이 내 기대와 달리 판매가 아주 부진했기 때문이다. 나름 홍보를 했다고 생각했는데 어찌된 일인지 책이 출간된 사실조차 모르는 사람들이 많았다. 제목 탓이었을까? 나 또한 책 제목을 틀리게 말하곤 할 만큼 입에 붙지 않는 제목이었다. 출판사의 마케팅이 소홀했기 때문일까? 전작만큼 출판사에서 힘을 실어주지 않는 것 같아 서운하기도 했다. 아니면 독자들이 '착각'과 '경영 심리'라는 키워드에 식상해졌기 때문일까? 그 책이 출간된 당시에는 때마침 심리학 관련 책들이 붐이었다. 그러나

이 책의 저자인 라이언 홀리데이가 뼈아프게 지적하듯이 모든 것은 내 책임이다. 제목도 출판사도 독자들도 아닌, 바로 크리에이터인 내 탓이다.

솔직히 전작《착각하는 CEO》가 경영서치고 꽤 팔렸다. 덕분에 내 이름이 조금 알려졌다고 해서 방심했던 것이 사실이었다. 연속해 책을 내면 그만큼 혹은 그보다 더 많은 판매가 될 거라고 기대했다. 그런데 결과는 달랐다. 왜였을까? 지금에 와서 짚어보면 전작의 문체와 구성을 그대로 따르는 편한 방법을 택했고, 블로그나 페이스북 정도로 홍보하면 전작을 읽었던 독자들이 다시 구매할 거라고 생각했다. 독자들에게 왜 다른 책을 읽을 시간에 이 책을 선택해야 하는지, 이 책이 무슨 가치를 전달할 수 있는지 등을 알리는 데 소홀했다. '그런 일은 출판사가 하는 거 아니야? 나는 그동안 책을 쓰느라 힘을 소진했으니 그 정도는 출판사가 해줘야 하는 건 아닌가?'라고 안일하게 생각했다.

그때 나는 이랬어야 했다. 전작이 CEO 혹은 리더가 범하기 쉬운 착각과 그 위험에 대해 다뤘으니, 다음 작품에서는 그 대안을 좀 더 심도 있게 제시함으로써 '착각한다는 건 잘 알겠는데, 그래서 어떻게 해야 하는데?'라는 독자들의 질문에 답하는 구성으로 책을 썼어야 했다. 하지만 당시에 나는 '대안은 각자의 몫이지 내가 해결책까지 일일이 줄 수는 없어. 고작 1~2만 원짜리 책에서 답을 구하려는 건 너무 큰 욕심이야. 착각한다는 것 자체를 아는 게 중요해. 대안은 천천히 고민해봐'라고 생각했다. 아주 건방진 생각이었고 나 또한 심한 착각에 빠져 있었다. 빨리 후작을 내는 게 중요한 게 아니라 비록 시간이 더 걸리더라도 독자들이 돈과 시간과 노력을 들여 읽을 만한 '새로운 콘텐츠'를 창조했어야 했다.

또한 책이 만들어지는 과정에서도 틈틈이 독자들과 소통했어야 했고, 책이 나온 다음에는 '목표 독자'를 분명하게 잡고 내 책이 사람들 입에 오르내리도록 면밀하게 작업했어야 했다. 이 책에서 말하는 '뉴스재킹' 방법, 이메일 주소록 활용, 주목받을 만한 이벤트 등을 출판사와 함께 머리를 맞대고 고민하고 실행했어야 했다. 물론 저자가 강조하듯이 이렇게 마케팅했다고 해서 처음부터 철저히 기획되지 않았고 그다지 참신하지 않았던 내용의 책이 10년, 20년 이상 계속 읽히는 작품이 될 수는 없었겠지만, 적어도 경영서를 좋아하는 사람들의 뇌리에 남을 수는 있지 않았을까?

《라이팅 유니버스》는 내가 왜 실패했는지, 그리고 앞으로 새 책을 출간할 때는 어떻게 해야 하는지 친절하지만 신랄하게 알려준다. 저자 본인이 여러 권의 베스트셀러를 쓴 작가이고, 또 다른 작가들의 책을 베스트셀러로 만들어낸 사람이기에 그의 문장하나 하나는 현장의 생생한 목소리를 담고 있다. 그렇다고 이 책이 작가만을 위한 가이드는 아니다. 《라이팅 유니버스》는 화가, 음악가, 스타트업 기업가, 디자이너 등 세상에 없던 무엇인가를 창조하고 세상에 내놓으려는 모든 크리에이터들, 자신의 창작물이 그저 몇 개월 반짝하다 사라질 존재가 아니라 적어도 10년 이상 사람들이 계속해서 찾는 일상적인 작품이 되길 희망하는 야심만만한 크리에이터들에게 소중한 조언을 전한다.

　요즘 나는 '드디어' 새 책을 쓰고 있다. 계획된 분량의 반 정도를 썼는데, 이 책이 출간되면 옆에 두고 늘 참고하며 글을 쓸 요량이다. 지금껏 8권의 책을 썼고 14권을 번역한 내가 이렇게 말할 정도라면 왜 모든 크리에이터들이 이 책을 반드시 읽어야 하는지 그 이유를 알 수 있지 않겠는가?

라이팅 유니버스

초판 1쇄 인쇄 2019년 5월 17일
개정판 1쇄 발행 2023년 6월 1일

지은이 라이언 홀리데이
옮긴이 유정식
펴낸이 유정연

이사 김귀분
기획편집 신성식 조현주 유리슬아 서옥수 황서연 **디자인** 안수진 기경란
마케팅 이승헌 반지영 박중혁 하유정 **제작** 임정호 **경영지원** 박소영

펴낸곳 흐름출판(주) **출판등록** 제313-2003-199호(2003년 5월 28일)
주소 서울시 마포구 월드컵북로5길 48-9(서교동)
전화 (02)325-4944 **팩스** (02)325-4945 **이메일** book@hbooks.co.kr
홈페이지 http://www.hbooks.co.kr **블로그** blog.naver.com/nextwave7
출력·인쇄·제본 (주)상지사 **용지** 월드페이퍼(주) **후가공** (주)이지앤비(특허 제10-1081185호)

ISBN 978-89-6596-573-2 03190